中国雕塑博士文丛

北齐新相
响堂石窟石刻艺术研究

孟 媛 著

上海书画出版社

总　序

　　1992 年春末，中国雕塑学会成立，到今天已经有三十年了。这三十年一路走来称得上风雨同舟，但是硕果累累。学会成立的宗旨是"繁荣雕塑创作，推动学术研究，促进艺术交流"。推动中国雕塑事业的发展是学会的义务与责任，在同仁们的努力下，学会从实践、理论和学术等领域引领中国雕塑开创了一个又一个新的局面。

　　中国雕塑的发展离不开理论的支撑。都说搞雕塑的人敏于行而讷于言，然而，这三十年来最显著的变化特征之一就是活跃于此的理论家和评论家越来越多，关注理论研究、善于思考和表达的雕塑实践者越来越多。常言道，三十而立，在这个时间节点，对中国雕塑理论的发展进行一次总结，是回望，也是启程。学会在艺术委员会的提名中评选出了十九个有代表性的专题研究，希望通过这一系列丛书的出版，来展示中国雕塑理论所取得的成果，推进对雕塑理论的整理与研究。

　　上辑"中国雕塑史论文丛"，是知名理论们的最新研究成果。比如《大道沧桑：雕塑在中国》《雕塑正向当代艺术敞开》从历史和未来的角度，深入总结中国雕塑的历史经验，从中描绘出一种发展趋势；《雕塑新论》《雕塑续问》《如是我见：雕塑散论》通过形而上的讨论，从"新雕塑观""多元文化对话""当代语境下的雕塑"等角度提出了新的观点；《由中转到再现代》《从语言到主体》则基于实践与理论的相互促进，聚焦中国雕塑的艺术形式、艺术思想与艺术创作问题。这些成果为研究和理解中国雕塑提供了新的视角和新的思路。

　　下辑属于年轻人，他们是中国雕塑理论的生力军。过去十年随着学科建设与发展，雕塑博士的人数呈几何级增长，越来越多的年轻雕塑家开始"用两条腿走路"，能做能写而且成绩斐然。"中国雕塑博士文丛"所挑选的十二个专题，全部来自这些年轻学者的博士学位论文。文章的内容从雕塑历史到学科前沿，从美学观念到实践方法论，从传统造像到雕塑教育，从定性辨析到定量研究，从整体梳理到个案剖析，以点带面涵盖了中国雕塑发展的各个侧面。这些研究对具体问题的讨论独到而敏锐，展现出了青年学者开阔的学术视野与全新的知识结构。

　　中国雕塑的发展是复杂的。回溯历史能够清晰地看到一条从西学东渐到思想解放再到文化身份追问的脉络，三者的交叠与重合构成了中国雕塑的轮廓。今天的中国雕塑理论处在新的文化价值系统建立的过程中，其中的核心问题是如何分析与评价中国雕塑的现代化和现代性，这是中国雕塑自身发展的需要，更是时代的需要和文化的需要。

　　中国雕塑的前景是光明的。道阻且长，行则将至，行而不辍，未来可期。希望这一系列丛书能够为中国雕塑理论的推进做出一些贡献。

　　是为序。

二〇二三年五月于上海

目　录

总　序　I

绪　论　I

第一章　响堂石窟北齐石刻艺术的生成语境　I

第一节　响堂石窟的北齐历史语境　7

第二节　响堂石窟的建造与发展　14

第三节　响堂石窟的石窟形制　21

第二章　响堂石窟北齐石刻艺术实地调研　35

第一节　北响堂石窟北齐石刻的实地调研　38

第二节　南响堂石窟及水浴寺石窟北齐石刻的实地调研　53

第三章　响堂石窟北齐石刻的题材与造型分析　75

第一节　佛像　78

第二节　弟子像　113

第三节　菩萨像　125

第四节　其他石刻　145

第四章　北齐石刻的"响堂样式"与"入塔观像"的整体观看方式　195

第一节　"响堂样式"的形成　198

第二节　响堂石窟的整体观看方式　242

结论　255

参考文献　261

绪 论

梁思成提出"艺术之始，雕塑为先"[1]。雕塑作为构成我国优秀文化的重要组成部分，一方面在历史上长期处于不受重视的境遇，梁思成指出中国雕塑的问题为"均以雕刻作为'雕虫小技'，士大夫所不道也……此最古而最重要之艺术，向为国人所忽略。考之古籍，鲜有提及"[2]，几乎没有关于我国雕塑艺术的理论著作传世。另一方面，吴为山也曾指出"近现代以来，西方雕塑的介入，导致了雕塑价值标准的偏离与混乱。原本优秀的中国雕塑传统在本土被排斥于主流之外"[3]。胥建国同样指出了西方文化思想对中国雕塑教育教学所造成的问题为"百余年来的中国现当代雕塑教育充斥着西方文化和思维样式……包括彩塑在内的本土雕塑在学术上长期被贬抑"[4]。

西方雕塑概念的引入，雕塑教学方法以及艺术实践的介入，导致的结果就是"使中国传统雕塑的气脉被中断了"[5]。西方雕塑语言挤占了中国传统雕塑的生存土壤，使得中国传统雕塑无法继续生长与发展。孙振华提出"我们民族的自身雕塑传统在 20 世纪以后基本处于失语的状态中。事实上，雕塑发展到现代，在艺术领域，其悠久的传统已经断裂，在雕塑的教学和创作中一般是以

1　梁思成：《手稿珍藏本中国古代雕塑史》，北京：中华书局，2014 年，第 3 页。

2　梁思成：《手稿珍藏本中国古代雕塑史》，北京：中华书局，2014 年，第 3 页。

3　吴为山：《中国古代雕塑风格论》，天津：百花文艺出版社，2017 年，第 1 页。

4　胥建国：《中国彩塑艺术》，北京：清华大学出版社，2020 年，第 5 页。

5　刘礼宾：《不应仅是风格的写意》，《美术观察》2012 年第 3 期，第 18 页。

西方的雕塑观念和语言形式来进行的"[6]。

在当代雕塑艺术的发展道路中，中国古代雕塑的传承问题为何总是习惯性地被忽略和屏蔽，究其原因，无外乎为内因与外因。从内因来看，"这与传统的中国雕塑其功用过于狭隘以致不能满足时代的需要是有关的。西方国家耸立在广场和公共场所的纪念性雕塑较多，而中国雕塑较多放置在石窟、寺院内或陵墓地表和地下。不同的放置地点决定了雕塑的观赏性及社会教育功能的发挥，反过来又直接影响到一个民族的雕塑习惯和观念"[7]。此外，我国古代雕塑以言传身教、师徒承继的方式来进行传承，雕塑家一直被置于工匠地位，雕塑理论匮乏也是重要的内因。"中国古代雕塑源于'左图右史'和'雅好丹青'等因素，只注重'面授心传''师徒相承'，而忽视了对理论的总结与归纳。中国雕塑理论的匮乏与文化的变异导致了古代雕塑在近代走向衰落。"[8]从外因来看，中国现代雕塑传统源自西方，刘礼宾指出有种错误看法认为"只有与西方写实雕塑及其以后的艺术史发展轨迹'接轨'，中国现代雕塑才能表明自身的艺术成就"[9]。以西方的雕塑语言来作为参考系去解读中国传统雕塑，把西方雕塑技法作为主流创作方式和评判雕塑好坏的标准，忽略了中国式雕塑的创造性，那么想要接续中国古代雕塑的气脉就显得无比艰难。

在这样的大背景下，研究中国古代雕塑就成为当下尤为重要和必要的议题。梳理中国古代雕塑的脉络能够让当代雕塑家重拾民族文化自信，继承和发扬中华优秀文化传统，以传统文脉滋养现代艺术，丰富雕塑艺术语言和技法，推动雕塑艺术多元化发展。中国古代雕塑中有两条重要的发展脉络，一为陵墓雕塑，一为宗教雕塑。石窟雕塑作为宗教雕塑的重要组成部分，也是研究中国古代雕塑的重要资料。响堂石窟是北齐石窟艺术的代表，上承北魏，下启隋唐，是北齐佛教石窟雕塑艺术发展的重要阶段。响堂石窟将多种艺术形式融于一体，为

---

6 孙振华：《中国古代雕塑史》，北京：中国青年出版社，2011 年，第 209—210 页。

7 孙振华：《中国古代雕塑史》，北京：中国青年出版社，2011 年，第 209—210 页。

8 宵建国：《雕塑艺术宏层说》，郑州：海燕出版社，2015 年，第 2 页。

9 刘礼宾：《雕塑界继承传统的陈疴新疾》，《雕塑》2009 年第 3 期，第 57 页。

研究我国的艺术、宗教、文化、建筑、经刻、书法等方面提供了重要的实物资料。响堂石窟展示了佛教石窟艺术中国化的进程，对于研究本土与外来文化的融合和发展有重要的借鉴意义，也为当下多元文化的交流提供了历史依据。

但相对于莫高窟、麦积山石窟、云冈石窟和龙门石窟等石窟艺术研究已经取得了大量的学术研究成果而言，对于响堂石窟尚有很大的研究空间。从国内外现有的文献与资料来看，一方面对于响堂石窟的海外及本土研究从20世纪初就已经开始，并且涵盖宗教学、社会学、考古学、文化史、艺术史等多个范畴，前辈们对响堂石窟的开凿年代、石窟分期以及编号、石窟建筑、经刻书法等方面都做出了专题研究，对于南北朝佛教造像的风格变化发展也做了梳理，还有学者将响堂石窟与驼山石窟、青州龙兴寺等石窟造像进行横向比较，并研究了外来文化对中国佛教造像的影响。前辈学者们为本书研究响堂石窟的北齐石刻艺术进一步研究打下了坚实的基础，为本书的拓展研究增加了深度与广度。从另一方面来看，立足于美术史或者雕塑史的角度出发的对响堂石窟石刻艺术的题材内容、雕刻工艺、表现形式、造型特点、风格来源、样式变化等方面的研究有待于进一步深入探索和补充完善。

本书沿用了"响堂石窟"的名称，没有使用学术界常用的"响堂山石窟"。据目前所能查阅到的古文献资料，并未找到"响堂山"这一说法。陈传席在《响堂山石窟寺发微》一文中以碑刻题记及史料为依据，详细阐述了"响堂石窟"的定名问题。根据陈传席的研究成果，他发现在史料中响堂石窟较早的名称为"鼓山石窟"，隋代将南响堂称为"滏山石窟"，"响堂寺"的名称出现于明代。[10]陈传席认为"响堂山"已知最早的提法源自日本学者长广敏雄和水野清一。[11]两位学者在《河北磁县河南武安响堂山石窟》这一日文书籍的题目中出现了"响堂山"的字样，这本书在1937年于日本出版，是基于1936年对于响堂石窟的

---

10 陈传席、赵立春、张建宇：《中国佛教美术全集·雕塑卷 响堂山石窟（上）》，天津：天津人民美术出版社，2014年，第2—6页。

11 陈传席、赵立春、张建宇：《中国佛教美术全集·雕塑卷 响堂山石窟（上）》，天津：天津人民美术出版社，2014年，第2—6页。

考察而编著的。[12] "响堂山" 或为日本学者对响堂石窟的误称与误读。

在近代的响堂石窟研究中，国立北平研究院史学研究会考古组在 1935 年 9 月对南北响堂石窟进行了考察。这一考察比日本学者水野清一和长广敏雄还要早上六个月，此外基于本次考察，何士骥、刘厚滋编辑《南北响堂及其附近石刻目录》一书并于民国二十五年（1936）出版，在其中称为 "南北响堂" 而不是 "响堂山石窟"，这本书要比日本学者出版的《响堂山石窟》一书早上一年。[13] 中华人民共和国成立后，学者们有的使用 "响堂石窟"，有的使用 "响堂山石窟"，两种说法同时存在。在本书中，综合考虑古文献名称以及近代我国学者的研究，选择沿用 "响堂石窟" 的名称。

响堂石窟的北齐石刻艺术是在怎样的语境中生成的？响堂石窟又经过怎样的建造与发展？其石窟形制对于观看石刻艺术有着怎样的影响？响堂石窟的北齐石刻艺术目前的保存现状如何？在经过千年历史的风雨后，分别有哪些题材的石刻保留了下来，并分别位于石窟空间中的哪些位置，保留下的石刻数量有多少？这些石刻的造型是怎样的，有怎样的造型特点？响堂石窟的石刻艺术有没有一种趋同的造型风格？这种造型风格是如何形成的，和印度笈多艺术、"凉州样式" "平城样式" "洛阳样式" "青州样式" "邺城样式" 有怎样的联系，在经过 "胡化" "汉化" 和 "鲜卑化" 后在民族大融合的背景下出现了怎样的风格特点？在以往的考古学、宗教学、建筑学、美术学之外，有没有关于响堂石窟石刻艺术新的研究视角？怎样从新的研究视角出发观看响堂石窟的北齐石刻艺术？北齐石窟艺术在南北朝时期，以及整个中国石窟艺术的发展史中处于一个什么样的历史地位？以新的研究视角介入石窟石刻艺术的研究有怎样的历史与现实意义？这些问题都在本书中进行了相应的研究和探讨。

本书以响堂石窟北齐石刻艺术为研究对象，立足于前辈们的研究成果，在此基础上把握响堂石窟北齐石刻艺术的生成语境，溯源印度与中国的佛教石刻

---

12 水野清一、长广敏雄：《河北磁县河南武安响堂山石窟》，日本东方文化学院京都研究所，1937 年。

13 何士骥、刘厚滋：《南北响堂寺及其附近石刻目录》，北京：国立北平研究院史学研究会考古组，1936 年。

艺术，聚焦北齐时期高氏一族统治下的政治、经济、文化、佛教发展以及对外交流，梳理响堂石窟的建造与发展，确定石窟的形制。在此基础上按照北响堂石窟、南响堂石窟与水浴寺石窟三处石窟，实地调研北齐时期开凿的洞窟。研究具体内容包括响堂石窟石刻的题材内容、雕刻工艺、造型特点、风格来源、造型变化及观看方式。按照佛、弟子、菩萨、力士、神王、供养人、飞天、承柱兽、覆钵塔进行题材分类，从美术史角度的造型分析，并与头光、背光及其他纹样等和石窟形制与空间布局联系在一起进行整体研究，从"胡化""汉化"与"鲜卑化"三方面来思考找寻每种题材的来源与造型特点，从而总结出"响堂样式"的风格样式。再从石窟内到石窟外，以佛像为中心辐射到周围，以顺时针的方向"绕塔观像"，将北齐时期的响堂石窟石刻艺术联系在一起，进行整体观照。

在谈到南北朝的佛教艺术时，经常把北魏、东魏、西魏乃至北周的艺术看作一体，将其作为中原汉文化的延续与传承进行研究，而将北齐的佛教艺术看作是鲜卑文化影响下的艺术从而与之割裂开来。本书将响堂石窟北齐石刻艺术视为汉文化、鲜卑文化以及西域文化共同作用下的产物，将石刻艺术的特点、发展与变化置于北齐的历史大背景下和中国佛教石窟艺术承上启下的关键环节上去进行整体观照与研究。本书旨在以响堂石窟为中心，在纵轴上研究印度佛教艺术与北齐石窟石刻艺术，以及北齐石刻艺术在南北朝中所处地位；在横轴上研究北齐不同地区的佛教雕塑艺术，以纵横交错的发展脉络，从整体到局部再到整体的方式，以响堂石窟为中心确立北齐佛教美术的历史地位，以及对当下雕塑艺术创作的指导作用，对民族文化交流融合的现实意义。

本书在田野调查、查阅历史资料与收集石刻艺术资料的基础上，以美术考古学中主要的研究方法层位学和类型学[14、15]，在前辈学者以美术考古学中层位学的研究方法所得出的成果的基础上，建立起响堂石窟石刻艺术在不断演进的

14 杨泓、郑岩：《中国美术考古学概论》，北京：中国社会科学出版社，2008 年。

15 科林·伦福儒、保罗·巴恩：《考古学理论、方法与实践》，陈淳译，上海：上海古籍出版社，2015 年。

历史长河中准确的坐标。以类型学的研究方法，对实地考察获得的第一手石刻艺术资料进行分类并归纳分析，找出响堂石窟石刻艺术的时代以及地域特征。以对比研究的方法研究响堂石窟与其他石窟雕塑艺术之间的关系，研究中国佛教石窟艺术发展变化的轨迹。用艺术史中的风格学、图像志与图像学的研究方法[16、17]，从视觉文化和审美观念出发来具体研究和分析响堂石窟的石刻艺术。并结合历史社会学的相关研究方法对北齐的地理环境、气候条件、生活方式、经济样式、思想观念进行梳理和研究。从而分析在北齐特定的社会历史文化背景之下，响堂石窟石刻艺术的产生、形成、发展及影响。

本书在书写时遇到了一些研究难点。

其一是响堂石窟破坏严重。北齐（550—577）距今已有一千四百多年，历史久远，时间跨度大。经过两次灭佛运动后，响堂石窟石刻破坏严重，又经过历朝历代的修复后，哪些为北齐原本的石刻、哪些为后世修复或重塑的石刻部分不易判断，想要还原和追溯石刻的原貌十分困难。再加上1909年卢芹斋盗窃了大量响堂石窟石刻盗窃并倒卖至海外，导致响堂石窟被破坏得更加严重，有很多石刻流失海外博物馆，甚至被纳入私人收藏而下落不明。

其二是筛选研究范围有难度。南北朝时期分裂混战，地域风格多样又有重叠，涉及范围广，北齐佛教石窟造像所属不同地域石窟和寺庙众多，各有其自身的发展变化。北齐只有短暂的二十八年，却留下了丰富的佛教石刻艺术，筛选与研究响堂石窟石刻艺术相关的其他石窟及寺庙佛教艺术也有一定的难度。

其三是现场考察有难度。在研究关于响堂石窟石刻艺术时除了查阅大量的历史文献资料以及图像资料外，实地考察也极其重要。但是由于本书书写阶段正值疫情时期，作者在国内外的考察工作受到一定影响和限制，尤其是原计划前往美国、欧洲等国研究流失海外的响堂石窟石刻行程难以成行。

其四是语言难度。在关于响堂石窟的国外研究中，作者对于英文的文献阅

---

16 安·达勒瓦：《艺术史方法与理论》，李震译，南京：江苏美术出版社，2009年。

17 阿尔珀斯·巴克森德尔：《蒂耶波洛的图画智力》，王玉冬译，南京：江苏美术出版社，2014年。

读与交流无障碍，但对于德国、日本、韩国等作者尚未熟练掌握的语言，在对资料进行查阅过程中遇到了一些困难，幸得很多前辈学者翻译重要文献资料，可找到相应中文译本。但有些除英文外的重要文献资料在研究中尚无中文译本，虽然可以相关工具进行翻译，但语言的隔阂以及转译中语义的偏差都有可能出现，对研究造成了一定的困扰。

本书的创新点在于以下几个方面：

其一，从技术层面来说，涉及对于流失海外的响堂石窟石刻艺术的研究，除从外文文献及图片资料中找寻对于响堂石窟石刻补充研究外，还涉及一些三维扫描研究成果的运用。目前响堂石窟与芝加哥大学合作扫描了该窟流失海外的石刻并已将资料建立网站公开发布；响堂石窟研究所与太原理工大学合作完成了南响堂第 7 窟的扫描，并委托技术团队继续进行石窟的扫描工作，借助新数字引擎技术还原出石窟原貌。2021 年建立的响堂山石窟数字中心中展出了以数字复原技术打印的六尊流失海外造像，这一中心也通过 CAVE 全沉浸式体验、VR 虚拟体验以数字化的响堂石窟展示石窟空间与石刻作品。由于撰写本书时因疫情无法前往海外进行考察，本书以这些数据作为研究的辅助信息进行参考研究。

其二，从现场考察的角度来看，作者按照计划实地考察了响堂石窟、南北朝时期的其他石窟、寺庙以及博物馆中收藏的单体佛教石刻与造像碑，并从南北朝的墓葬艺术中找寻相关研究对象，以大量丰富的石刻作品作为参照系研究响堂石窟的石刻艺术。

其三，从美术史出发，在前辈学者考古学、宗教学、社会学研究成果的基础之上，将响堂石窟石刻艺术分为包括佛、弟子、菩萨、力士、神王、供养人、飞天、承柱兽和覆钵塔九大题材并进行了梳理，在统计数量后对于石刻艺术的造型进行了具体的分析。随后在造型艺术研究以及美学分析的基础上，将响堂石窟与其他石窟的石刻艺术进行联系，尝试归纳出"响堂样式"的北齐石刻艺术风格。

其四，从整体观照出发，本书吸纳阿尔珀斯、巴克森德尔、巫鸿、陈韵祺等学者的研究方法，在对响堂石窟石刻艺术的视觉文化研究中，避免将石刻本身与石窟空间割裂来看，而是将石窟作为一个美术史研究的整体，综合了石窟空间中的不同题材石刻艺术，将建筑空间、美学空间、历史空间、现代空间等不同的石窟空间交叠在一起，从"石窟空间分析法"以"假想观者"的视角进行整体观照。

第一章

响堂石窟北齐石刻艺术的生成语境

　　从原始社会发展至今，中国的古代雕塑艺术作品浩如烟海。从我国近年来关于中国古代雕塑史的研究来看，贺西林将中国古代雕塑按功能的不同划分为了陵墓雕塑、宗教雕塑、建筑装饰雕塑和工艺装饰雕塑等几大类。[1] 孙振华也从中国古代雕塑的社会功能角度出发，将雕塑分为陵墓雕塑、宗教雕塑、明器雕塑、纪念性雕塑、建筑装饰雕塑、工艺性雕塑六大类。[2] 胥建国在《中国彩塑艺术》中从中国古代雕塑整体发展的视角，将传统雕塑分为石刻、木雕、陶塑、泥塑和金属雕塑五大类。[3] 但无论怎样划分，中国古代雕塑都离不开两条重要的发展脉络，即陵墓雕塑和宗教雕塑。其中宗教雕塑尤其是以石窟与寺庙雕塑为代表的佛教雕塑更是引起了学界的广泛关注与深入研究。

　　佛教雕塑根据制作工艺和选用材料的不同，可分为冶铸、陶瓷、木雕、泥塑和石刻等类别，特别是石刻应用得较为广泛。佛教雕塑在印度发源时就与石刻艺术息息相关。石刻的技法开始用在佛教艺术中，可以追溯到古印度孔雀王朝时期。《全北齐文》卷九的《姜纂造老君像铭》中提道："镌金镂石，优填惭巧。"[4] "优填"指的是古印度摩揭陀国孔雀王朝的阿育王（Aśoka），阿育王在位期间为公元前 273 年或前 268 年到前 232 年[5]，其在位时皈依佛教，以佛

1　贺西林：《极简中国古代雕塑史》，北京：人民美术出版社，2016 年，第 1 页。

2　孙振华：《中国古代雕塑史》，北京：中国青年出版社，2011 年，第 3 页。

3　胥建国：《中国彩塑艺术》，北京：清华大学出版社，2020 年，第 11 页。

4　严可均：《全上古三代秦汉三国六朝文》，北京：中华书局，1958 年，第 3877 页。

5　王镛：《印度美术》，北京：中国人民大学出版社，2010 年，第 23 页。

图1.1　白马寺，笔者摄

教治国。此时印度在阿育王统治下开始广泛在建筑与雕刻中以石材代替木材。孔雀王朝建立了皇家石料作坊，从孔雀磨光（Maurya polish）[6]这种典型的砂石表面高度磨光技艺来看，或许阿育王时期的石刻艺术在当时有受到希腊或波斯等国匠人的影响。阿育王下敕令建造阿育王塔及阿育王柱。从阿育王柱（Aśoka pillars）、巽伽王朝巴尔胡特红砂石塔门与围栏石刻、桑奇大塔（Great Stūpa at Sanchi）到菩提迦耶等佛塔上雕刻的佛传故事浮雕，可见石材广泛替代了木材得以运用在了宗教建筑与雕刻中。随后佛教石刻在古印度出现了犍陀罗风格和秣菟罗风格，以及笈多秣菟罗和萨尔纳特风格，这些石刻风格尤其是笈多时期的造像风格影响了响堂石窟的北齐石刻艺术。

6　王镛：《印度美术》，北京：中国人民大学出版社，2010年，第24页。

　　在佛教艺术进入中国以前，石刻就是一种中国传统的造型方式，在陵墓雕塑中占据着重要的地位。佛教艺术从印度发源，在公元3世纪至10世纪，沿着丝绸之路传播到了中亚、东亚以及东南亚，也将新的石刻艺术带入这些地区，又根据各地政治、经济以及文化的不同而产生了新的发展变化。佛教究竟是在何时传入中国，目前有多种说法。贾应逸、祁小山认为在公元前2世纪已经有中国人学习佛经，且佛经于公元前1世纪在东汉上层贵族中传播。[7] 宿白认为佛教传入中国的时间大约在公元1世纪，石窟传入的时间更晚。[8] 在目前发现的史料中，《三国志·魏书》卷三十裴松之注中，引用了鱼豢撰写的《魏略·西戎传》，其中记载"昔汉哀帝元寿元年（前2年），博士弟子景卢，受大月氏王使伊存口授《浮屠经》"[9]。北齐天保五年（554）魏收所撰的《魏书·释老志》中也提到了佛教传入中原洛阳的过程：

　　哀帝元寿元年，博士弟子秦景宪受大月氏王使伊存口授浮屠经……愔又得佛经《四十二章》及释迦立像。明帝令画工图佛像，置清凉台及显节陵上，经缄于兰台石室。愔之还也，以白马负经而至，汉因立白马寺于洛城雍关西。[10]

　　《魏书·释老志》中记载在汉哀帝元寿元年就有人习得了佛经，但佛教传入洛阳则为张骞出使西域后汉明帝时，同时传入的还有佛经与释迦立像，并建立了白马寺。在张彦远的《历代名画记》中也记载着：

　　汉明帝梦金人，长大，顶有光明，以问群臣。或曰：西方有神，名曰佛，长丈六，黄金色。帝乃使蔡愔取天竺国优填王画释迦倚像，命工人图于南宫清

7　贾应逸、祁小山：《印度到中国新疆的佛教艺术》，兰州：甘肃教育出版社，2002年，第80页。

8　宿白：《中国佛教石窟寺遗迹：3至8世纪中国佛教考古学》，北京：文物出版社，2010年，第7页。

9　魏道儒、李利安：《世界佛教通史·第三卷中国汉传佛教（从佛教传入至公元6世纪）》，北京：中国社会科学出版社，2005年，第18页。

10　［齐］魏收：《魏书·释老志》，北京：中华书局，2017年，第3287—3288页。

凉台及显节陵上。以形制古朴，未足瞻敬。阿育王像至今亦有存者可见矣。[11]

张彦远记载的佛形象，为汉明帝梦见佛之后，派使者到古印度取得了佛像画。从以上史料来看，在汉代佛教传入中国时，佛的形象也随之传入，并为汉代帝王所接受。到了东晋时期戴逵、戴颙兄弟所造之佛像，将外来佛像与中国人的审美理想相结合，开创了中国式佛像的先河。

在佛教艺术沿着丝绸之路进入中国后，石窟艺术也随之而来，此时在中国，佛教石刻与陵墓石刻并行发展。佛教石窟艺术沿着丝绸之路，从西域开始东传至长安，沿线上分布着无数的石窟造像群，与不同地区的艺术相互融合，形成了石窟艺术本土化的趋势。石窟艺术继续发展，在陇东、中原华北地区，以及南方一些地区多取当地石材制作石刻造像。魏晋南北朝时期陆续开凿了云冈石窟、龙门石窟、巩县石窟等一批中原北方石窟，石刻艺术成为佛教雕塑艺术中的主流。到东魏北齐时期，响堂石窟依山开凿。佛教造像以石灰岩为主要材料，除后世修补用的泥塑和石胎泥塑外几乎都为石刻。响堂石窟的北齐石刻艺术在特殊的北齐时代背景下，经过"胡化""汉化"与"鲜卑化"的影响，创造出了新的中国佛教石刻样式，使得流行于这一时期的石刻艺术焕发出了新的生机。

---

11 ［唐］张彦远：《历代名画记》，北京：人民美术出版社，2016年，第126页。

第一节　响堂石窟的北齐历史语境

响堂石窟位于太行山在河北省邯郸市的峰峰矿区支脉上，分为北响堂石窟（鼓山石窟）、南响堂石窟（滏山石窟）和水浴寺石窟（小响堂石窟）三处。响堂石窟开凿于北齐时期，离不开北齐时期历史大背景的滋养。任何一种艺术都与其所处的时代和地域有着密切的关联，北齐的石刻艺术也深深扎根于北齐的历史语境中。高氏统治下的政治、经济、文化背景以及当时的佛教发展和对外交流，都直接影响到了响堂石窟艺术的风格产生、变化与发展。因此，本节梳理了北齐时期的社会历史背景，探索各个文化之间相互交流与影响的历史依据。

北齐政治、经济与文化

北朝晚期时，永熙三年（534）东西魏分立，北魏分裂为东魏与西魏，高欢与宇文泰领导的东魏与西魏对峙。[1]东魏（534—550）建都邺城，权臣高欢立元善见为孝静帝，居于晋阳（今太原）把持朝政。孝静帝在公元550年禅位于高洋，"改武定八年为天保元年"[2]，标志着东魏的灭亡，以及北齐的建立。在短暂的二十八年后，北齐为北周灭于公元577年。东魏时期，邺城延续北魏时期以尚书省为主的中央行政机构。吕思勉在研究晋南北朝政治制度时，提到了

1　吕思勉：《两晋南北朝史》，上海：上海古籍出版社，2005年，第550页。

2　［唐］李百药：《北齐书·帝纪第四·文宣》，北京：中华书局，2023年，第50页。

北齐对于北魏的承继，"尚书行台之制，自起魏末""后魏、北齐亦有之"[3]。《隋书·百官志》有云"后齐制官，多徇后魏"[4]，北齐的官制承袭着东魏。值得注意的是，北齐在尚书省设置右丞相，其中一项职责就是管理起部[5]，起部掌管诸如兴造等事，以统领善于兴造的能工巧匠，响堂石窟的建造与其中石刻艺术的雕刻或许就有这些工匠的参与。

北齐时以邺城为都城，以晋阳为陪都，这一双都的建立源自东魏时期。东魏时高欢居于晋阳大丞相府，委任亲信在邺城把持朝政，"丞相欢多在晋阳，孙腾、司马子如、高岳、高隆之，皆欢之亲党也，委以朝政，邺中谓之四贵"。从东魏到北齐，高氏和重要官员多往来于晋阳与邺城之间，其间的重要通路上多分布石窟寺院，为响堂石窟的建造提供了必要的先决条件。此外，高欢虽为汉人，但为鲜卑人养大，"神武既累世北边，故习其俗，遂同鲜卑"[6]，再加上东魏北齐时期高氏政权以六镇为基础，故多有惠于鲜卑人的政策。冉令江提到"高欢恢复了胡人用于军事，汉人用于农桑'胡汉分治'的统治"[7]。"胡汉分治"加剧了胡汉之间的矛盾，是东魏北齐时期胡汉冲突不断的重要原因，也为响堂石窟石刻艺术带来了不同文化的冲击与影响。

石窟的开凿修建往往离不开相对稳定的社会环境与庞大的资金支持。南北朝末年虽北齐与北周对峙战乱频发，但高氏也在承袭北魏旧制并制定新的政策来维护社会的基本安定。赵俪生在研究中国土地制度时提到，北齐的土地制度"给授田令，仍依魏朝"[8]。在北齐时修订颁布与实施了《麟趾格》[9]，为后来《北齐律》的颁布做好了铺垫与准备。日本学者镰田茂雄在佛教史研究中指出"在

3　吕思勉：《两晋南北朝史》，上海：上海古籍出版社，2005 年，第 1101 页。

4　［唐］魏徵：《隋书·百官志中》，北京：中华书局，2019 年，第 837 页。

5　［唐］魏徵：《隋书·百官志中》，北京：中华书局，2019 年，第 838 页。

6　［唐］李百药：《北齐书·帝纪第一·神武上》，北京：中华书局，2023 年，第 1 页。

7　冉令江：《民族融合视域下的北朝艺术风格演变研究》，东南大学 2021 年博士学位论文，第 26 页。

8　赵俪生：《赵俪生文集·中国土地制度史》，兰州：兰州大学出版社，2002 年，第 152 页。

9　［唐］李百药：《北齐书·帝纪第四·文宣》，北京：中华书局，2023 年，第 53 页。

北齐僧官的管辖下，有僧尼四百余万人，寺院四万余所"[10]，可见北齐时佛教的繁盛。北齐僧官制延续北魏体系，一方面促进了北齐时期佛教的发展；另一方面由于僧尼人数过多又免于赋税，加重了北齐的财政负担。后主高纬颁布《税僧尼令》想要缓解僧尼的负担，然而一系列征税政策使得"征税尽，人力殚，物产无以给其求"[11]，反而加剧了北齐的灭亡。响堂石窟的石刻艺术在中后期风格的转变，也与当时的一系列政策以及社会状况相关。

高欢曾担忧"江东复有吴翁萧衍，专事衣冠礼乐，中原士大夫望之，以为正朔所在。我若急正纲纪……士子悉奔萧衍，人物流散，何以为国"。胡戟在研究南北朝政治史中印证了这一点，认为"南方萧梁政权的吸引力使北方的统治者忧心忡忡"[12]。鲜卑化的北齐皇室高氏为了维护统治地位，一方面担忧南朝萧梁的深厚文化对其造成威胁；另一方面又深知汉文化之长处，常与南朝有使臣往来，从而学习汉文化，南北朝之间的往来促进了北齐政治和文化的交流与发展。北齐文宣帝高洋模仿南朝文风的风气，"修立黉序，广延髦俊，敦述儒风"[13]。天保七年（556），高洋又"诏令校定群书，供皇太子"[14]，以南朝为正统，重视文史和对诸子的汉文化教育。现收藏于美国波士顿艺术博物馆的传摹北齐杨子华《北齐校书图》描绘了尚书省召汉族樊逊与高乾和等十一位士人刊定《五经》诸史等三千余卷的场景。此外，北齐后主高纬曾在邺城设立了文化机构文林馆[15]，召颜之推、薛道衡、崔季舒等当时的汉族文士编撰典籍、勘校经史，或充待诏之职。北齐时对于汉文化的教育与学习，为响堂石窟北齐石刻的"汉化"提供了生成的土壤。

随着丝绸之路传入的除了佛教文化外还有西域的"胡文化"。茹茹公主墓

---

10 镰田茂雄：《简明中国佛教史》，郑彭年译，北京：中国书店，2010年，第96页。

11 ［唐］李百药：《北齐书·帝纪第八·后主》，北京：中华书局，2023年，第116页。

12 胡戟：《中国政治通史4·分裂与对峙的魏晋南北朝政治》，济南：泰山出版社，2003年，第307年。

13 ［唐］李百药：《北齐书·帝纪第四·文宣》，北京：中华书局，2023年，第53页。

14 ［唐］李百药：《北齐书·列传第三十七·樊逊》，北京：中华书局，2023年，第614页。

15 ［唐］李百药：《北齐书·帝纪第八·后主》，北京：中华书局，2023年，第106页。

图1.2　拜占庭金币，茹茹公主墓出土，北朝考古博物馆，笔者摄

出土拜占庭金币，意味着在东魏北齐时期，对外交流或可西至拜占庭，这些金币也可能是在丝绸之路贸易中的商人所带回的，是当时对外交流的重要物证。

由于对外交流的频繁，胡人来到中原，也带来了西域的文化。北齐统治者推崇西域胡文化，对胡乐的喜爱也是其"胡化"的表现之一。北齐后主对胡戎乐"耽爱无已……后主亦自能度曲……使胡儿阉宦之辈，齐唱和之，曲终乐阕，莫不陨涕"[16]。太原、临漳（邺城）、西安等地考古发掘的东魏北齐、西魏北周墓葬中，大量墓俑和壁画中都有留有鲜卑发型、穿着胡服的人物形象。无论是胡乐还是胡人的形象或是服饰都反映出当时"西胡风"对于东魏北齐文化的影响。响堂石窟北齐时期的石刻艺术也受到北齐对外交流的影响，吸收了多种造像样式和特征。信仰的混杂与文化的碰撞交流，造成了北齐时期的佛教艺术所受影响因素的复杂性和多变性，"胡化""汉化"和"鲜卑化"直接影响了北齐石窟艺

16　［唐］魏徵：《隋书·志第九·音乐中》，北京：中华书局，2019年，第359页。

术风格的产生、变化与发展。

北齐佛教的发展

河北一带从南北朝的早期开始就有佛教艺术发展的基础。公元 4 世纪，河北佛教由于佛图澄的大力传播，已成为北方佛教重镇之一。后赵时石虎迁都邺城，崇信佛教，推动了佛教的发展和造像兴起。中国已知最早有纪年的单体佛像为发现于河北的后赵国（319—351）青铜镀金佛像，现收藏于美国亚洲艺术博物馆。在这尊结跏趺坐佛像基座的背后有建武四年（338）的铭文"建武四年，岁在戊戌，八月卅日，僧人朱……慕道德……建武四年，戊戌年八月三十日，有僧名（朱）……"公元 310 年佛图澄入中原宣讲佛法，这尊冶铸造像可能为后赵第三任统治者石虎受佛图澄启发委托制作。这尊金铜佛像和曲阳修德寺一批白石雕刻的出土，说明河北有着悠久的造像传统，这种传统与技法，包括造像的工匠曾影响平城的北魏造像。[17] 北魏在分裂为东魏与西魏后，洛阳成为东西魏纷争之地，大量寺院被毁。原本生活在洛阳佛寺中的僧众以及工匠随着东魏迁徙到了邺城，佛教造像艺术中心也由洛阳转移到了邺城及附近地区。东魏北齐时期，高氏在统治范围内的河北邯郸、山西太原（晋阳）、河北曲阳、山东济南、博兴、青州与临朐等地都有开窟建寺造像，其中开凿的石窟有太原的天龙山石窟、邯郸的响堂石窟、安阳的小南海石窟、沁县的南涅水石刻、宝山的大留圣窟等。

天保二年（551），文宣帝高洋下诏给僧稠："久闻风德，常思言遇。今敕定州，令师赴邺。"[18] 在听过僧稠说法后，文宣帝受到其佛教思想影响，"即受禅道……因从受菩萨戒法，断酒禁肉，放舍鹰鹞……又断天下屠杀"[19]。高

---

17 陈明达、丁明夷：《中国美术全集·雕塑编 13·巩县天龙山响堂山安阳石窟雕刻》，北京：文物出版社，1989 年，第 38 页。

18 ［唐］道宣：《四朝高僧传·续高僧传（上）》，北京：中国书店，2018 年，第 261 页。

19 ［唐］道宣：《四朝高僧传·续高僧传（上）》，北京：中国书店，2018 年，第 262 页。

洋在天保五年（554）颁布了《议沙汰释李诏并启》："乃有缁衣之众，参半于平俗；黄服之徒，数过于正户。所以国给为此不充，王用因兹取乏。欲择其正道，蠲其左术。"随后于天保六年（555）文宣帝又继续下敕颁布《废李老道法诏》，要求道士剃度。两份诏书之后，北齐道士数量大幅减少，并确立了以佛教立国的方针，以兴盛佛事，从而巩固北齐统治。"（天保）十年二月丙戌，帝（高洋）于甘露寺禅居深观，唯军国大事奏闻。"[20] 北齐文宣帝高洋崇尚佛法，习禅深观。在位期间高洋崇敬高僧，广建寺院，还资助译经和佛讲，当时译经的代表人物有那连提黎耶舍与慧远，禅师的代表有僧稠与宏礼。安阳小南海石窟正是为僧稠所营建的纪念窟，天龙山石窟则为宏礼禅师所开凿。"（河清二年）秋八月辛丑，诏以三台宫为大兴圣寺"[21]，北齐武成帝高湛即位第二年就下令兴建大兴圣寺。幼主高恒"凿晋阳西山为大佛像，一夜燃油万盆，光照宫内。又为胡昭仪起大慈寺，未成，改为穆皇后大宝林寺"[22]，为建造佛寺佛像耗费巨资。由以上史料来看，高氏一族历代皇帝都在北齐统治期间信仰并宣扬佛法，并不惜耗费巨资兴建佛寺与开凿佛像。因此由皇室开凿并由北齐贵族来继续出资修建响堂石窟也正是顺应了北齐时期的历史大背景。

北齐时期承袭北魏的僧官制，也设昭玄寺，其中的官员为僧人所担当。"昭玄寺，掌诸佛教，置大统一人，统一人，都维那三人。亦置功曹、主簿员，以管诸州郡县沙门曹。"[23] 昭玄寺受皇帝的直接管辖，统管僧领北齐各州郡县的僧人，并总管所有的佛事。《续高僧传·齐大统合水寺释法上传六》记载："初，天保之中，国置十统。有司闻奏，事需甄异。文宣乃手注状云：'上法师可为大统，余为通统。'"[24] 文宣帝高洋命法上一人为昭玄寺的大统，其余都为通统。"但上戒山峻峙，慧海澄深，德可轨人，威能肃物。故魏齐二代历为统师，昭玄一

20　[唐]李百药：《北齐书·帝纪第四·文宣》，北京：中华书局，2023年，第66页。

21　[唐]李百药：《北齐书·帝纪第七·武成》，北京：中华书局，2023年，第92页。

22　[唐]李百药：《北齐书·帝纪第八·后主》，北京：中华书局，2023年，第113页。

23　[唐]魏徵：《隋书·百官志中》，北京：中华书局，2019年，第844页。

24　[唐]道宣：《四朝高僧传·续高僧传（上）》，北京：中国书店，2018年，第120页。

曹，纯掌僧录，令史员置，五十许人，所部僧尼，二百余万。"[25]法上在东魏和北齐时期都为昭玄寺的大统，掌管着二百多万的僧尼。对于权力的掌控，也使得法上得以进行"法上改制"，推行新的僧衣制度。《续高僧传》卷二十五《释道丰传》记载了北齐时相州鼓山石窟寺（即今北响堂石窟）的禅僧活动情况。"释道丰，未详氏族，世称得道之流。与弟子三人居相州鼓山中，不求利养……齐高帝往来并邺常过问之……"[26]来往于邺城和晋阳的北齐皇帝常常想要拜访僧人道丰。"时石窟寺有一坐禅僧，每日至西，则东望山巅有丈八金像现。"[27]在《释道丰传》中也提到了石窟寺中的坐禅僧，这里的石窟寺很有可能为响堂石窟的雏形。南响堂第2窟中心方柱右壁有"昭玄沙门统定禅师敬造六十佛"的题记，水浴寺的西窟前壁礼佛图上有"昭玄大统定禅师供养佛时"的题记。这些题记证实着北齐文献记载中昭玄寺的存在，也是昭玄寺统领曾在响堂石窟进行佛事活动的体现，代表着南响堂石窟和水浴寺西窟虽然不是由北齐皇室直接出资开凿，但也在皇室的掌控之下，其中开凿窟龛和雕刻石刻也有北响堂石窟的影响，也是其被归于响堂石窟重要组成部分的重要依据。东魏北齐时期佛教的发展也为响堂石窟的开凿、建造与发展提供了思想文化基础。

25　［唐］道宣：《四朝高僧传·续高僧传（上）》，北京：中国书店，2018年，第120页。

26　［唐］道宣：《四朝高僧传·续高僧传（下）》，北京：中国书店，2018年，第158页。

27　［唐］道宣：《四朝高僧传·续高僧传（下）》，北京：中国书店，2018年，第159页。

第二节　响堂石窟的建造与发展

　　响堂石窟由北响堂石窟、南响堂石窟和水浴寺石窟三处石窟共同构成，其地理位置都在太行山的支脉上。其中南响堂石窟位于滏山，北响堂位于鼓山，水浴寺石窟位于峰峰矿区大社镇西南三公里处水浴寺西侧的断崖上。三处石窟中的雕塑以石灰岩雕刻而成，目前除后世补修外，尚未发现北齐时采用石胎泥塑或泥塑制作的造像。

　　关于响堂石窟建造的历史，在隋唐时期僧人道宣已有记载，《续高僧传·释圆通传》中提到"自神武迁邺之后，因山上下并建伽蓝"[1]，在东魏迁都邺城后，在邺城以西的鼓山即太行山支脉上开凿了北响堂石窟。"状若鼓形，俗谚云：'石鼓若鸣叫，则方隅不静。'"[2]传说中这座山因为远看像一面鼓而得名，如若石鼓鸣声就会天下不太平。学界以道宣记载为依据，认为响堂石窟建造年代为东魏初期。赵立春在研究中指出高欢迁都邺城是在东魏天平元年（534），认为此年为北响堂石窟建造的上限，即北响堂石窟的开凿时间不会早于公元534年。[3]道宣在《续高僧传》中记录了在北齐天保三年（552），文宣帝高洋下敕国师僧稠"于邺城西南八十里龙山之阳为构精舍，为云门寺，请以居之，兼为石窟大寺主"[4]。虽然没有明确说明响堂石窟的具体开凿时间，但至少在此时已经有了由北齐皇室主持修建的北响堂石窟。在常乐寺三世佛殿遗址中有《重修三世

1　［唐］道宣：《四朝高僧传·续高僧传（下）》，北京：中国书店，2018年，第161页。

2　［唐］道宣：《四朝高僧传·续高僧传（下）》，北京：中国书店，2018年，第161页。

3　赵立春：《从文献资料论响堂山石窟的开凿年代》，《文物春秋》2002年第2期，第29页。

4　［唐］道宣：《四朝高僧传·续高僧传（上）》，北京：中国书店，2018年，第262页。

图 1.3　北响堂石窟所在的山峰，笔者摄

佛殿之记》碑刻，碑刻于金正隆四年（1159）所立，记录着：

> 文宣常自邺都诣晋阳，往来山下，故起离宫以备巡幸，于此山腹见数百圣僧行道，遂开三石室刻诸尊像，因建此寺，初名石窟，后至天统间改智力，宋嘉祐中复更为常乐寺。自兵兴由兹山险，固为盗贼渊，数以致焚毁，十不存一二。

在常乐寺的大雄宝殿西侧"皇清乾隆五十年重修大佛殿序"石碑中也提到"鼓山常乐寺，北齐高洋之遗迹也"。在金代的题记中则称北响堂为文宣帝高洋在北齐时期建造的。刘东光在研究中认为北响堂石窟的建造在北齐初已经开始了，这一碑文中的"三石室"是"大佛洞、释迦洞和刻经洞"[5]，即北响堂第

5　刘东光：《响堂山石窟的凿建年代及分期》，《华夏考古》1994 年第 2 期，第 99 页。

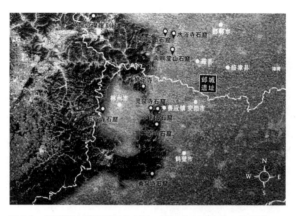

图 1.4　邺城遗址周围石窟分布图，邺城考古博物馆，笔者摄

9 窟、第 4 窟和第 3 窟。刘东光认为这三窟是文宣帝高洋为"其父、兄和自己营建的转轮王塔，目的在于昭示自己的转轮王身份"[6]。黄文智在对于北响堂第 6 窟佛像的造型分析中，发现了很多东魏时期佛教造像的特点，他据此认为此窟开凿于东魏时期。[7] 但关于北响堂石窟目前没有发现具体开凿年份记录于史料中，也没有发现石窟中的碑刻题记中有确切的开窟纪年。根据史料、石窟中石刻的风格特征以及学者的分析论述，作者认为在东魏时期已经受菩萨戒的高欢作为虔诚的信徒必然有礼佛的诉求，在其长期居住的晋阳（今太原）附近发现了高欢在位时兴建的天龙山石窟，而在其迁都邺城，往来于晋阳与邺城两地时，在路途的交通枢纽上建造另一座石窟也就成为必然。因此北响堂石窟的最早建造年代可推测为东魏时期。

　　相较于北响堂石窟开凿年份的不确定性，南响堂石窟和水浴寺西窟都发现了明确的开凿纪年，可以清晰地了解两处石窟的所处年代。南响堂石窟在鼓山南部，南临滏水，南响堂第 2 窟前廊窟门两侧分别有一块"滏山石窟之碑"，为隋朝道净所修，记载着"灵化寺僧人慧义，仰惟至德，俯念巅危，于齐国天

6　刘东光：《试论北响堂石窟的凿建年代及性质》，《世界宗教研究》1997 年第 4 期，第 75 页。

7　黄文智：《响堂山石窟东魏至北齐石刻佛像造型分析》，《艺术探索》2021 年第 4 期，第 44 页。

图 1.5 南响堂石窟，无人机航拍，黄齐成摄

图 1.6 南响堂南响堂第 2 窟前廊"滏山石窟之碑"，笔者摄

图 1.7　水浴寺石窟，无人机航拍，黄齐成摄

统元年（565）乙酉之岁，斩此石山，兴建图庙……功成未几，武帝东并，扫荡塔寺，寻纵破毁"[8]。根据碑文所记载，南响堂石窟于后主高纬在位时的公元565年开始修建，但南响堂不是由北齐皇室而是由灵化寺僧人主持慧义先为修建，后争取到大丞相即淮阴王高阿那肱的支持。

　　水浴寺石窟在鼓山东坡，近寺后坡村，其中西窟根据后壁的造像记提到了这一石窟的具体年份，"武平五年甲午岁次十月戊子朔明威将军陆景妻张元妃敬造定光佛并三童子愿三界群生见前受福亡者托荫花中俱时值佛"[9]，可以证实为北齐武平五年（574）之前由包括张元妃这一"邑主"在内的民间社邑出资修建。在水浴寺石窟东山瘗窟外右侧，也有武平四年（573）张元妃为亡夫陆景（嵩）造像题记：

　　……字景嵩司州临漳县人也……武平四年岁次癸巳二月丁酉朔十二日戊申年六十七卒于邺城之所……感夫妇之义相敬之重为造人中像一区法华经一部石

8　张林堂等：《响堂石窟碑刻题记总录（二）》，北京：外文出版社，2007年，第45、47页。

9　张林堂等：《响堂石窟碑刻题记总录（二）》，北京：外文出版社，2007年，第160页。

图 1.8　北齐武平五年张元妃造像题记拓片，峰峰博物馆收藏，笔者摄

堂一……陆景嵩。[10]

　　不过可惜的是，响堂石窟经历过三武灭法中的两次与千年风雨的冲刷腐蚀，并在 20 世纪初经文物盗掘，百余件石刻精品由卢芹斋（C.T. Loo）流散出境，"南北响堂十座主要洞窟北齐造像中头部保存完好者竟仅余南响堂千佛洞的二尊胁侍了"[11]。目前流失海外的响堂石窟造像分别收藏在美国华盛顿佛利尔美术馆、美国纽约大都会艺术博物馆、美国旧金山亚洲艺术博物馆、美国哥伦比亚大学

10　张林堂等：《响堂石窟碑刻题记总录（二）》，北京：外文出版社，2007 年，第 163 页。

11　张林堂、孙迪：《响堂石窟——流失海外石刻造像研究》，北京：外文出版社，2004 年，第 2—4 页。

赛克勒收藏、美国宾夕法尼亚大学考古与人类学博物馆、美国弗吉尼亚美术馆、美国克利夫兰美术馆、加拿大多伦多皇家博物馆、英国维多利亚与艾尔伯特博物馆、法国赛努斯基博物馆、法国吉美博物馆、瑞士莱特柏格博物馆、日本大阪市立博物馆等多国多家博物馆中，还有很多在私人藏家手中下落无法追溯。

响堂石窟现存石窟十六座，大小佛教造像四千三百多尊，摩崖造像四百五十余龛。响堂石窟现存有北齐石窟十五个，北齐石刻七百多尊（组），以接近于圆雕的高浮雕、浅浮雕、线刻等方式按照一定的秩序依附在不同形制的石窟建筑中。北齐时期的政治、经济、文化与思想等方面都出现了新的变化，对于北魏的佛教造像的传统并没有被完全继承和模仿，而在各个阶段出现了新的特点，在不同的题材中创造出了石窟中石刻艺术的新样式风格与发展方向，并对临漳、安阳、青州等多个地区的石刻艺术都产生了影响。

第三节　响堂石窟的石窟形制

响堂石窟的石刻艺术多为高浮雕、浮雕与线刻等分布在石窟空间中，石窟的形制对于石刻艺术的造型来说也有着重要的作用。梳理清楚响堂石窟的石窟形制可以为本书第四章第二节的整体观看打下基础。将响堂石窟的窟形按照外部和内部结构来划分的方式，由王振国在对响堂系石窟与地论系石窟的比较研究中已经提出。[1] 王振国按照外部的覆钵式塔丘形建筑，和内部三壁三龛和三壁三坛以及中心柱来划分响堂石窟的窟形，却没有将覆钵塔形窟再进一步划分。本书在此基础上按照内部结构和外部结构的不同进行石窟窟形的划分。从响堂石窟的内部结构来看，可以分为中心柱窟与三壁三龛（坛）窟两种；从石窟的外部结构来看，将石窟窟形分为单层塔形窟与双层塔形窟，其中又包含有单层覆钵塔形窟与双层覆钵塔形窟。在这一节中作者分析了响堂石窟的具体窟形，以及窟形的来源与发展变化。

内部结构：中心柱窟与三壁三龛（坛）窟

响堂石窟中有中心柱窟窟形的有北响堂第9窟（大佛洞）、第4窟（释迦洞），南响堂第1窟（华严洞）、第2窟（般若洞），和水浴寺西窟，共五个洞窟，都开凿于北齐时期。中心柱窟的传统最早可追溯到印度佛教中无具体佛像造型

1　王振国：《试论响堂系石窟与地论系石窟的异同》，《2005 年云冈国际学术研讨会论文集（研究卷）》，北京：文物出版社，2006 年，第 131 页。

内部结构		外部结构	
中心柱窟	三壁三龛（坛）窟	单层覆钵塔形窟	双层塔形窟
北响堂第9窟（大佛洞）	北响堂第1窟（双佛洞）	北响堂第9窟（大佛洞）	双层覆钵塔形窟：北响堂第1窟（双佛洞）北响堂第3窟（刻经洞）
北响堂第4窟（释迦洞）	北响堂第3窟（刻经洞）	北响堂第4窟（释迦洞）	
南响堂第1窟（华严洞）	南响堂第3窟（空洞）	南响堂第7窟（千佛洞）	双层塔形窟第1组：南响堂第3窟（空洞）南响堂第1窟（华严洞）
南响堂第2窟（般若洞）	南响堂第7窟（千佛洞）	水浴寺西窟	
水浴寺西窟	南响堂第6窟（力士洞）（坛）	/	双层塔形窟第2组：南响堂第6窟（力士洞）第5窟（释迦洞）第4窟（阿弥陀洞）南响堂第2窟（般若洞）
	南响堂第5窟（释迦洞）		
	南响堂第4窟（阿弥陀洞）		

表 1.1　响堂石窟北齐石窟形制统计表

前对于塔的崇拜，如印度的桑奇大塔就可以进行绕塔礼拜。到了阿旃陀石窟，已经出现窟内有覆钵塔的中心柱窟雏形。随着印度佛教艺术沿着丝绸之路经过西域传入中国，印度的窟形也延续到了龟兹石窟中，塔的形状从覆钵体变为了方柱。在张磊对龟兹石窟的研究中，认为中心柱窟为礼拜和供养佛像的场所，这里的中心柱作为方柱建造在主室中心稍后的地方，与窟顶和地面相连。[2] 宿白在其提出的凉州模式中，将武威天梯山第1窟和第4窟、北凉石塔、金塔寺石窟、北凉时期的中心柱窟还有酒泉文殊山石窟的千佛洞和万佛洞，与龟兹石窟联系起来，认为这些石窟中的中心塔柱都与龟兹石窟有关。[3] 宿白指出金塔寺东窟中心塔柱西面下层为坐佛龛上层为交脚弥勒龛的布局，与拜城克孜尔石窟第80窟中心塔柱正面相似。[4] 武威天梯山石窟中，其中第1窟、第4窟和第18窟为中心柱窟，有的方形塔庙窟还有前室。第1窟中心柱窟在窟内的中心位置，为方形的塔式柱子，四面开龛，每一面有三层龛，每层上宽下窄。

　　中心柱窟在十六国时期非常流行，一方面来源于印度中心柱窟，另一方面

2　张磊：《兼收并蓄的佛国瑰宝——龟兹石窟艺术》，《上海艺术家》2007年第2期，第43页。

3　宿白：《凉州石窟遗迹和"凉州模式"》，《考古学报》1986年第4期，第441页。

4　宿白：《凉州石窟遗迹和"凉州模式"》，《考古学报》1986年第4期，第444页。

张掖金塔寺东窟 北凉	云冈石窟第 1 窟 北魏	巩县石窟第 1 窟 北魏	北响堂第 9 窟
北响堂第 4 窟	南响堂第 1 窟	南响堂第 2 窟	水浴寺西窟

表 1.2　中心柱窟图表

受到中国佛教寺院塔的影响。于向东认为中心柱窟在继承新疆克孜尔石窟基础上，受到楼阁式方塔的影响而本土化。[5]如东汉白马寺中搭建的木塔和北魏后期修建的洛阳永宁寺，一层中心部分有佛龛，也可进行绕塔礼佛。此时的中心柱窟模仿木塔的第一层，并继承印度以塔为中心的形式，在莫高窟、西千佛洞、马蹄寺石窟也有发现。到北魏时期中心柱窟依然是主要的佛教洞窟形制，如云冈石窟第 6 窟开凿于太和十八年（494）为中心柱窟；北魏孝文帝迁都洛阳以后，敦煌莫高窟建造进行到了第二期，其中第 254 窟为中心柱窟。北周是与北齐同时期存在的政权，宁夏固原须弥山石窟第 51 窟为北周时期建造，也为中心柱窟。巩县石窟是继承龙门石刻宾阳中洞之后的新创作，是北魏末期石窟石刻艺术的成果。[6]巩县石窟除第 5 窟外都为中心方柱的中心柱窟，早期的中心方柱上正面、

5　于向东：《北魏至隋代敦煌中心柱窟图像布局的演变》，《南京艺术学院学报（美术与设计）》2016
　　年第 3 期，第 66 页。

6　陈明达、丁明夷：《中国美术全集·雕塑编 13·巩县天龙山响堂山安阳石窟雕刻》，北京：文物出
　　版社，1989 年，第 5 页。

北响堂第 1 窟

北响堂第 3 窟

南响堂第 6 窟

南响堂第 5 窟

南响堂第 7 窟

（续表）

天龙山石窟第 2 窟
天龙山石窟第 3 窟

表 1.3　三壁三龛（坛）窟图表

三面或者四面开龛，有时分上下几层，每层都开龛造像，似汉式的楼阁式佛塔，有时为单层，方形塔柱也是礼拜的对象，依然供信众绕塔礼佛。中心柱窟发展到北齐时，从响堂石窟中的中心柱窟可见，此时的中心方柱为单层，开帷幕帐形龛，龛内造像，也有龛额和基坛石刻，一般为单面或三面开龛。后壁为低矮的甬道用以绕塔礼拜，并不开龛。

　　北齐时期开凿的北响堂第 1 窟、第 3 窟，南响堂第 3 窟、第 4 窟、第 5 窟、第 6 窟和第 7 窟都是三壁三龛（坛）式石窟。三壁三龛的雏形相较于中心柱窟来说出现得较晚，在孝文帝太和改制后迁都洛阳，所开凿的龙门石窟中出现。[7] 温玉成在研究龙门石窟时认为取消中心塔柱，能使洞内获得良好的采光效果。[8] 三壁三龛窟是从倒凹字形佛坛演变而来的，这种倒凹字形佛坛在龙门石窟宾阳中洞已经出现，在龙门石窟中的主要窟形正是三壁三佛坛的佛殿窟。三壁三龛

7　周苏：《北魏中晚期云冈、龙门石窟的比较研究及其文化融合》，《文物建筑》2013 年第 6 期，第 199 页。

8　温玉成：《中国美术全集·雕塑编 11·龙门石窟雕刻》，上海：上海人民美术出版社，1998 年，第 15 页。

式石窟源于洛阳龙门石窟皇甫公窟，窟门外南侧有"太尉公皇甫公石窟碑"，记载皇甫公窟开凿于北魏孝明帝孝昌三年（527），是龙门北魏晚期石窟中的代表。北魏永安二年（529）巩县石窟第5窟开凿时，也选择了三壁三龛式的石窟形制。安阳灵泉寺大留圣窟建于东魏时期，门侧有铭文"武定四年道凭法师建"，石窟的三壁有低矮的基坛。在西魏也流行三壁三龛式洞窟，麦积山石窟第127窟正是三壁三龛式。天龙山石窟第2窟也开凿于东魏，和第3窟都有倒凹字形坛三壁三龛式。从回归的佛首所在的第8窟来看，隋代时有中心柱窟和三壁三龛窟的结合，可能受到了响堂石窟的影响。响堂石窟中有五个三壁三龛的北齐洞窟，南响堂第4窟为三壁三坛窟。可见北齐时三壁三龛（坛）窟这一石窟形制较为流行，可以说是在中国本土诞生的一种石窟形制，也是佛教石窟中的艺术本土化的体现。

外部结构：单层塔形窟与双层塔形窟

"塔形窟"这一概念见于王去非对响堂石窟的研究中，他提出响堂石窟在"第三洞和第二洞上方，有阶梯可以攀登，整个外观上的覆钵形……与第二洞合成一个完整的塔形……"[9]。塔形窟作为石窟建筑的重要形制，目前只出现在了响堂石窟中，其中有覆钵体作为石窟外立面的塔顶部分出现的塔形窟又可分为单层覆钵塔形窟与双层覆钵塔形窟，这也成了响堂石窟的一大特点。赵立春在研究中认为响堂石窟中的十一座主要的北齐石窟均为塔形窟，按其形制的不同，可分为覆钵式塔形窟和楼阁式塔形窟两类。覆钵式塔形窟为北响堂石窟第3窟（新编号第4窟）、第6窟（新编号第1窟）和第7窟（新编号第9窟），南响堂第7窟和水浴寺石窟西窟。[10] 楼阁式塔形窟有两组，上层相通，下层由石阶梯分割。第一组上层为南响堂第3窟（空洞），下层为南响堂第1

9　王去非：《参观三处石窟笔记》，《文物参考资料》1956年第10期，第55页。

10　赵立春：《响堂山北齐塔形窟龛》，《中原文物》1991年第4期，第53页。

窟（华严洞）；第二组上层依次为南响堂第4窟（阿弥陀洞）、第5窟（释迦洞）、第6窟（力士洞），下层为第2窟（般若洞）。[11] 韩国学者苏铉淑指出塔形窟有北响堂石窟的第9窟（大佛洞）、第4窟（释迦洞）、第1窟（双佛洞），南响堂石窟的第3窟和第7窟（千佛洞），以及水浴寺的西窟共六组塔形窟[12]，但没有将其进一步分类。

作者基本认同赵立春在楼阁式塔形窟中提出的双层结构，这一点并没有纳入韩国学者苏铉淑对于响堂石窟窟形的分类考量中去。作者重新将响堂石窟中的北齐塔形窟进行划分，按照建筑的形制分为两类：一类为单层塔形窟，一类为双层塔形窟，其中包含单层覆钵塔形窟与双层覆钵塔形窟。洞窟的外立面下部都为仿木构建筑形式构成的塔身，由柱、枋、拱、檐、椽、瓦垄等分别组成石窟的前廊、窟门和窟檐部分。由四根八角形束腰仰覆莲柱分割出了前廊的三个空间，分别为中间的窟门和左右开的两龛。其中单层覆钵塔形窟有四个，分别为北响堂第4窟（释迦洞）、第9窟（大佛洞），南响堂第7窟（千佛洞）和水浴寺西窟。双层覆钵塔形窟有一组，为第一组上层为北响堂第1窟（双佛洞），下层为第3窟（刻经洞）。无覆钵体为窟顶的塔形窟有两组，第一组上层为南响堂第3窟（空洞），下层为第1窟（华严洞）；第二组上层依次为由北到南的南响堂第6窟（力士洞）、第5窟（释迦洞）和第4窟（阿弥陀洞），下层为第2窟（般若洞）。

1. 单层覆钵塔形窟

在响堂石窟中的单层覆钵塔形窟指的是，作为建筑形制的石窟只由单层的洞窟立面就构建成了一个塔，具有塔的基本组成结构——塔身与塔顶，即塔身为中国古代仿木制楼阁结构，塔顶为印度式有覆钵体的塔。

北响堂石窟第9窟为单层覆钵塔形窟，开凿于北齐时期，属于第一期开凿

---

11 赵立春：《响堂山北齐塔形窟龛》，《中原文物》1991年第4期，第53页。

12 苏铉淑：《东魏北齐庄严纹样研究——以佛教石头造像及墓葬壁画为中心》，北京：文物出版社，2008年，第119页。

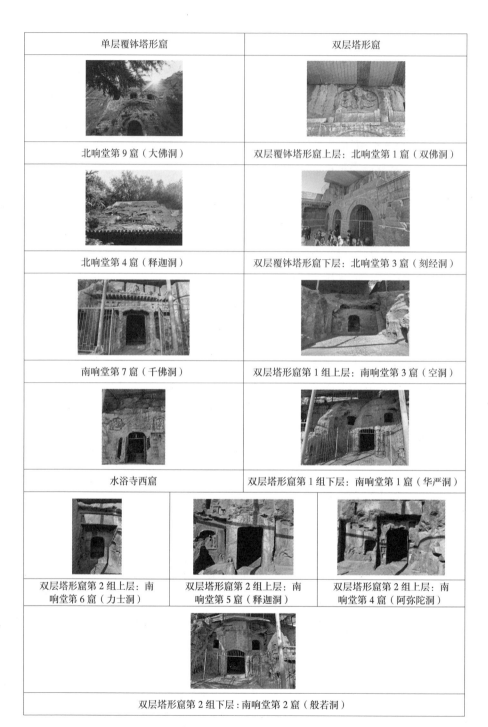

单层覆钵塔形窟	双层塔形窟
北响堂第9窟（大佛洞）	双层覆钵塔形窟上层：北响堂第1窟（双佛洞）
北响堂第4窟（释迦洞）	双层覆钵塔形窟下层：北响堂第3窟（刻经洞）
南响堂第7窟（千佛洞）	双层塔形窟第1组上层：南响堂第3窟（空洞）
水浴寺西窟	双层塔形窟第1组下层：南响堂第1窟（华严洞）
双层塔形窟第2组上层：南响堂第6窟（力士洞） / 双层塔形窟第2组上层：南响堂第5窟（释迦洞） / 双层塔形窟第2组上层：南响堂第4窟（阿弥陀洞）	
双层塔形窟第2组下层：南响堂第2窟（般若洞）	

表 1.4　响堂石窟塔形窟图表

的洞窟，位置在北响堂石窟的北侧，是响堂石窟中开凿最早规模最大、雕刻最为精美的一个洞窟，也是响堂石窟具有代表性的洞窟之一，体量上与云冈的第5窟、第6窟，龙门石窟宾阳洞相近。大佛洞内为中心方柱式的塔庙窟，中心方柱三面开龛，龛内雕刻一佛二菩萨像。窟外上方的崖壁风化较严重，但是立面还是能看出塔形窟的结构，隐约可见有塔刹和覆钵，似小南海东窟外壁雕刻出的方形单层塔。这一窟外立面没有出现似南响堂第7窟塔身部分的立柱结构，且第7窟的覆钵体较大，覆盖窟顶，有宝珠装饰，但没有后期那样有更多精美的装饰。北响堂石窟第4窟为单层覆钵塔形窟，位置在北响堂石窟的正中。开窟时间与大佛洞基本相当，在北齐时期为响堂石窟第一期开凿的洞窟，稍晚于第9窟。释迦洞为中心方柱窟，前廊有四柱三开间，原窟外有窟檐以及响堂特有的覆钵结构。

南响堂第7窟也开凿于北齐时期，是单层覆钵塔形窟，为南响堂石窟造像保存最完好的洞窟，属于第二期开凿的洞窟，有前廊和主室，为三壁三龛窟。四个八角束腰仰覆莲瓣立柱形成宽阔的前廊，在内部的两个立柱的柱基为两狮子，头部残缺。在内部两个立柱后方开圆拱尖楣式窟门，在窟门两边开两个尖楣龛，内有二力士像。在前廊上方有石刻的窟檐、勾头、瓦垄与滴水这些模仿中国传统木构建筑、以石灰石雕刻而成的建筑结构，在瓦垄以上保存完好，在屋檐上方以浮雕的形式雕刻除了覆钵体的部分作为塔的顶部。这时覆钵体变小也变得扁平化，在覆钵体正中雕刻金翅鸟，两侧有山花蕉叶，上方顶部雕刻火焰宝珠。覆钵塔逐渐发展成熟，形成了一套较完整的造型体系，造型也更加富有装饰性。

北响堂第4窟（释迦洞）、第9窟（大佛洞），南响堂第7窟（千佛洞）和水浴寺西窟这四个洞窟的外立面下部都为仿木构建筑形式构成的塔身，由柱、枋、拱、檐、椽、瓦垅、勾头与滴水等分别组成石窟的前廊、窟门和窟檐部分。由四根八角形束腰仰覆莲柱分割出了前廊的三个空间，分别为中间的窟门和左右开的两龛，两龛中通常为力士像，也有被后世磨平后再雕刻如石刻等其他的内容。窟门通常为圆拱尖楣式，在窟楣上有精美浮雕雕刻飞天托塔等题材。塔顶则在覆钵体上雕刻出底部的叠涩基和覆钵体上的山花蕉叶与火焰宝珠，一柄三股的塔刹以三叉的方式排列标志着佛、法、僧三宝。响堂石窟中的单层塔形窟以南响堂第 7 窟（千佛洞）为代表，保存最为完整也最为华丽。北响堂的第 4 窟（释迦洞）、第 9 窟（大佛洞）和水浴寺西窟雕凿较简单，在洞窟的外立面没有雕刻出叠涩基和山花蕉叶，只突出了覆钵体。

2. 双层塔形窟

双层塔形窟则是由上下两层的洞窟所组成，上下层的洞窟各分别开有窟门可进入石窟内部。双层覆钵塔形窟有一组，为上层为北响堂第 1 窟（双佛洞），下层为第 3 窟（刻经洞）。双层塔形窟有两组，第一组上层为南响堂第 3 窟（空洞），下层为第 1 窟（华严洞）；第二组上层由北向南依次为南响堂第 6 窟（力士洞）、第 5 窟（释迦洞）、第 4 窟（阿弥陀洞），下层为第 2 窟（般若洞）。这样确实将响堂石窟中的十一座塔形窟囊括了进来，此外北响堂第 8 窟（宋洞）窟外重修无法判断。双层窟的结构有时为上下各一个洞窟如响堂石窟的这一组双层覆钵塔形窟和双层塔形窟的第一组，有时为下层一个洞窟对应上层多个洞窟双层塔形窟的第二组。上下两层洞窟有楼梯相连接，中间有中国古代仿木质建筑的窟檐，而窟檐也决定了上下两层洞窟的归属。在双层塔形窟第一组和第二组之间的楼梯现存有上方的几级台阶，台阶的两边有凹槽，或原有栏杆。

北响堂第 1 窟（双佛洞）在上层，第 3 窟（刻经洞）在下层，共同构成了上下结构的双层覆钵塔形窟。开凿的时期在响堂石窟的北齐第一期，赵立春认为这一组为塔形窟草创时期建造，将印度式覆钵塔生硬地套在了响堂石窟的建筑形式上，并没有覆钵体与下方建筑连接的柱子与斗拱等构件。[13] 但由于下方建筑部分毁坏重修，不知其原有结构中是否曾存在柱子与斗拱。第 1 窟在上方覆钵体内开窟，此时的覆钵体不再为单层塔形窟那样只作为装饰而不具有空间

---

13 赵立春：《响堂山北齐塔形窟述论》，《敦煌研究》1993 年第 2 期，第 37—38 页。

图 1.9 南响堂塔形窟上下两层有楼梯连接，笔者摄 　　图 1.10 北响堂石窟第 1 窟覆钵体两侧雕刻，笔者摄

意义，现在有窟门可以步入其中，从窟门可进入礼拜造像的内部空间。

北响堂第 1 窟（双佛洞）窟门开在覆钵体的中间，窟门周围有火焰纹装饰，门左右有莲花柱，柱头雕刻有仰覆束腰莲花，柱基有覆莲花形。窟门下方有五层叠涩基，再下方为仿木建筑屋檐，包含瓦垄，窟门两侧雕刻有火焰宝珠与山花蕉叶纹饰，两侧的雕刻很像邺城地区出土的东魏北齐建筑装饰构件鸱尾，以多道线刻向内呈卷曲状。据赵青考证，真正的鸱尾图像出现在北朝佛教石窟雕刻中，寓意龙第七子或印度摩羯鱼，有避火之用。[14] 王子奇的研究也认为，北朝时的鸱尾在石窟雕刻中已经出现，在云冈石窟和龙门石窟中都有发现，并且在北朝晚期仍然流行。[15] 其中龙门石窟唐字洞窟檐上的鸱尾与北响堂第 1 窟覆钵顶两侧的雕刻造型有相似之处，但龙门石窟这一处鸱尾为双层。除以上结构外，北响堂第 1 窟的覆钵体上方还开一尖拱形龛，其中雕刻有覆钵体的塔刹部

---

14 赵青：《鸱尾小考》，《装饰》2007 年第 7 期，第 96 页。

15 王子奇：《北朝隋唐时期鸱尾》，《北方文物》2019 年第 1 期，第 49—50 页。

图 1.11 东魏北齐鸱尾，邺城遗址出土，邺城考古博物馆收藏，笔者摄

分，以覆莲花为基，延伸出一左一右对称的忍冬叶纹饰，左右及中间分别向上垂直伸出三个覆莲花形，在莲花上有火焰宝珠，组合为三塔刹。窟内地面上起倒凹字形坛基，在坛的三面分别雕刻有三组石刻。北响堂第 3 窟（刻经洞）分为内室和外廊，都开凿于北齐时期，是响堂石窟的典型窟形。并且在四根立柱上有仿木结构的窟檐，这种仿木结构的窟檐在南响堂第 7 窟保存较好。第 3 窟的前廊窟门为圆拱尖楣形，其上雕刻有联珠纹和火焰纹。两边各开有一尖拱龛，雕刻有联珠纹和火焰纹，龛内各有雕刻有一尊力士像。

双层塔形窟第一组为南响堂第 1 窟（华严洞）和上面的第 3 窟（空洞）。其中第 3 窟（空洞）前室正壁两侧各雕刻一根八角束腰仰覆莲瓣立柱，形成宽阔的前廊。前廊后壁上方雕刻出仿中国传统木构建筑的结构，其上雕刻出了覆钵体。东魏建造的天龙山石窟有两柱开三间的前廊建筑，上方也雕刻出斗拱与窟檐，与后来建造的响堂石窟前廊有相似之处，可能对于响堂石窟的石窟建筑

图 1.12　天龙山石窟第 16 窟，北齐

产生了影响。而云冈石窟中的前廊过度装饰化，外形堆砌，作为雕刻的一部分，建筑的意味被掩盖。[16] 响堂石窟的前廊，廊柱、窟檐等其上的石刻为仰覆莲瓣、八角柱等，更倾向于模仿传统木构建筑。

　　双层塔形窟第二组中可以明显看到塔形窟规模的扩大，由上下分别对应一窟，变为上层的三窟对应下层的一窟，构成了庞大的石窟建筑体系的一部分。上层依次为南响堂第 4 窟（阿弥陀洞）、第 5 窟（释迦洞）、第 6 窟（力士洞），下层为第 2 窟（般若洞）。第 5 窟（释迦洞）正对着下方的第 2 窟（般若洞），第 4 窟（阿弥陀洞）与第 6 窟（力士洞）分列两边，由于盗掘洞窟破坏严重，本书不再展开探讨。赵立春曾在文章中指出：这样的结构一方面使得下层中心

16 陈明达、丁明夷：《中国美术全集·雕塑编 13·巩县天龙山响堂山安阳石窟雕刻》，北京：文物出版社，1989 年，第 14 页。

塔柱起到了支撑作用，上层规模远小于下层的石窟则减轻了下层的承重；另一方面，下层为绕塔礼拜的礼佛场所，而上层则具有禅观静坐的禅窟功用[17]。

从这三组双层塔形窟可以看出，其下层都为单一洞窟，而上层的建筑则由双层覆钵塔形窟这一组的覆钵体内开龛，到双层塔形窟的第一组具有完整的洞窟形式，再到第二组由三个洞窟组成，所具有的内部空间在逐步扩大，洞窟规模也在扩大。除规模扩大外，塔形窟中最主要的变化出现在覆钵体上。从最初将印度式的覆钵造型直接套用在石窟上，到覆钵体逐渐在塔形窟中所占比例变小，逐渐扁平化，其上的装饰也在从简单发展到繁复，再到覆钵体的消失。一柄三股的塔刹以三叉的方式排列标志着佛、法、僧三宝，逐渐演化出了包括莲座塔基、方形四面开圆拱龛塔身、叠涩塔檐、覆钵体、山花蕉叶、三塔刹与多层相轮组成的独具特色的佛塔系统。结合了印度式覆钵塔、中式木塔以及石窟建筑的响堂石窟独特的覆钵塔形窟以及塔形窟结构也就逐步完善。

总之，响堂石窟的北齐石窟形制可按照石窟外部和内部结构进行分类。从石窟的内部结构来看，北齐时期的响堂石窟窟形可分为中心柱窟和三壁三龛（坛）窟；从石窟的外部结构来看，响堂石窟的窟形可分为单层塔形窟与双层塔形窟，其中包括单层覆钵塔形窟与双层覆钵塔形窟。从本章第二节对于响堂石窟窟形的来源与发展变化的分析来看，响堂石窟中按照内部与外部结构不同划分的窟形有相互重叠的部分，且最为特殊的是在窟外建造覆钵塔形窟，在内建造中心柱窟或三壁三龛（坛）窟，将以往的石窟形制结合在了一起，形成了新的石窟形制，为响堂石窟北齐石刻的生成提供了独特的建筑语境。

---

17 赵立春：《响堂山北齐塔形窟述论》，《敦煌研究》1993 年第 2 期，第 39 页。

第二章

响堂石窟北齐石刻艺术实地调研

　　响堂石窟北齐碑刻是研究北齐所开窟龛中造像的重要史料依据，因此在确定北齐窟龛范畴时，作者重点参考了张林堂与许培兰在《响堂山石窟碑刻题记总录（二）》[1]中对于响堂石窟北齐碑刻的整理和研究，以及任乃宏在《隋唐五代碑刻校释·邯郸卷》中对于响堂石窟北齐碑刻的注解[2]。在陈传席主编、赵立春副主编的《响堂山石窟（上、下）》[3]中就全部窟龛年代等进行了详细的梳理和概述，也是本书的重要参考资料。

　　在参阅重要史料依据后，根据实地调研，本书按照石窟所处地理空间的不同分为了北响堂的实地调研以及南响堂和水浴寺的实地调研两部分，按照绪论中沿用的分期顺序将每个洞窟作为了一个观看的单位。在每一个观看单位中，都包括了石窟的建筑形制、窟内外的刻经与碑刻题记、石刻所在龛的龛形、石刻所处位置及与周围石刻的关联、石刻的组合情况、石刻的损坏与保留现状，以及石刻的题材等，这些物质和视觉内涵由石窟空间联系在了一起。本书从以上方面对响堂石窟中的北齐洞窟进行了具体梳理和分析。

1　张林堂等：《响堂山石窟碑刻题记总录（二）》，北京：外文出版社，2007 年。

2　任乃宏：《隋唐五代碑刻校释·邯郸卷》，北京：中国文史出版社，2014 年。

3　陈传席、赵立春、张建宇：《中国佛教美术全集·雕塑卷 响堂山石窟（上下）》，天津：天津人民美术出版社，2014 年。

第一节　北响堂石窟北齐石刻的实地调研

北响堂石窟现存有编号的洞窟有二十一座，其中为北齐开凿的有七座，分别为：第1窟（双佛洞）、第3窟（刻经洞）、第3窟附一号塔龛群、第4窟（释迦洞）、第6窟（小天宫）、第8窟（宋洞）、第9窟（大佛洞）。北齐开凿的石窟占总石窟数量的近三分之一。

第6窟（小天宫）

北响堂石窟第6窟（小天宫）[1]在释迦洞上方右壁的山崖上，正壁上方有四个洞，可能为曾嵌入木构件所留下的孔洞。下方开一大龛，为方便研究，作者将其编号为6-1号龛。6-1号龛为圆拱尖楣龛，尖楣外部以凸起线条为框，龛楣内刻有繁复的火焰纹，圆拱中间为束腰莲花纹，两个莲花分别朝向两侧，中间束腰上有联珠纹。圆拱两端有向上翘起的涡卷形纹。莲柱柱身风化模糊，柱头有覆莲花纹饰，有柱基。龛内雕刻了一佛二弟子二菩萨一铺五身像。6-1号龛左右雕刻两尊力士像，分别为6-16和6-17号龛，其中6-16号龛中的力士像缺失。

北响堂石窟第6窟（小天宫）在右侧菩萨像所在的一侧龛壁上开两个稍大型龛，以及五个小龛，共七个龛。从上到下、从右到左为6-2、6-3、6-4、6-5、

1　这一洞窟的开窟时间有争议，陈传席主编，赵立春、张建宇副主编的《响堂山石窟（下）》中认为这一洞窟开凿在北齐或隋代，黄文智在《响堂山石窟东魏至北齐石刻佛像造型分析》一文中提出北响堂第6窟的开凿时间在东魏时期。

图 2.1　北响堂第 6 窟所在山崖，赵立春摄　　图 2.2　北响堂第 6 窟，赵立春摄

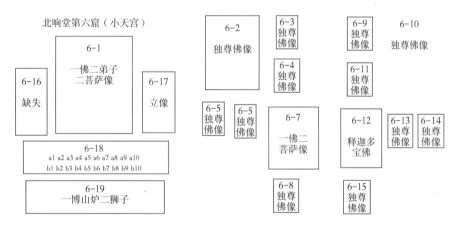

图 2.3　北响堂第 6 窟结构图，笔者绘制　图 2.4　北响堂第 6 窟 6-1 号　图 2.5　北响堂第 6 窟 6-1
　　　　　　　　　　　　　　　　　　　　　　　龛内右壁结构图，笔　　　　　　号龛内左壁结构
　　　　　　　　　　　　　　　　　　　　　　　者绘制　　　　　　　　　　　　图，笔者绘制

6-6、6-7 和 6-8 号龛。6-2 号龛为尖拱龛，内单独雕刻有一尊结跏趺坐佛。6-7
号龛为圆拱尖楣龛，内雕刻有一佛二菩萨像。6-3、6-4、6-5、6-6 和 6-8 号
龛四个小龛内佛像为单独供奉的结跏趺坐佛，雕刻粗糙。左侧菩萨像所在的一
侧龛壁上开两个稍大型龛，五个小龛，几乎与右侧龛壁上所开龛的数量与布局
一致。从上到下、从右到左为：6-9、6-10、6-11、6-12、6-13、6-14 和 6-15
号龛。6-10 号龛为尖拱龛，内雕刻有一尊单独供奉的结跏趺坐佛。6-12 号龛
为圆拱尖楣龛，内雕刻有释迦多宝双坐佛。6-9、6-11、6-13、6-14 和 6-15

号龛为圆拱尖楣龛，龛内雕刻的都为单独供奉结跏趺坐佛。

主龛下方雕刻两排佛像编号为 6-18 号龛，上排有圆拱尖楣小龛，为方便研究，作者将上层十个均匀开凿的圆拱尖楣小龛自右向左分别编号为 a1、a2、a3、a4、a5、a6、a7、a8、a9 和 a10 号龛。每个龛中间由莲柱间隔开，莲柱的柱头为莲花，在上方有莲花纹饰雕刻，莲柱下方有覆莲花雕刻，似是莲柱的柱基，也是下方菩萨像的华盖，起到连接上下方雕刻的作用。龛内分别供奉有十尊单独供奉的结跏趺坐佛。再下方雕刻一长方形龛编号 6-19，龛内刻有博山炉与二狮子。博山炉上下方有莲花纹饰，中间刻有火焰宝珠，在博山炉底座为圆台，圆台下方为覆莲瓣莲花，从圆台上左右各延展出一莲叶装饰。右侧狮子缺失，左侧狮子头部看向前方，蹲在地上，身姿丰壮。

第 9 窟（大佛洞）

北响堂石窟第 9 窟，又名大佛洞，开凿于北齐，与第 4 窟（释迦洞）同为响堂石窟第一期开凿的洞窟，目前没有发现关于这一洞窟开凿的确切纪年。这一洞窟外立面有仿木构的窟檐，窟檐上方有火焰宝珠、山花蕉叶、覆钵体与三塔刹，形成响堂石窟独特的单层覆钵塔形窟，但坍塌风化严重。在外立面覆钵体下可见三个圆拱形明窗，下方有后世以砖石垒砌的石窟窟门。

第 9 窟在中心方柱正面和左右两边分别开大型帷幕帐形龛，中心柱的后方与山体相连，在左右两壁可见低矮的甬道用以通过中心柱的后方，从而进行绕中心柱礼佛。中心方柱顶部左壁有一个小龛可以进入顶部的内部空间中，传为有文献记载的高欢陵墓。《北齐书·神武下》中记载高欢在武定五年（547）正月崩于晋阳，"八月甲申，葬于邺西北漳水之西"[2]。《资治通鉴·梁纪十六》记载"甲申，虚葬齐献武王于漳水之西；潜凿成安鼓山石窟佛顶之旁为穴，纳其柩而塞之，杀其群匠"。在唐代李百药所写的《北齐书》中只记录了高欢

---

2 ［唐］李百药：《北齐书·帝纪第二·神武下》，北京：中华书局，2023 年，第 24 页。

图 2.6　北响堂第 9 窟中心柱左壁龛，笔者摄　　　图 2.7　北响堂第 9 窟中心柱正壁龛，笔者摄

陵寝在漳水之西，并没有提及其棺椁放在响堂石窟中。在宋代司马光所写的《资治通鉴》中则说在漳水之西埋葬的是虚陵，而在响堂石窟佛像顶部旁边为高欢真正所埋葬之地。但在响堂石窟中并未发现题记有证实这一点。在水浴寺东山有埋葬北齐将领陆景（嵩）的瘗窟，在窟外有题记可以证实响堂石窟中有陵寝，但第 9 窟中是否曾经作为高欢的帝陵需要进一步证实。在第 9 窟内中心方柱的三面分别都雕刻有一佛二菩萨像，形成三世佛的题材。中心柱三面的龛基上雕刻出博山炉、神王与狮子像。

在石窟的窟门两侧内壁两侧有残存的帝后礼佛图。四壁开凿出具有装饰性的十六个大型覆钵塔形龛，烘托出了浓郁的宗教气氛。塔形龛的龛基上用物象外减地平雕的手法，雕刻出博山炉和供养人像的大致轮廓，在其上可能曾经有彩绘来描绘细节，这种方式在国内石窟中属于较为特殊的装饰手法。在主龛的龛柱下方以及四壁十六个覆钵塔形列龛的龛柱下方都有雕刻承柱兽。在中心柱正壁、左壁和右壁下方雕刻有基坛，内部雕刻博山炉与神王像。

图 2.8　北响堂第 9 窟中心柱右壁龛，笔者摄　　　图 2.9　北响堂第 9 窟中心柱右侧，笔者摄

北响堂石窟第 9 窟（大佛洞）中心柱正面主龛为大型帷幕帐形龛，上方开四个小型龛，龛内雕刻佛像但都损毁，其后的舟形火焰纹背光有部分残留。其下方雕刻帷幕帐形龛，帷帐大多损毁。在四个小龛下方中间的位置雕刻两个飞天托起中央的覆钵塔，但形象也较为模糊，能看出大致的轮廓以及飘飞的披帛，其周围也有雕刻的云气以及飘带等，但大多损坏看不清原本的面貌，在龛右侧部分还可见部分用以代表帷幕布料垂坠痕迹的线刻。在主龛雕刻有一佛二菩萨一铺三身像。龛内满绘以黄色为底、红色线条描绘的云纹，但很可能为后世补绘，不作研究参考。

在中心柱的右壁最上方雕刻有四个圆拱尖楣龛，龛楣为火焰纹，圆拱之下有帷帐，龛内雕刻佛像，大多残损或缺失。再之下有火焰宝珠雕刻，其中有火焰纹，中间圆形中有圆拱形小龛内雕刻宝珠。右壁的主龛为大型帷幕帐形龛，龛内雕刻一佛二菩萨一铺三身像。佛像有圆形头光，头光上有火焰纹，圆形头光由外层的联珠纹，内层的卷草纹、联珠纹、多重素圈及内部的几何纹和莲花

图 2.10　北响堂第 9 窟中心柱左　　图 2.11　北响堂第 9 窟中心柱后　　图 2.12　北响堂第 9 窟中心柱后
侧，笔者摄　　　　　　　　　　　方甬道，笔者摄　　　　　　　　方甬道，笔者摄

纹组成。在佛像头顶上方的卷草纹中有兽面纹出现。佛像头部有残损，是否为
后世添加有待商榷，不作研究范畴内考量。

　　在中心柱的左壁最上方也雕刻有四个圆拱尖楣龛，龛楣为火焰纹，圆拱之
下有帷帐，龛内雕刻佛像，大多残损或缺失。在上方靠近后壁的第二个小龛为
空洞，能从这一龛进入到中心柱上方的空间中，即传为高欢陵寝所在。在之下
也有三个以及两个半个的火焰宝珠雕刻，其中有火焰纹，有圆拱形小龛内雕刻
宝珠。左壁雕刻大型帷幕帐形龛，龛内有一佛二菩萨一铺三身像，但佛像右侧
的菩萨像只剩下横截面，可能被整体凿下盗走。

第 4 窟（释迦洞）

　　北响堂第 4 窟为释迦洞，位于北响堂的中间部分，与北响堂第 9 窟（大佛
洞）的开凿时期一致，为响堂石窟第一期开凿的洞窟。第 4 窟为单层覆钵塔形窟，
窟外立面上方为覆钵塔形，下方为四柱三开间，前廊后室。外立面的三开间中
间为窟门，窟门上方开一圆拱形明窗，明窗周围装饰着火焰纹，在窗内下方有
莲花宝座，似原有造像但目前已缺失不见。在明窗下方为覆莲瓣的雕刻装饰。
明窗的左右两边雕刻着飞天，但具体的形象已经损坏，剩下飞天的飘带以及其

图 2.13　北响堂第 4 窟外立面，笔者摄　　图 2.14　前廊左侧，笔者摄　图 2.15　前廊右侧，笔者摄

图 2.16　北响堂第 4 窟中心柱，笔者摄　　图 2.17　北响堂第 4 窟主龛龛基，笔者摄

下的云纹，这些华丽的雕刻有满壁风动之感。明窗之下是窟门，窟门外侧上方各雕刻一个龙首，其余部分为卷草纹形成的龙身和联珠纹，在窟门内侧雕刻有卷草莲花的纹样。窟门两侧的八角束腰莲柱，以联珠纹与覆莲花雕刻为束腰，柱子大部分被损毁，其上残存的花纹与窟门上方的一致，柱子下方雕刻有大型狮子。

　　第 4 窟三开间中间甬道两侧开龛，分别雕刻一尊菩萨像。尖楣龛的龛楣上雕刻火焰纹，在龛楣下方有圆拱形的细长凸起雕刻，中间有束腰莲花分别朝向左右两边，两侧有向上卷起的涡卷形装饰。在这一细长条突起下方雕刻有六片帷幕。旁边两个开间分别在上方也开一明窗，有火焰纹，以及莲花莲叶浮雕。下方开一圆拱龛，龛楣雕刻火焰纹，龛内刻力士像。从中间窟门进入后可见一中心方柱，第 4 窟为中心柱窟。中心柱与石窟地面和顶部相连，正面开一大型龛，侧面与后方没有开龛，后方开有一低矮甬道，可供绕中心柱礼佛。正面大龛为帷幕帐形龛，承柱兽与仰莲花上方有龙形浮雕。承柱兽在方形中心柱前方左右各有一尊，在北朝墓葬壁画、石棺床上也有出现。中心柱正面主龛雕刻有一佛二弟子二菩萨一铺五身像。在中心柱正面的佛龛左右下方开凿出了两个明窗，作为后方甬道采光之用。明窗前方雕刻有两个狮子和两个残缺上半身的童子形象。

在中心柱的主龛下方、左右壁以及后壁分别雕刻基坛。正壁主龛下方基坛中有五个圆拱龛，龛基中间由柱子隔开，中间为博山炉，两侧分别有面向博山炉的神王像。圆拱龛的龛楣部分被破坏，保留下了龛楣中雕刻的火焰纹，在龛楣两侧各延伸出一个宝盖，在龛楣下有涡卷形装饰，圆拱上雕刻三个束腰莲。中间分隔空间作用的石柱在柱头处雕刻火焰宝珠，下为覆莲瓣，莲瓣向上翘起，柱身雕刻卷草纹，柱子从柱身上方向左右两侧延伸出各三片叶子。中间一龛雕刻博山炉，博山炉在炉身部分有模糊的火焰纹，在左右两侧从卷草纹延伸出莲叶与莲花。在博山炉右侧雕刻两龛神王像，头部都被破坏。在最左侧的一龛只能看到部分龛楣前方有岩石遮挡，可能只开凿了部分龛楣但整体尚未完工。同样未完工的痕迹也出现在了洞窟的右后壁处，只雕刻了部分，尚看不出具体的轮廓。且在中心柱四壁只开凿了正壁，以及中心柱四壁的基坛部分，而在中心柱的左右以及后壁没有在基坛上方再开龛，可能是由于北齐时期的战乱、皇室权力的更迭等原因停止了第4窟的修建。

在中心柱右壁下方基坛也开圆拱龛，与正壁一致。中心龛雕刻博山炉，两侧分别为一神王像，神王像头部残缺。中间博山炉雕刻有四层覆莲瓣组成的炉座，莲瓣向上翘起。炉身下部为两层仰莲瓣，炉身上下部中间开口，似为博山炉打开了一条缝隙。博山炉有尖顶，从炉身下方向左右延伸出叶片，以及各一枝莲花与一枝莲叶，莲叶上托着圆形物品。中心柱后壁下方基坛雕刻五个圆拱龛，也由柱子隔开，分别为中间的博山炉，两侧的供养僧人，以及再两侧狮子像。中间一龛为博山炉，有束腰仰覆莲座，炉身下部为两层仰莲瓣，上部为素面，从炉身下方伸展出左右各一枝莲叶。博山炉右侧龛中雕刻供养僧人，脸部残损。

旁边一龛雕刻一尊蹲坐的狮子形象，狮子头部扭向博山炉方向的另一侧，身体为侧面形象向着博山炉一侧，左爪撑地，右爪抬起，后腿蹲坐，尾巴翘起。另一侧的狮子像身体大部分残损，能看到背后的飘带、蹲坐姿势以及翘起的尾巴。沿着顺时针方向绕北响堂第4窟中心柱前进，在中心柱后方走到左侧，在左壁下方基坛雕刻有三个圆拱龛，中间龛雕刻博山炉，两侧分别雕刻一尊神王像。中间的博山炉似右壁下方博山炉的形象，其不同之处在于博山炉炉身雕刻火焰宝珠，莲花与莲叶的位置也有所改变。

双层覆钵塔形窟：第3窟（刻经洞）与第1窟（双佛洞）

北响堂第1窟（双佛洞）与第3窟（刻经洞）为上下结构的双层覆钵塔形窟，第1窟在上方覆钵体内开窟，第3窟在下方分为内室和外廊，都开凿于北齐时期，属于响堂石窟第二期开凿的洞窟，是响堂石窟的典型窟形。

北响堂石窟第1窟有清代乾隆元年（1736）《创修券阁记》，记录着清代对于此窟的修缮。在第1窟的内甬道北侧有双佛洞的题记，在第1窟窟门上方的北侧，刻了大圣十号。在第1窟的窟门上方南侧，则刻有佛名，分别为弥勒佛、师□佛、明炎佛，以及十二部经名。第1窟窟外南侧的山崖上方有"大空王佛"的佛名题记，年代也为北齐，约为公元568年到577年。第1窟外北齐时期的"宝火佛"和"无垢佛"佛名题记也在南侧山崖的上方。窟门开在覆钵体的中间，窟门周围有火焰纹装饰，门左右有莲花柱，柱头雕刻有仰覆束腰莲花，柱基有覆莲花形。窟门两侧雕刻有山花蕉叶纹饰，在两侧刻有向内卷起的鸱尾，下方有叠涩基。覆钵体上方开尖拱形龛，龛内雕刻有覆钵体的塔刹，以覆莲花为基，延伸出一左一右对称的忍冬叶纹饰，左右及中间分别向上垂直伸出三个覆莲花形，在莲花上有火焰宝珠，共同组成三塔刹。

北响堂第1窟（双佛洞）窟内地面上起倒凹字形坛基，在坛的三面分别雕刻有三组石刻。正壁的坛基上原有石雕可能为一博山炉二狮子四神王像，中间的博山炉与右侧的狮子像已被破坏不得见，左侧狮子像部分残存，再两侧分别

图 2.18 北响堂第 1 窟覆钵体及窟门上方佛名与题记，笔者摄

图 2.19 北响堂第 1 窟窟门，笔者摄

图 2.20 北响堂第 1 窟窟内，笔者摄

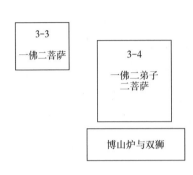

图 2.21　北响堂第 3 窟外壁结构图，笔者绘制　图 2.22　前廊《唐邕写经碑》，　图 2.23　前壁刻《无量
　　　　　　　　　　　　　　　　　　　　　　　　　笔者摄　　　　　　　　义经·德行品》，
　　　　　　　　　　　　　　　　　　　　　　　　　　　　　　　　　　　　笔者摄

有二神王像。右壁和左壁基坛上分别雕刻一组中间为博山炉，两侧有二狮子和
二神王的浮雕像。在正壁雕刻有释迦多宝双佛并坐像与二菩萨像，佛像头部与
手部损毁，菩萨像头部损毁，手部部分损坏。右壁坛基上有一佛二菩萨像，头
部均毁坏，头光与正壁相同。左壁为一佛二菩萨像，头部均损毁。

　　北响堂石窟第 3 窟（刻经洞）为响堂石窟第二期的洞窟，和其上的第 1 窟（双
佛洞）共同组成双层覆钵塔形窟，在两窟中间以石灰石雕刻成仿木建筑的屋檐，
由瓦垄、莲花瓦当、板瓦等组成，屋檐上雕刻的莲花筒瓦与邺城出土的宫殿筒
瓦相似。第 3 窟分为两部分，分别为前廊和后室。第 3 窟外右壁，从前方数第
2 龛的题记为北齐时期的"李氏婉密为亡夫曹礼造像"题记，记录着："君姓
曹名礼济州东平郡寿张县人也……鼓山……李氏婉密素洁……雕山镂像……"
在前廊的廊柱西侧外壁上刻有经典为《无量寿经论·愿生偈》，廊柱东侧刻有《佛
说弥勒成佛经》和《胜鬘狮子吼——乘大方便方广经》（南朝宋求那跋陀罗译），
东壁上刻有《佛说孛经》。

　　在《唐邕写经碑》雕刻有阴刻碑文，其中写道：

　　晋昌郡开国公唐邕……以为缣缃有坏，简策非久，金牒难求，皮纸易灭，
于是发七处之印，开七宝之函，访莲华之书，命银钩之迹，一音所说，尽勒名山；
于鼓山石窟之所，写《维摩诘经》一部，《胜鬘经》一部，《孛经》一部，《弥

图 2.24　北响堂第 3 窟左侧龛，笔者摄　　　图 2.25　北响堂第 3 窟主龛，笔者摄

勒成佛经》一部。起天统四年三月一日，尽武平三年岁次壬辰五月廿八日……山从水火，此方无坏。[3]

　　《唐邕写经碑》是现存北朝时期仅见的具有明确纪年及书写人的碑刻。[4]在前廊的左右两端壁上刻有《维摩诘所说经》，可以印证写经碑上所刻碑文。其中《唐邕写经碑》中记载，由北齐晋昌郡开国公唐邕主持在第 3 窟内外的墙壁上刻佛教经典。刻经洞刻经的年代为公元 568 年到 572 年共计四年时间，由于末法思想的影响，在北齐时于石窟上雕刻经文，以求"山从水火，此方无坏"。很多学者在对于响堂石窟以及邺城地区其他刻经的研究中，都一致认为这些刻经与北齐时期的僧安道一有关。在写经碑的上方刻有两龛，编号 3-1 的小型龛在最上方，为单层覆钵塔形龛，有覆钵顶，有火焰宝珠与山花蕉叶。之下为塔檐，塔檐下方有帷幕垂下，两侧有幡铃悬挂，左侧幡铃旁有一身飞天的浮雕，右侧部分已被破坏。在塔形龛的龛内雕刻有一佛二菩萨像，面部损毁。

　　在此龛下方为编号 3-2 的龛，此龛远大于上方龛，龛的上方部分似中国传统木建筑有斗拱的屋顶，顶部中间为火焰宝珠，宝珠两侧分别为山花蕉叶，屋顶下方的屋檐部分火焰宝珠与山花蕉叶间隔分布。有仰莲和伸展出细长叶片的

3　张林堂等：《响堂石窟碑刻题记总录（二）》，北京：外文出版社，2007 年，第 118 页。

4　陈传席等：《响堂山石窟（下）》，天津：天津人民美术出版社，2014 年，第 31 页。

图 2.26　北响堂第 3 窟右侧龛，笔者摄

植物，这种植物也见于水浴寺西窟礼佛图中。龛内雕刻有一佛二菩萨像，菩萨像残损。编号 3–1 和 3–2 龛共同组成了一个上有覆钵顶下有中式仿木结构建筑的双层覆钵塔形龛。龛基雕刻有中间的博山炉，已残损，但仍能看到炉身正中有龙形雕刻，炉身周围有莲花和莲叶装饰，莲花中托有宝珠。两侧剩下最右侧一尊供养人像，面向博山炉方向跪拜，其余部分损毁。碑刻底部为一龟承托，但被损毁，只残存足部。

　　北响堂第 3 窟（刻经洞）的前廊的窟门为圆拱尖楣形，其上雕刻有联珠纹和火焰纹。在门楣上方有一条横向的长条形浮雕带，内雕刻有二十身结跏趺坐佛。在窟门的门框内部雕刻有浮雕卷草纹。窟门两侧的小龛都是北齐后补刻。在门楣中还雕刻有左右各三身飞天对称分布，共六身飞天的形象。窟门两边各开有一圆拱尖楣龛，雕刻有华丽的联珠纹和火焰纹，龛内各雕刻一尊力士像，头部缺失，将在第三章力士题材中详述。窟门内侧雕刻有繁复而连续的卷草纹与联珠纹，其中卷草纹由花叶和藤蔓交织而成，其上有孔洞，似曾镶嵌有窟门。内室前壁雕刻有《法华经》体系重要的经典《无量义经·德行品》。内室窟顶中央雕刻一朵大莲花，莲花四面分别有宝珠装饰，窟顶四角分别装饰有忍冬或者是棕榈叶的纹饰。

　　北响堂第 3 窟内室为三壁三龛窟，分别雕刻三世佛。主龛为帷幕帐形大龛，为一佛二弟子四菩萨一铺七身像。在帷幕帐形大龛之上与窟顶相接处，有一排共二十尊佛像，形制相似，有圆形头光，结跏趺坐于莲座上。在帷幕部分有两排鱼鳞状装饰和一排三角形装饰错综分布，帷幕自上垂下，由六条带状物系于龛顶部与两侧的莲花龛柱上，帷幕上雕刻有模仿布料自然垂下的褶皱。在龛柱上雕刻出层层叠叠的帷幕，龛柱的柱基为覆莲花，之下有承柱的小型力士像。主龛下方有基坛，龛内雕刻有中间的博山炉，博山炉两侧有卷草莲花装饰，两侧分别有向博山炉蹲坐的狮子、伎乐与供养人像。

左壁刻有帷幕帐形龛，龛楣最上方刻有一排共十七尊结跏趺坐小佛像，下为两排鱼鳞纹帐，其下为带有珠坠错综排布的两排三角垂纹以及一排百褶纹。龛内上部刻有两排千佛像，下方有一佛四弟子二菩萨一铺七身像，并在靠窟门一侧墙壁上刻有佛经，其中一尊弟子像缺失。基坛雕刻一博山炉、二供养人和四伎乐像。龛基中间雕刻博山炉，两侧有面向博山炉的供养人和伎乐浮雕。中间的博山炉装饰华丽，底座损坏，图案不清，炉身下部雕刻仰覆瓣，中间刻一素圈，上部雕刻有火焰宝珠，从底座向两侧延伸出卷草莲叶、覆莲花与莲蕾等。右壁也为帷幕帐形龛，其上的帷帐形式与右壁相似，并在龛内刻有两排小佛像，都有圆形头光，内着僧祇支，外披双领下垂式袈裟，一手施无畏印，一手施与愿印，结跏趺坐于仰莲座上，头部损坏，在头部右上方皆有榜题，但字迹已模糊不见。龛内小佛像之下雕刻一佛四弟子二菩萨一铺七身像，并在靠窟门一侧墙壁上刻有佛经。下方的基坛雕刻有一博山炉二供养人及四伎乐像浮雕。中间的博山炉装饰华丽，底座损坏，图案不清，炉身下部雕刻仰覆莲瓣，中间刻一素圈，上部雕刻有火焰宝珠，从底座向两侧延伸出卷草莲叶、莲花与莲蕾。

第8窟（宋洞）

北响堂第8窟为宋洞，在北响堂的北部，为北齐时开凿的洞窟。洞窟的正壁开凿有帷幕帐形大龛。龛内雕刻有一铺七身像，目前只剩下一佛二弟子二菩萨五身像，在弟子像与菩萨像中间的雕像缺失，只剩下有圆形孔洞的莲花座。主尊佛像身后有舟形背光，与北响堂第4窟（释迦洞）主尊佛像背光几乎一致，都由外侧的联珠纹与内侧的火焰纹和联珠纹组成。头光也很相似，都为由外到

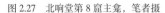

图 2.27　北响堂第 8 窟主龛，笔者摄　　　　图 2.28　北响堂第 10 窟主龛，笔者摄

内分布联珠纹、卷草纹、联珠纹，但不同在于头光有四道素圈和一层连弧形纹，
且连弧形纹只剩下轮廓，头部缺失。

　　这一背光及头光的形式也见于北响堂第 10 窟（文官洞）三壁三龛的正面
主龛佛像背后，旁边的二菩萨像头光也与北齐时期的样式相似。但目前学界将
这一洞窟定为明代。此石窟是否为北齐开凿未完成，后由明代继续建造，还有
待进一步论证研究。

第二节 南响堂石窟及水浴寺石窟北齐石刻的实地调研

南响堂石窟共有八个有编号的石窟，以及一个摩崖造像群——东方摩崖石刻。北齐河清二年（563）题记在东方摩崖19-5号龛右侧："大齐河清二年六月廿一日邑主□□□□敬造□像两区仰为皇帝陛□□□一□法界众生俱成佛道。"[1]

其中北齐开凿的有七个，占南响堂石窟有编号的石窟七分之一，包括第1窟（华严洞）、第2窟（般若洞）、第3窟（空洞）、第4窟（阿弥陀洞）、第5窟（释迦洞）、第6窟（力士洞）、第7窟（千佛洞）。仅有一隋窟为北齐后开凿，在北齐开凿的石窟中还有后世所开的很多小龛，并且在南响堂石窟中大多数洞窟被破坏盗凿严重，有几个洞窟内部雕刻几乎被破坏一空。水浴寺在北齐开凿了西窟，其外还有宋代开凿的东窟，唐代的西区摩崖石刻、宋代的东窟和东区摩崖石刻，以及妙用禅师灵塔、西经幢、东经幢、北宋经幢残块等。这一节中将分为几组洞窟展开探讨。

双层塔形窟第1组：第1窟（华严洞）与第3窟（空洞）

南响堂第1窟（华严洞）和上面的第3窟（空洞）共同组成双层塔形窟第1组，开凿于北齐时期。上方为南响堂第3窟（空洞），这一窟分为前廊和后室，前廊正壁圆拱形窟门的两边各雕刻一根八角束腰莲柱，在正壁与两侧壁转角处也

---

1 张林堂等：《响堂山石窟碑刻题记总录（二）》，北京：外文出版社，2007年，第93页。

图 2.29　东方摩崖

雕刻各一根八角束腰莲柱。在正壁上方雕刻仿木结构的窟檐，在窟檐上的部分已经残缺，剩下瓦垄、滴水和勾头部分。在窟檐上方有多层叠涩，叠涩上方为中式殿阙式的塔顶，覆钵只作为塔刹的一小部分出现且残缺有些无法分辨。在前廊正壁开圆拱形窟门，窟门上方和左侧部分有雕刻出现，由于风化模糊不清，无法分辨是否为盘龙和龙首，还是飞天和狮子的形象。窟内平面结构近似方形，为三壁三龛的佛殿窟，但内部的石刻几乎全部缺失，这一窟的"空洞"也因此得名。在正壁根据基坛上残存的须弥座和莲座部分，可以判断雕刻的可能为一佛二菩萨一铺三身像。

　　双层塔形窟的下方为南响堂第 1 窟，建筑前壁为四柱分割成的三间仿木建筑形式，中间为圆拱尖楣形的窟门，窟门两侧有两个立柱，柱子上以浮雕形式雕刻龙形，柱头雕刻火焰宝珠，以及上面的八角小立柱。窟门立柱支撑着窟檐，窟檐本来雕刻有斗拱，目前已残损，其形式似角柱上的斗拱。龙盘在柱子上，两个龙首在窟门尖楣处交颈相背。龙首上分别有独角，口吐云雾，在龙口处各有三只鸟类，龙身缠绕在立柱柱身上。这种二龙相交的窟门形式，也出现在了

图 2.30　南响堂第 3 窟窟内三壁，笔者摄

莫高窟、金塔寺等石窟的龛楣上。在立柱下方有残存的狮子尾部痕迹，可能原先在立柱下方左右各立有石狮子拱卫窟门。在这两根立柱的两侧有两根角柱，柱头有单瓣覆莲、火焰宝珠和八角小立柱，柱身为上小下大的八角形，有莲花束腰，柱基也有单瓣覆莲。

　　在窟外的前壁上开龛五个，在李裕群的研究中将其编号为 1–14、1–15、1–16、1–17、1–18 和 1–19，[2] 围绕窟门分布，其中开凿于北齐时期的龛为窟门两边的为 1–18 号龛和 1–19 号龛，正上方为 1–14 号龛，其两侧明窗下方为 1–16 号龛和 1–17 号龛。在窟门正上方的 1–14 号龛为圆拱形龛，龛柱损毁，依稀可见八角束腰莲柱，柱顶为火焰宝珠。龛上现存有雕刻五身飞天，右侧坍塌可能原为对称的各三身飞天，共六身全都面向中央。1–16 号龛在窟门的左上方明窗之下，为长方形龛，似龛基。龛内雕刻有一博山炉，左右各有一蹲坐狮子。在明窗上方以浅浮雕的方式雕刻有两身 L 形飞天的形象，右侧飞天损毁严重。1–17 号龛上方开明窗，有部分明窗和 1–17 号长方形龛损毁。1–17 号龛只剩雕刻的右侧蹲坐狮子形象，在明窗上方也有部分坍塌损毁，剩下浅浮雕的两身飞天。下方龛基坍塌，雕刻已不见。

2　李裕群：《南响堂石窟新发现窟檐遗迹及龛像》，《文物》1992 年第 5 期，第 5 页。

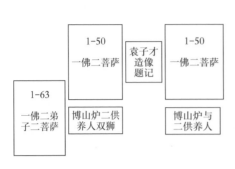

图 2.31　南响堂第 1 窟南壁结构图，笔者绘制　　图 2.32　前壁刻经《大方广佛华严经》，笔者摄

1–18 号龛在窟门左侧，为圆拱尖楣龛，比窟门略小，雕刻有八角束腰莲柱，柱头与柱基都有重瓣覆莲装饰，在圆拱龛梁中间有束腰莲瓣。龛内雕刻损毁，剩下残余的飘带。从石窟形制来看，南响堂第 1 窟（华严洞）与北响堂第 3 窟（刻经洞）、南响堂第 7 窟（千佛洞）窟外前壁结构相似。根据北响堂第 3 窟和南响堂第 7 窟窟外前壁窟门两侧的龛内分别雕刻有力士像，南响堂第 1 窟 1–18 号龛留下的飘带痕迹很可能原有力士像，现看到的一尊坐佛可能为北齐后由力士像改刻而成。李裕群认为这一佛像与窟内中心柱上的千佛形象一致，因此年代不会晚于隋代。[3]1–19 号龛情况与之相似。

窟内窟门两侧前壁与右壁下方刻有《大方广佛华严经》，窟门上方两个明窗之间为《西方净土变》大型浮雕，正对中心柱的为大型浮雕《说法图》。在弗利尔美术馆中收藏的《西方净土变》浮雕据说来源于南响堂第 2 窟（般若洞）。窟内右壁上方、后壁上方与左壁上方都分别有列龛，北齐时期雕刻的有左右两壁下方的覆钵塔形列龛，以及后壁的龛，龛中有造像，但四壁的很多小龛多为北齐之后朝代中陆续增设。窟内有中心柱，连接着地面和窟顶。窟顶为平面，中心柱后方的上部与后壁连接，上方开龛造像，下部开设低矮的甬道用来绕中心柱进行礼佛。中心柱正壁最上方为《说法图》浮雕带，以两个立柱分为了三个部分。

3　李裕群：《南响堂石窟新发现窟檐遗迹及龛像》，《文物》1992 年第 5 期，第 5 页。

图 2.33　南响堂第 1 窟中心柱，笔　图 2.34　南响堂第 1 窟主龛，笔者摄
者摄

在浮雕带之下为主龛，为帷幕帐形大龛，龛的上方和左右垂下的帷幕以石头雕刻而成。龛内雕刻有一佛四弟子二菩萨像，现只剩主尊佛像、三弟子像与右侧的一尊菩萨像，左侧一尊弟子像和一尊菩萨像缺失。主龛的帷幕由两层鱼鳞纹、两层三角形下坠珠纹组成，还有一层为垂下的帷幔。龛柱为八角形立柱，柱基为方形上加素圈，柱头模糊不清，似与帷幔相接。在主龛两侧及立柱上刻有小龛，均为后世所刻。中心柱正面底部开龛，在龛内两侧雕刻有坐狮，右侧模糊不清，左侧坐狮张嘴怒吼，右爪抬起，左爪立于地面，尾巴向上翘起。中间为博山炉，两侧有相对而立的供养人像。中心柱的左右两壁上方满雕千佛像，下方各开一圆拱龛，比正壁的主龛稍小一些，龛的圆拱形上有向左右两侧翘起的涡卷雕刻。中心柱右壁所开圆拱龛内雕刻一佛二弟子二菩萨一铺五身像。中心柱左壁所开圆拱龛内雕刻一佛二弟子二菩萨一铺五身像。几乎与右壁的一佛二弟子二菩萨像一致，其雕刻年代是否在北齐也需要继续研究判断。

此外在南响堂第 1 窟窟内右壁《大方广佛华严经》上方雕刻的五个圆拱尖楣龛都为北齐时开凿，从窟门向内依次为第 1–73、1–72、1–71、1–70 和 1–69 号龛。这五龛都为圆拱尖楣龛，在圆拱两侧分别有向上翘起的涡卷形雕刻，尖楣中为素面。这五龛内雕刻的都为一佛二菩萨一铺三身像。在南响堂第 1 窟窟内后壁上在中心柱两侧雕刻有四个龛，在中心柱右侧分别为第 1–67 和 1–68 号龛，1–67号龛在1–68号龛正上方。这两个龛都为圆拱尖楣龛，与右壁的一致，龛内也都雕刻有一佛二菩萨像。在上方的1–67号龛中雕刻的一佛二菩萨像与右壁的一致，但右侧菩萨像头部缺失。在下方的1–68号龛也雕刻有一佛二菩萨像。在下方有长方形龛基，中间雕刻博山炉，两侧分别雕刻狮子与供养人像。南响堂第1窟内后壁在中心柱左侧上方为1–65号龛，下方龛内没有雕像。1–65号龛也为圆拱尖楣龛，龛内雕刻有一佛二菩萨像，与右壁列龛相似。南响堂第1窟内左壁上方雕刻的五个圆拱尖楣龛都为北齐时开凿，从窟门向内依次为第1–40、1–41、1–42、1–43、1–44号龛。这五龛都为圆拱尖楣龛，在圆拱两侧分别有向上翘起的涡卷形雕刻，尖楣为素面。这五龛内雕刻的都为一佛二菩萨一铺三身像。1–44号龛佛像头部残缺，菩萨像部分残缺，1–43号龛头部残缺，1–42号龛菩萨像头部残缺，1–41号龛佛像和左侧菩萨像头部残缺，1–40号龛佛像头部残缺，其余与右壁列龛中雕像几乎一致。

双层塔形窟第2组：第2窟（般若洞）、第4窟（阿弥陀洞）、第5窟（释迦洞）与第6窟（力士洞）

南响堂北齐时期开凿的还有双层塔形窟第2组，包括上层从北到南分布的第6窟（力士洞）、第5窟（释迦洞）与第4窟（阿弥陀洞），和下层的第2窟（般若洞）。但这几个洞窟被盗凿与破坏严重，其中保存下来的北齐石刻较少，因此合为一节来进行研究。

南响堂第4窟（阿弥陀洞）为双层覆钵塔形窟第3组的上层部分左侧的一个洞窟，这一洞窟在第3窟（空洞）的北侧，也开凿于北齐时期。窟内平面近似方形，为三壁三龛的佛殿窟，在三壁三龛中原分别都雕刻有佛像。在窟内的前壁以及左右两侧壁上雕刻有刻经《妙法莲华经·观世音菩萨普门品》，这一洞窟也被称为"观音洞"。

南响堂第5窟（释迦洞）为双层覆钵塔形窟第3组的上层部分中间的一个洞窟，在第2窟（般若洞）的正上方，也开凿于北齐时期。这一洞窟的外部开

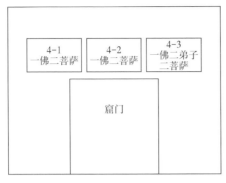
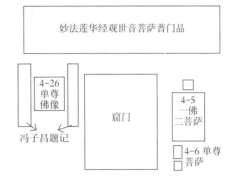

图 2.35　南响堂第 4 窟外壁结构图，笔者绘制　　　图 2.36　南响堂第 4 窟前廊内壁结构图，笔者绘制

图 2.37　南响堂第 4 窟内三壁，笔者摄

一尖拱窟门，窟门上方门楣还残存有龙形浮雕的一部分。这两个龙形为浅浮雕，双龙面向尖拱方向对称分布，龙为正侧面形象，从龙首到龙尾呈现略扁的乙字形，龙首吐出云雾，龙爪一只抬起踏向前方，一只在后方踏着云雾，另有三片云雾缭绕于龙身的前方、身体以及尾部。窟门两侧原有立柱，现已缺失，还残存有立柱下方的狮子雕刻，窟门内侧雕刻有卷草纹。窟内为三壁三龛的佛殿窟，窟内平面为方形。在窟内上方雕刻一大型的莲花浮雕，这一巨大的莲花由中间凸出的圆形和外侧两层莲花瓣组成，有飞天形象共十二身在莲花周围形成一圈。每一壁雕刻有一个大型帷幕帐形龛，为三世佛题材。在窟内的地面上也雕刻巨

59

大的莲花浮雕。在莲花的中心为凹陷的圆形，可能为曾经放置香火的位置，在周围一圈为单层莲花花瓣，再外为圆形线刻，再之外为连续的花叶纹形成的圆形，最外均匀分布着四片叶子，叶子的尖端指向窟内的四角。

南响堂第5窟（释迦洞）窟内正壁最上方雕刻七颗火焰宝珠，在火焰宝珠下方一一对应的位置雕刻七佛，在中间的佛像身后似有一覆钵塔，覆钵体上开圆拱龛。这七尊佛像结跏趺坐于莲座上，都雕刻在条形带上。再之下为两层鱼鳞状和一层三角形垂帐纹，三层纹层层错开叠压，最下方雕刻出帷幔，也有帷幔在龛的两侧垂下以系带收束在旁边的八角束莲柱上。在龛柱的两侧还雕刻有细长的长方形龛，各有一株向上生长的植物和火焰宝珠。这一石窟内上方的左右壁与前后壁转角处上方共有四个双树龛，似曲阳修德寺出土北齐白石双树背屏造像后的双树形式，以两侧树干作为龛柱，两树交叠在一起的树冠作为龛楣。在双树龛内雕刻有一尊菩萨像和一供养人像，在双树龛下方雕刻龛基，但其中的石刻已经模糊不清，但从对称位置的双树龛龛基来看，也有可能曾刻有火焰宝珠与供养人像。窟内上方右侧也有一个双树龛，位于正壁与左壁上方角落，在双树龛内雕刻有一尊佛像。双树龛下方有长方形龛基，中间雕刻覆莲花，上托火焰宝珠（摩尼宝珠），两侧分别有两身供养人像，这四尊供养人都面向中心的宝珠方向跪拜。右侧的两尊供养人像头梳高髻，身着宽袖长裙，似为女子；左侧的两尊供养人像头戴方帽，身着窄袖长袍，似为男子。

窟内正壁主龛原有一佛二菩萨像，目前两侧菩萨像只剩下圆形的头光与身体和宝座的轮廓痕迹。窟内左壁最上方雕刻与正壁几乎一致，但此处有八尊佛像。中间两尊佛像身后似有一覆钵塔，覆钵体上开圆拱龛。在佛像之间各有一个三瓣植物中生长出的条形植物，顶端为椭圆形，似乎为种子中生长出的菩提树苗。在中间佛像之间为一个圆形的宝珠雕刻。左壁雕刻帷幕帐形龛，龛的形制与正壁相似。在龛内雕刻有一佛二菩萨像，佛像两边的菩萨像目前只剩下部分圆形头光与部分莲座。窟内左壁与前壁上方，即窟门左侧上方转角处刻有一尊菩萨立像，窟内右壁最上方雕刻与左壁几乎一致，但两佛像之间的雕刻略有区别。在中间两佛像之间上方的雕刻保留了一些残存的部分，似乎为凸起的竖

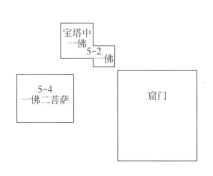

图 2.38　南响堂第 5 窟外壁结构图，笔者绘制　　图 2.39　南响堂第 5 窟窟门上方龙形雕刻，笔者摄

图 2.40　南响堂第 5 窟内三壁，笔者摄

向椭圆形雕刻，内部有凹线刻形成的圆形。

　　窟内右壁与前壁上方，即窟门右侧上方转角处也刻有一尊菩萨立像。这尊菩萨像与窟门左侧上方转角处的菩萨立像相似，但腿部损坏，且足下的莲花宝座保存较完好，为三层仰莲座。右壁雕刻帷幕帐形龛，龛的形制与左壁和正壁相似。在龛内雕刻有一佛二菩萨像，佛像两边的菩萨像目前也只剩下部分圆形头光与莲座的痕迹。佛像体型与所穿袈裟也与正壁主尊佛像和左壁佛像相似。窟内前壁窟门上方雕刻有涅槃变浮雕。这一浮雕中有双树龛，一左一右两个树冠在顶部交叠在一起，中间有两树枝相互缠绕。树冠分为四层，有三层在长方形的帷幕帐形龛之上，另一层分别在帐形龛上方两侧有上下伸出的一个枝丫。在双树龛中间雕刻长方形的帷幕帐形龛，龛内上方的条形带与左右两壁上方雕

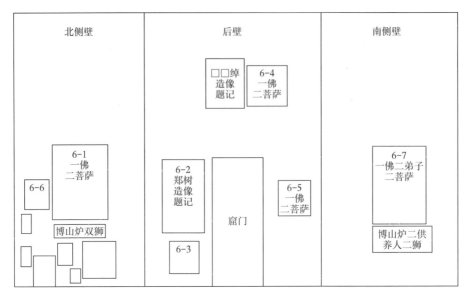

图 2.41　南响堂第 6 窟外壁结构图，笔者绘制

刻的条形带相似，下方一层鱼鳞状一层三角状雕刻错开分布，再下方有垂幔。幔帐也系在右覆莲柱基的圆形龛柱上，在龛内雕刻有涅槃变浮雕。

在正壁与左右两侧壁的帷幕帐形龛下方各雕刻一个长方形的基坛。正壁的基坛中间雕刻博山炉，博山炉在仰莲花上，炉座两侧向上生长出莲花、莲叶与莲蕾。博山炉两边各雕刻有一个圆拱龛，有立柱。博山炉的左右两侧龛内各雕刻一神王像。窟内左壁基坛雕刻结构与正壁相似，也是中间为博山炉，两侧为神王像。博山炉的雕刻有些不同，在左右两侧各有一片莲叶托起宝珠。博山炉左右各有一尊在圆拱龛中的神王像。窟内右壁基坛雕刻结构与正壁相似，也是中间为博山炉，两侧为神王像。中间的博山炉底部有圆台，底座为覆莲花，炉身上有山形，在炉座两侧有莲花、莲蕾，也各有一个莲叶托着宝珠。博山炉左右各有一个在圆拱龛中的神王像。

南响堂第 6 窟（力士洞）为双层覆钵塔形窟第 3 组的上层部分右侧的一个洞窟，在第 5 窟的北侧，也开凿于北齐时期。这一窟也分为前廊与后室。后室窟内平面也近似方形，这一窟被盗凿损毁较严重，可能为三壁三坛的佛殿窟，

图 2.42 南响堂第 6 窟内三壁，笔者摄

在三壁的基坛都各开两壶门。正壁原有五身像，目前只剩下中间的束腰仰覆莲座，两侧的石刻脚部和覆莲座，与再两侧更矮一些的覆莲座。中间的束腰仰覆莲座上有圆台，下有两层仰莲瓣，束腰之下为一层覆莲瓣。在正壁与两侧壁的转角处各有一个束腰仰覆莲座，和中间的主尊佛像宝座几乎一致，只是束腰上方为单层仰莲瓣。窟内左壁大部分损毁，只剩下两个莲座小部分残存。还有墙上的两个立像的轮廓痕迹。在窟门所在前壁与左壁的转角处有一尊弟子像立像，头部损毁。右壁石刻像都缺失，只剩下中间佛像的五层须弥座，两侧的立像衣服下摆、脚部和有圆台的覆莲座，以及在两旁的稍矮覆莲座，墙壁上残存轮廓的痕迹。在前壁与右壁的转角处有一弟子立像，与左侧的弟子像对称分布，雕刻很相似，这尊立像头部缺失。前壁窟门两侧也各有一个基坛，开壶门，上方原各雕刻有一尊力士像，但目前仅剩轮廓和圆形台座。

南响堂第 2 窟（般若洞）作为双层覆钵塔形窟的下层建筑，也开凿于北齐时期。这一洞窟与南响堂第 1 窟（华严洞）结构基本一致也分为前廊后室，前廊的正壁为四柱分割成的三间仿木建筑形式，中间为圆拱形的窟门，窟门两侧有两个立柱，为八角束腰莲柱，上有残存的盘龙纹，在正壁与侧壁的转角处也各有一个八角束腰莲柱。窟门左右两侧分别各开一圆拱龛，在圆拱龛的中间有束腰莲瓣，圆拱龛上方开明窗。但值得注意的是第 2 窟（般若洞）的前廊正壁曾经坍塌，现在看到的为后世修复过的，因此有些部分并不是北齐时的原貌。

现存窟门两侧的圆拱龛内各有一块石碑雕刻于隋代，由隋代邺县功曹李洪运重修石窟，沙门道净为之立碑。窟门左侧石碑上首以篆书雕刻"滏山石"，窟门右侧石碑上首雕刻"窟之碑"，共同组成了《滏山石窟之碑》。这两块石

图 2.43　南响堂第 2 窟窟门左右侧《滏山石窟之碑》，笔者摄　图 2.44　南响堂石窟第 2 窟中心柱，笔者摄

碑记载了开窟年代为"齐国天统元年乙酉之岁"[4]，也记载了灵化寺僧人得北齐大丞相淮阴王高阿那肱资助，开凿南响堂石窟的过程以及武帝灭佛的历史事件。这一洞窟窟门外两侧的圆拱龛与南响堂第 1 窟（华严洞）、南响堂第 7 窟（千佛洞）、北响堂第 3 窟（刻经洞）的窟外前壁结构相似。根据北响堂第 3 窟和南响堂第 7 窟窟门两侧的龛内分别雕刻有力士像，南响堂第 2 窟窟门两侧的龛内现存的《滏山石窟之碑》部分可能在北齐时期也雕刻有力士像，在武帝灭佛的时候可能被毁坏，后在隋代被磨平重新雕刻上了《滏山石窟之碑》。

　　南响堂石窟第 2 窟（般若洞）的窟门两侧雕刻有八角束腰莲柱上有残存的盘龙纹，从柱子的底部缠绕到中间有束腰莲花的部分。在窟门的内侧雕刻有卷草纹和联珠纹。窟内为中心柱窟，中心柱为方形，在洞窟的中心位置，中心柱的后部和窟内相连，下部开低矮甬道。目前这一洞窟中大部分石刻被损毁，只留下了中心柱正壁佛像的头光部分，中心柱左右两壁上方的千佛像，以及周围墙壁上的多个空的小龛。其中中心柱正壁原本有一佛二弟子二菩萨一铺五身像，仅留有主尊佛像的头光部分。在主尊佛像的头光上方雕刻有八身飞天的形象，

4　张林堂等：《响堂石窟碑刻题记总录（二）》，北京：外文出版社，2007 年，第 45 页。

图2.45　南响堂石窟第2窟前壁《文殊师利所说摩诃　图2.46　左壁十六佛名，笔者摄
　　　　般若波罗蜜经》，笔者摄

在中间为覆莲花托着的宝珠，下方有飘带飞扬而起。佛像的头光由外到内分为
联珠纹，这种联珠纹由大圈套小圈，在圈外侧有四个小珠；卷草纹，在卷草纹
中有莲花、莲蕾、莲叶、草叶图案以及七身佛像结跏趺坐于仰莲座或是覆莲座上；
六层素圈，模糊的部分可能还有两层；以及最内侧的两层莲花花瓣和中间的圆
形。在头光之中还有佛像被盗凿后剩下的头部、颈部以及肩膀处的轮廓。

　　在窟内前壁窟门的内侧左壁，明窗下方雕刻有《文殊师利所说摩诃般若波
罗蜜经》，这一洞窟也因此得名为"般若洞"。左壁2-62号龛右侧龛柱，北
齐时期的十六佛佛名，出自《妙法莲华经·第三化诚喻品第七·十六佛》。在
中心柱的北壁铭文据孙英刚的研究，为"昭玄沙门统定禅师敬造六十佛"[5]。在
铭文旁的六十身千佛像雕刻由当时的昭玄大统定禅师出资并进行供养。"定禅
师"也出现在了水浴寺西窟的前壁礼佛图中。孙英刚认为南响堂第2窟中心柱
出现的"昭玄沙门统定禅师"和水浴寺西窟的"昭玄大统定禅师"为同一人，
是在北齐时期继法上之后的又一位昭玄大统。[6]

　　从北齐的僧官制度来看，"昭玄寺，掌诸佛教，置大统一人，统一人，都
维那三人"[7]。昭玄寺的官职至少有三种，一种为主要负责人大统，还有下一级

5　孙英刚：《布发掩泥的北齐皇帝：中古燃灯佛授记的政治意涵》，《历史研究》2019年第6期，第41页。

6　孙英刚：《布发掩泥的北齐皇帝：中古燃灯佛授记的政治意涵》，《历史研究》2019年第6期，第41页。

7　［唐］魏徵：《隋书·百官志中》，北京：中华书局，2019年，第844页。

的统一人和再下一级的都维那三人。南响堂第2窟"定禅师"出现在中心柱的铭文里为"沙门统"，还只是在中心柱一侧的位置上，在中心柱多个千佛像中只有六十尊为他所供养的。而到了水浴寺西窟中，"定禅师"已经升职为了"大统"，其供养人的形象雕刻在了前壁窟门两侧的礼佛图中，是此窟中形象最为高大的供养人之一，可见其地位之重要。"定禅师"两次出现在不同的石窟中，代表着南响堂第2窟和水浴寺西窟存在着一定的关联，这两处洞窟中的石刻艺术都有"定禅师"的影响。"定禅师"身份地位的变化也提示着时间的变化，目前尚未发现关于这位"定禅师"的文献记载，但从南响堂第2窟隋代的《滏山石窟之碑》来看，第2窟的开凿为"齐国天统元年乙酉之岁"，则第2窟的开窟年代要早于水浴寺西窟，那么"定禅师"可能为从"统"升到了"大统"而不是反之的贬黜。水浴寺西窟的开凿时间不晚于武平五年，则南响堂第2窟的开窟和发展时期可能为北齐后主高纬在位时的公元565年到574年这九年之间的一段时间。

第7窟（千佛洞）

南响堂第7窟（千佛洞）在南响堂石窟的第二层最北侧，在北齐时期开凿。这一石窟分为前廊后室，在前廊有四根立柱分隔成了三个空间，形制与北响堂第3窟（刻经洞）相似，是南响堂石窟中保存最为完整的洞窟。这一窟的前廊外立面为仿木构建筑，立柱为八角形束腰莲柱，在中间两个立柱的下方雕刻有狮子像，目前残存部分身体与后爪。立柱有八条竖棱，从下到上逐渐变窄，中央有束腰双层仰覆莲瓣，束腰有双层圆圈，莲瓣尖端分别向上下翘起，柱头为双层覆莲瓣，尖端向上翘起。左右靠墙壁的立柱下方为方形柱基，上有覆莲，束腰仰覆莲花有两层，柱头在双层覆莲瓣之上再雕刻火焰宝珠，其余部分相似。

在窟门门楣两侧雕刻有仿木结构建筑的斗拱，用以支撑上方同样仿木结构建筑雕刻的房檐，在石窟中这种房檐用作窟檐，上方有山花蕉叶和较扁平低矮的覆钵体以及顶部的宝珠和两侧由立柱覆莲和宝珠组成的塔刹，与下方的立柱

图 2.47　南响堂第 7 窟外立面，笔者摄　　　　　图 2.48　南响堂第 7 窟内前壁，笔者摄

图 2.49　南响堂第 7 窟内三壁，笔者摄

前廊后室共同组成单层覆钵塔形窟。在前廊中间开圆拱形尖楣窟门，两侧开圆拱尖楣龛。尖楣外层雕刻联珠纹，联珠纹由椭圆形双层圆珠与周围四颗小圆珠连续组合而成。尖楣的内部中间雕刻一个覆钵塔，覆莲花瓣作为塔基，上有两层叠涩基，方形塔身开四面圆拱龛，塔檐为两层叠涩，塔顶雕刻山花蕉叶与覆钵体，顶上有三塔刹，每一塔刹上雕刻出五重相轮。塔的两边分别雕刻两身飞天的形象，在塔两侧对称分布。在圆拱上雕刻三个束腰莲花纹，在圆拱的左右两端有向上翘起的涡卷形雕刻，圆拱上雕刻龙鳞，涡卷处雕刻成龙尾的形状。

　　前廊后壁开尖拱窟门，门楣上雕刻两龙首，龙首的形象与第 5 窟（释迦洞）窟门上方龙形雕刻相似，都是侧面的龙形象，龙首有向后上方翘起的龙角，嘴部大张做吞云吐雾状，两条龙吐出的云雾在中央交缠在一起，下方的龙爪也相交，龙身在窟门的左右两侧和卷草纹融合在一起，窟门内侧也有卷草纹雕刻。窟门两侧开两个圆拱尖楣龛，在龛楣中雕刻火焰纹，圆拱中间雕刻束腰莲花，两侧有向上翘起的涡卷纹，龛内雕刻力士像，双脚损毁。窟内顶部中间以浅浮雕雕刻一朵双层莲瓣的莲花，四壁每一壁对应的窟顶中间雕刻一宝珠，每一颗宝珠左右都有对称分布的飞天雕刻，也为浅浮雕，四颗宝珠与八身飞天形象围合成了一个圆圈。

石窟内平面为方形，开三壁三龛的佛殿窟，前壁除窟门之外雕刻满壁千佛像，共二十二层四百九十八尊。南响堂第7窟（千佛洞）窟内正壁与左右两壁帷幕帐形大龛的上方雕刻六排千佛像，在千佛像中有双层盝形雕刻，每一壁的盝形雕刻的上方间隔分布着七颗火焰宝珠和六个从三瓣种子中生长出的扇形树，树延伸到窟顶上。中间的火焰宝珠上方延伸出曲线到窟顶，卷草纹之上是覆莲托着的宝珠。帷幕帐形龛开在盝形雕刻之下，有绵延的帷幔，幔帐在左右两侧收束到了八角龛柱上。帷幕帐形龛内雕刻六排千佛像，这些千佛像都为结跏趺坐佛。

正壁龛内雕刻有一佛二弟子二菩萨一铺五身像。右壁帷幕帐形龛内雕刻七排千佛像，以及一佛二弟子二菩萨一铺五身像。左壁帷幕帐形龛内雕刻七层千佛像，也有一佛二弟子二菩萨像。正壁、左右壁下方有基坛。在正壁的基坛上开长条形壶门，其中以六个莲柱分隔成了七部分，每一部分中都有雕刻，八角莲柱柱头雕刻覆莲托起的宝珠。基坛中间雕刻博山炉，两侧为面向博山炉的蹲狮，再两侧分别刻有两尊神王像。右壁下方基坛上开长条形壶门，其中以四个莲柱分隔成了五部分。中间雕刻博山炉，左右为面向博山炉的蹲坐二狮子，狮子残损，两边为二神王像。左壁下方基坛上也开长条形壶门，其中以四个莲柱分隔成了五部分。中间雕刻博山炉，左右两边各雕刻两尊神王像，身姿相似。

水浴寺西窟

水浴寺石窟在这一寺院的西侧，其中的西窟为北齐时期开凿。在石窟的后壁左方有张元妃造像题记，"武平五年甲午岁次十月戊子朔明威将军陆景妻张元妃敬造定光佛并三童子愿三界群生见前受福亡者托荫花中俱时值佛"[8]，

8　张林堂等：《响堂石窟碑刻题记总录（二）》，北京：外文出版社，2007年，第160页。

图 2.50　水浴寺石窟窟外，笔者摄

明确指出这一洞窟至少在北齐武平五年（574）已经建造了。在水浴寺石窟东山瘞窟也为北齐时建造，在窟外右侧，也有武平四年（573）张元妃为亡夫造像题记：

　　……字景嵩司州临漳县人也……武平四年岁次癸巳二月丁酉朔十二日戊申年六十七卒于邺城之所……感夫妇之义相敬之重为造人中像一区法华经一部石堂一□……陆景嵩。[9]

9　张林堂等：《响堂石窟碑刻题记总录（二）》，北京：外文出版社，2007 年，第 163 页。

图 2.51　水浴寺西窟内部，笔者摄

　　龙梅若（Kate Lingley）在她的研究中提到了这一埋葬张元妃亡夫的瘗窟为张元妃出资所建，并且张元妃也出资开凿了水浴寺后壁中心柱右侧的定光佛并三童子这一龛，即张元妃"武定五年造像记"所在龛，此外张元妃也是出资建造水浴寺西窟的社邑中的一员。[10] 由于社会的动乱和连年的战争，武平四年已经距离北齐灭亡的 577 年只有五年的时间，这时皇室贵族仍然在用北响堂的皇家石窟，没有再出资修建新的石窟。水浴寺的修建离不开当时的社邑，由团体出资才能支撑建造一个洞窟所需的资金。张元妃的出资人身份也在水浴寺西窟前壁的供养人像中得以印证，其中雕刻了张元妃像，梳低平发髻，穿右衽广袖儒裙，双手在前方捧莲花，旁边有榜题"邑主张元妃侍佛时"。

　　水浴寺西窟分为前廊后室，前廊由四立柱分隔为三开间，四根立柱都已经残损，余下部分贴墙壁雕刻，在窟门左侧的立柱还有顶部的宝珠，以及束腰仰覆莲瓣的雕刻。在中间两根立柱之间有圆拱尖楣窟门，上方尖楣已毁。窟门内两侧雕刻卷草纹，窟门两侧有长方形大龛，龛内残存飘带和脚部以及身体的大致轮廓，可能原有力士像。在方形龛上方有两个圆拱形明窗。窟檐为仿木结构建筑，窟檐上方为覆钵体、火焰宝珠与忍冬纹组成的塔顶，为单层覆钵塔形窟。在窟门内侧的两边雕刻卷草纹，上方雕刻飞天形象，飞天中间为宝珠，宝珠形与南响堂第 7 窟（千佛洞）的宝珠形装饰很相似。

　　西窟窟内平面为方形，中间为三面开龛的中心方柱，中心柱连接窟内地面与顶部，后方与后壁相连，下方开低矮甬道以供绕中心柱礼佛之用。中心柱正壁上方的龛额上雕刻中间有覆莲塔基，方形塔身，四面开龛，塔顶有宝珠的覆钵塔，以及左右各一身飞天像。在覆钵塔下有一凸出的圆形，尚不知代表何物。正壁主龛为帷幕帐形龛，上方为联珠纹，联珠纹中有双层椭圆形大珠，以及每颗大珠四角的四颗小珠均匀连续组合而成。在联珠纹下方为鱼鳞垂纹和三角形纹，再之下为由带子系在龛柱上的帷幔。中心柱正壁帷幕帐形龛内雕刻一佛二弟子二菩萨一铺五身像。中心柱的正壁、左壁与右壁下方都有基坛，基坛内雕

10　Kate Lingley,"The Multivalent Donor: Zhang Yuanfei at Shuiyusi". In *Archives of Asian Art*, V.56,2006:11.

刻博山炉、供养人以及神王像。

在中心柱前壁的前方地面上雕刻有莲花形浅浮雕，中间有凸起的莲蕾，外侧为六瓣莲花花瓣，花瓣有尖端。中心柱右壁也开大型帷幕帐形龛，与正壁基本相同。在龛上方的龛额中残存火焰宝珠，左侧飞天头部，右侧飞天腿部、飞天的披帛，以及部分覆钵塔的雕刻。在帷幕帐形龛内雕刻一佛二弟子二菩萨像。中心柱右壁帷幕帐形龛的右侧有低矮的甬道。圆拱尖楣甬道上方雕刻火焰纹尖楣，圆拱中心有束腰莲纹。在尖楣上方开长方形龛，龛上方中间雕刻宝珠，两侧雕刻扇形装饰物，再两侧的雕刻似鸱吻。上方雕刻一佛二弟子浮雕。

水浴寺西窟中心柱左壁与中心柱右壁相似，在低矮甬道上方的长方形龛内石刻缺失，在帷幕帐形龛内雕刻一佛二弟子二菩萨像。右壁顶部也有与甬道顶部上方相似的类似宝珠、扇形、鸱吻形的雕刻，下方雕刻十二排千佛像，为大小相似的结跏趺坐小型佛像浮雕均匀排列。在右壁的正中位置，即与中心柱右壁相对方向开一个盝顶帷幕帐形龛，这一龛的盝顶上方中间雕刻覆莲座的宝珠，下方雕刻幔帐，由细带悬挂在盝顶上，两侧系在龛柱上。帷幔大部分损毁或风化，依稀可见残存的忍冬纹和飞天的形象。这一龛的左侧部分坍塌，左侧的菩萨像也缺失，原有一佛二菩萨像。在龛两侧雕刻有供养人的浅浮雕列像，在龛的左侧有坍塌，因此列像有部分损坏。

水浴寺西窟窟内后壁由于有中心柱与之相连，因此只有中心柱左右狭长的位置用以雕刻。在后壁上方除中心柱处，雕刻有似鸱吻、扇形和宝珠的装饰带。中心柱的右侧上方的长方形龛内雕刻两尊覆莲座上的立像，头部缺失，大部分损毁风化。在下方有三排结跏趺坐佛像，再下方有三排供养人像都为女子。后壁中心柱左侧开帷幕帐形龛，龛形为不规则的近似靴子的形状，左侧帷幔系于龛柱上，右侧帷幔巧妙地雕刻成向中心柱方向卷起或是被风吹起的形态。龛内雕刻"定光佛并三童子像"，在佛像头光的右侧原刻有北齐武平五年造像铭文，明确了这一龛雕刻于北齐的武平五年（574）。下方有三排结跏趺坐佛像，再下方有三排供养人像都为女子。

　　左壁顶部也有与右壁顶部上方相似的类似宝珠、扇形宝华或变形莲花、鸱吻形的雕刻，下方雕刻十二排千佛像，为大小相似的结跏趺坐的小型佛像浮雕均匀排列，左上方墙壁部分损毁，右侧有三排佛像部分损毁。在左壁的正中位置，即与中心柱左壁相对方向雕刻一个盝顶帷幕帐形龛，这一龛的盝顶上方中间雕刻覆莲座的宝珠，下方雕刻幔帐，由细带悬挂在盝顶上，两侧系在龛柱上，帷幔右侧部分损毁或风化，依稀可见残存的忍冬纹和飞天的形象。龛内雕刻有一佛二菩萨像，在龛两侧雕刻有供养人的浅浮雕列像。

　　水浴寺西窟前壁中间开窟门，窟门上方有长方形龛，龛楣有垂鳞状雕刻，龛内雕刻有七佛像，在头光之间填充装饰云纹雕刻。在七佛像所在龛两侧分别开一明窗。在明窗下方雕刻有四排的千佛像，据刘东光统计每排有十六尊共六十四尊[11]，而作者在现场观测到的此处千佛像为四排，每排十五尊，共计六十尊千佛像。再下方的前壁上满刻男女供养人像，呈一排排有序分布，且在窟门两侧墙壁上还雕刻有礼佛图。前壁窟门左侧的石刻与右侧分布相似，在明窗下方雕刻有四排的千佛像，据刘东光统计每排有十六尊共六十四尊[12]。千佛像下方雕刻礼佛图，礼佛图左侧和下方雕刻僧人、男女供养人像。

　　中心柱三壁下方都有基坛，基坛与上方帷幕帐形龛之间有莲花纹、宝珠和莲花化生组合而成的连续纹样。每壁下方基坛都分别雕刻有五个圆拱尖楣龛，龛柱顶端有覆莲瓣托起的宝珠，每两个相邻的龛共用一个莲柱。五个小龛中的雕刻都为中间是博山炉，两侧为供养人像，再两侧为神王像，这样一博山炉两供养人像两神王像形成组合。中心柱正壁基坛中间小龛雕刻博山炉，由下方覆莲瓣底座、炉身，以及从底座延伸到两侧的两片荷叶组成。博山炉右侧的小龛中雕刻面向博山炉跪拜的供养僧人，供养僧人旁边为神王像。左侧的两龛被破坏，根据右侧来看可能为对称分布的一供养人跪拜像及一神王像，神王像只剩冲天而起的飘带。中心柱右壁下方基坛博山炉两侧的供养人像残缺，供养人像

11　刘东光：《邯郸鼓山水浴寺石窟调查报告》，《文物》1987 年第 4 期，第 8 页。

12　刘东光：《邯郸鼓山水浴寺石窟调查报告》，《文物》1987 年第 4 期，第 8 页。

外侧为两尊神王像。中心柱左壁下方基坛博山炉两侧的供养人像也残缺，两侧有两尊神王像。

总之，本章按照响堂石窟开凿的地理空间不同分为了两部分，即北响堂石窟、南响堂石窟与水浴寺西窟，并按照开凿的顺序详细分析梳理响堂石窟中的石刻艺术。北响堂包括七座北齐洞窟，分别为第6窟（小天宫）、第9窟（大佛洞）、第4窟（释迦洞）、第1窟（双佛洞）、第3窟（刻经洞）、第3窟附一号塔龛群和第8窟（宋洞）。南响堂石窟有北齐洞窟有七个，分别为第1窟（华严洞）、第3窟（空洞）、第2窟（般若洞）、第4窟（阿弥陀洞）、第5窟（释迦洞）、第6窟（力士洞）、第7窟（千佛洞），以及东方摩崖中的北齐石刻。水浴寺在北齐时期开凿了西窟。根据多次实地调研所得的第一手资料与以往专家学者的研究成果，再加上以上三节对于石窟的建筑形式、窟内外的刻经与碑刻题记、石刻所在龛的龛形、石刻所处位置及与周围石刻的关联、石刻的组合情况、石刻的损坏与保留现状，以及石刻的题材等的分析研究，本书按照石刻的题材不同进行分类总结。

第三章

响堂石窟北齐石刻的题材与造型分析

　　以往学者针对响堂石窟研究很多都是历史考古类的研究，对于石刻艺术的造型谈得相对少一些。有些学者在研究响堂石窟的造型时会聚焦在佛像的袈裟上，有一些涉及的题材也较为单一。但其实响堂石窟虽然被破坏得较严重，但在其中依然有非常丰富的佛教石刻题材与造型语言。在确定了响堂石窟的所处地理位置、历史发展情况、石窟形制、刻经与碑刻榜题、石刻现存位置、石刻保存状况与石刻组合形式后，本书从响堂石窟北齐时期的各个题材入手，分别从石窟中的主要石刻佛像、弟子像、菩萨像，和石窟中的其他石刻力士像、神王像、供养人像、飞天、承柱兽与覆钵塔这九大题材来分析每种题材的具体造型。作者对响堂石窟每一种题材现存的北齐石刻进行了统计，并从美术史的角度分析每种题材的图像程序与形式特征。这些石刻题材处于石窟所在的同一空间中，共同构成了一个完整的佛教石刻艺术的观照系统。

第一节　佛像

佛像石刻统计

响堂石窟中共计有现存北齐佛像石刻六十余尊（组）。[1] 本书想要从整体对石窟中的石刻艺术进行观看，因此在研究各个题材的石刻时先按照佛像的规模大小和重要程度分为大型龛中的主尊佛像和中小型龛中的佛像，并按照石刻所处位置进一步区分开来。第一类为在石窟中的大型佛像作为主尊出现，通常占据洞窟空间的中心位置，为其中最大的佛像。在中心柱窟中分别在中心柱的正壁、右壁与左壁所开龛内出现，在三壁三龛窟分别在正壁、右壁与左壁所开龛内或基坛上，如石窟中仅出现一尊大型佛像，通常为位于正壁的主尊佛像。第二类佛像为洞窟中除主尊之外的其他佛像，通常所在龛为中、小型龛，分布在石窟的四壁，出现在前壁窟门上方，左右壁的中部或左右壁列龛中，中心柱正壁大龛上方，中心柱与后壁连接的两侧，或是中心柱后方甬道上方。

1　在统计响堂石窟中的佛像数量时，本书将释迦多宝二佛并坐、七佛、十佛、"涅槃变""说法图"和"西方净土变"分别计为一组佛像，千佛像作为洞窟装饰石刻出现不计入内。各种石刻题材数量的统计参考了前人的研究并根据作者前往实地调研所得数据，尽量选择保存情况较好的石刻，且为研究造型而服务，具有一定层面上的主观性，数据可能会有出入。目前响堂山石窟研究院正与高校合作开展专业考古工作报告撰写工作，更准确的数据请参考即将出版的考古工作报告。

1．大型佛像

（1）中心柱开龛的大型佛像

① a2 北响堂第9窟中心柱右壁佛像	① a1 北响堂第9窟中心柱正壁佛像	① a3 北响堂第9窟中心柱左壁佛像
① b2 南响堂第1窟中心柱右壁佛像	① b1 南响堂第1窟中心柱正壁佛像	① b3 南响堂第1窟中心柱左壁佛像
① c2 水浴寺西窟中心柱右壁佛像	① c1 水浴寺西窟中心柱正壁佛像	① c3 水浴寺西窟中心柱左壁佛像
① c4 水浴寺西窟右壁佛像	① c5 水浴寺西窟左壁佛像	

表 3.1　响堂石窟中心柱开龛的主尊佛像

　　响堂石窟中北齐时期的洞窟在中心柱三壁分别开大型龛，龛内各雕刻一尊大型佛像，目前保存较完好的洞窟有三座。中心柱开龛的大型佛像分别为：①a1 北响堂第 9 窟中心柱正壁的佛像、①a2 右壁的佛像、①a3 左壁的佛像，①b1 南响堂第 1 窟中心柱正壁的佛像、①b2 右壁的佛像、①b3 左壁的佛像，①c1 水浴寺西窟中心柱正壁的佛像、①c2 右壁的佛像、①c3 左壁的佛像，以及有些特殊的①c4 水浴寺西窟右壁佛像、①c5 水浴寺西窟左壁佛像。

　　（2）三壁三龛的大型佛像

　　响堂石窟中北齐时期的洞窟在正壁、右壁与左壁分别开一龛，即三壁三龛，每一个大型龛内各雕刻一尊大型佛像，目前保存较完好的洞窟有三座。三壁三龛的主尊佛像分别为：②a1 北响堂第 3 窟正壁佛像、②a2 右壁佛像、②a3 左壁佛像，②b1 南响堂第 5 窟正壁佛像、②b2 右壁佛像、②b3 左壁佛像，②c1 南响堂第 7 窟正壁佛像、②c2 右壁佛像、②c3 左壁佛像，以及有些特殊的②d1 北响堂第 1 窟正壁佛像、②d2 右壁佛像、②d3 左壁佛像。

②a2 北响堂第 3 窟右壁佛像	②a1 北响堂第 3 窟正壁佛像	②a3 北响堂第 3 窟左壁佛像
②b2 南响堂第 5 窟右壁佛像	②b1 南响堂第 5 窟正壁佛像	②b3 南响堂第 5 窟左壁佛像

（续表）

② c2 南响堂第 7 窟右壁佛像	② c1 南响堂第 7 窟正壁佛像	② c3 南响堂第 7 窟左壁佛像
② d2 北响堂第 1 窟右壁佛像	② d1 北响堂第 1 窟正壁佛像	② d3 北响堂第 1 窟左壁佛像

表 3.2　响堂石窟三壁三龛的主尊佛像

（3）正壁单尊佛像

响堂石窟中北齐时期的洞窟只在正壁开一大型龛，龛内雕刻一尊大型主尊佛像的有三座洞窟保存了下来。正壁单尊佛像分别为：③a 北响堂第 6 窟 6-1 号龛佛像、③b 北响堂第 4 窟中心柱正壁佛像和③c 北响堂第 8 窟正壁佛像。

③a 北响堂第 6 窟 6-1 号龛佛像	③b 北响堂第 4 窟中心柱正壁佛像	③c 北响堂第 8 窟正壁佛像

表 3.3　正壁开龛的单尊佛像

2. 中小型佛像

（1）正壁主尊下方列龛佛像

在响堂石窟北齐中小型龛中的佛像，位于正壁主尊下方列龛的佛像有北响堂第6窟6-18号龛。6-18号龛上方即为这一洞窟正壁大型龛，龛内雕刻主尊佛像。正壁主尊下方列龛的佛像视为一组进行研究，分别为：④a1佛像、④a2佛像、④a3佛像、④a4佛像、④a5佛像、④a6佛像、④a7佛像、④a8佛像、④a9佛像和④a10佛像。

（2）左右壁列龛佛像

在响堂石窟北齐中小型龛中的佛像，位于左右壁小型列龛有南响堂第1窟右壁1-73、1-72、1-71、1-70、1-69号龛和左壁1-40、1-41、1-42、1-43、1-44号龛。左右壁小型列龛的佛像分别为：右壁的⑤a1佛像、⑤a2佛像、⑤a3佛像、⑤a4佛像、⑤a5佛像，和左壁的⑤b1佛像、⑤b2佛像、⑤b3佛像、⑤b4佛像、⑤b5佛像。

（3）后壁佛像

在响堂石窟北齐中小型龛中的佛像，还有的位于中心柱两侧的后壁处，有南响堂第1窟1-67、1-68和1-65号龛，以及水浴寺西窟中心柱两侧的后壁各开一龛，以及中心柱右壁甬道上方一龛。后壁的小型龛中佛像分别为：⑥a南响堂第1窟中心柱右侧后壁上方1-67号龛佛像、⑥b中心柱右侧后壁下方1-68号龛佛像、⑥c中心柱左侧1-65号龛佛像、⑥d水浴寺西窟中心柱右壁甬道上方佛像、⑥e水浴寺西窟后壁中心柱右侧佛像、⑥f水浴寺西窟后壁中心柱左侧佛像。

（4）其他佛像

在响堂石窟北齐中小型龛中的佛像，还有的作为个例仅出现过一次，如：⑦a南响堂第5窟正壁与右壁上方角落佛像、⑦b北响堂第3窟前廊《唐邕写经碑》佛像，和⑦c1北响堂石窟第6窟6-2号龛佛像、⑦c2第6窟6-7号龛佛像、⑦c3第6窟6-10号龛佛像、⑦c4第6窟6-12号龛双佛像以及其他十一尊单尊小型佛像。在响堂石窟北齐中小型龛中的佛像，还有的成组出现。目前还保留在响堂石窟中的有：位于前壁的⑧a南响堂第1窟前壁窟门上方"西

方净土变"，位于中心柱的⑧b 南响堂第 1 窟中心柱大龛上方"说法图"、
⑧c 水浴寺西窟前壁窟门上方"七佛像"、⑧d 南响堂第 5 窟前壁"涅槃变"。

a1	a2	a3	a4	a5	a6	a7	a8	a9	a10
b1	b2	b3	b4	b5	b6	b7	b8	b9	b10

| 北响堂第 6 窟 6-18 号龛佛像 | 北响堂第 6 窟 6-18 号龛结构图 |

| 南响堂第 1 窟右壁 1-73 号龛⑤ a1 佛像 | 南响堂第 1 窟右壁 1-72 号龛⑤ a2 佛像 | 南响堂第 1 窟右壁 1-71 号龛⑤ a3 佛像 | 南响堂第 1 窟右壁 1-70 号龛⑤ a4 佛像 | 南响堂第 1 窟右壁 1-69 号龛⑤ a5 佛像 |

| 南响堂第 1 窟左壁 1-40 号龛⑤ b1 佛像 | 南响堂第 1 窟左壁 1-41 号龛⑤ b2 佛像 | 南响堂第 1 窟左壁 1-42 号龛⑤ b3 佛像 | 南响堂第 1 窟左壁 1-43 号龛⑤ b4 佛像 | 南响堂第 1 窟左壁 1-44 号龛⑤ b5 佛像 |

| ⑥a 南响堂第 1 窟后壁 1-67 号龛佛像 | ⑥b 南响堂第 1 窟后壁 1-68 号龛佛像 | ⑥c 南响堂第 1 窟后壁 1-65 号龛佛像 |

| ⑥d 水浴寺西窟中心柱右壁甬道上方佛像 | ⑥e 水浴寺西窟后壁中心柱右侧佛像 | ⑥f 水浴寺西窟后壁中心柱左侧佛像 |

（续表）

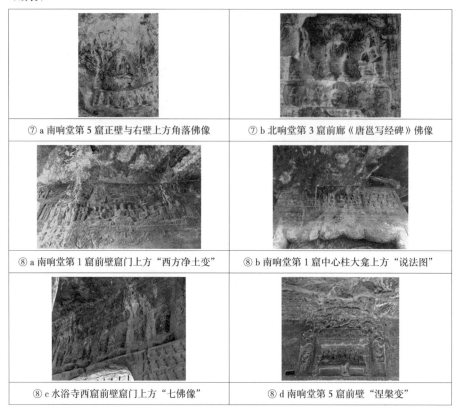

⑦a 南响堂第 5 窟正壁与右壁上方角落佛像	⑦b 北响堂第 3 窟前廊《唐邕写经碑》佛像
⑧a 南响堂第 1 窟前壁窟门上方 "西方净土变"	⑧b 南响堂第 1 窟中心柱大龛上方 "说法图"
⑧c 水浴寺西窟前壁窟门上方 "七佛像"	⑧d 南响堂第 5 窟前壁 "涅槃变"

表 3.4　响堂石窟中小型佛像图表

佛像造型具体分析

　　由于响堂石窟佛像破坏严重，几乎头部能完整保存下来的很少，且身体部分也有不同程度的损毁，因此在对现存佛像进行造型分析时，作者重点从佛像所在石窟的位置、所在龛、组合形式、头光、袈裟样式与衣纹、体量、动作、手印、身姿、宝座、四肢与躯体空间分离关系等方面来进行分析。但在研究分析造型的时候，作者并没有将人体的比例尺寸纳入考量的范畴中。其实用人体比例尺寸来研究造型是一种非常实用的方式，在《佛说造像量度经》

中已经有以指作为单位记录佛像的量度。[2] 但作者在研究响堂石窟的石刻艺术时缺少精确的实测数据，粗略计算的比例并不足以支撑本书的研究。宿白曾在《敦煌七讲》第七讲《佛像的实测和〈造像量度经〉》中强调了要以实测的方式去研究佛像的比例变化。[3] 因此，在缺少精确数据的情况下，本书没有将人体比例纳入对响堂石窟石刻艺术的造型分析中。在此探讨的响堂石窟北齐石刻研究重点不在于考古学范畴而是在美术史审美的范畴中，因此，缺失了对于人体比例的分析虽略有遗憾，但也可以在多个层面对响堂石窟石刻艺术进行造型分析。在进行佛像的具体造型分析时，继续按照上一节对佛像石刻统计时的分组进行研究。

1. 大型佛像

①b1 南响堂第 1 窟中心柱正壁的佛像、①b2 右壁的佛像、①b3 左壁的佛像，① c1 水浴寺西窟中心柱正壁的佛像、① c2 右壁的佛像、① c3 左壁的佛像，以及有些特殊的 ① c4 水浴寺西窟右壁佛像、① c5 水浴寺西窟左壁佛像。

（1）中心柱开龛的大型佛像

1）北响堂第 9 窟中心柱三尊佛像

北响堂第 9 窟中心柱的三尊佛像① a1、① a2 和① a3 分别位于中心柱的正壁、右壁和左壁，都在帷幕帐形龛中，为一佛二菩萨一铺三身像的组合形式。① a1 佛像后方雕刻有舟形背光，外为联珠纹，内为火焰纹，头光与背光之间也有联珠纹连接。圆形头光从外到内为联珠纹、卷草纹、联珠纹，六重素圈。在头光与身体之间的空隙处背光填充有竖向卷草纹、联珠纹和多道竖线。背光和头光最为特殊的是以绘画和雕刻结合的方式塑造了七条龙穿插其中，有浅浮雕也有高浮雕，还结合了彩绘，将穿梭于火焰中朝向主佛的龙的形象表现得栩栩如生。这七条龙中最上方一条在佛像头顶处的头光与背光之间，以彩绘描绘

2　工布查布：《佛说造像量度经》，北京：文物出版社，2016 年。

3　宿白在 1962 年于敦煌文物研究所做学术专题演讲《敦煌七讲》中的第七讲为《佛像的实测和〈造像量度经〉》，曾作为讲义印有油印本，但目前没有正式发表。

出龙的形象，正面对着礼佛者，龙目圆睁，似乎要从中一跃俯冲而下，左侧龙爪踏着一片背光中的火焰。在佛像的两侧各有三条龙穿行于背光的火焰之中，上部有两条龙以高浮雕的方式雕刻而成，佛像右侧一龙首高昂面向佛像，龙的上半身探出火焰，左前爪踏在上方头光中，右前爪踏在下方背光的火焰之上，右部分身躯被遮掩，有龙尾从火焰中显现，龙身上雕刻有精细的龙鳞及花纹，龙爪的甲钩也雕刻了出来。佛像左侧一龙头部上半身残损，其他几乎与右侧无二。其余四条龙盘踞在火焰纹之中，龙爪伸出，身体与火焰纹交织在一起。以藏露结合的手法，将穿梭于背光之中的龙的动势表现了出来，龙的动势又反衬出佛像的静谧。

①a1 佛像头部为后世添加，脖颈以下虽有后世修补但仍保持着北齐时的原貌。主尊佛像脖颈到胸前部分有残损，两只小臂与手部缺失，但身体大部分完好。从留存的部分可以看到这尊佛像身着通肩式袈裟，有多道中线凸起、两面分别斜向上下的凸棱形成 U 形褶皱，根据佛像胸腔、手臂与腹部的身体起伏构成衣纹的走向，具有犍陀罗佛像的特点。凸棱衣纹均匀分布，在手肘处变得较为密集，并形成宽大衣袖垂到腿部，与腿部连接为一体。缺失的小臂和手部可能雕刻出了与身体分离的空间关系，从而可能断裂或者被从整体进行分割从而缺失。佛像结跏趺坐于宝座上，右腿盘于左腿之上，右腿处的袈裟在脚踝处向右侧卷起。腿部的袈裟衣纹由更为圆滑的凸棱组成，在靠近脚部处向内收束。宝座为束腰须弥莲座上，最上方雕刻有两层仰莲瓣组成，最下方为两层覆莲瓣组成，中间有四层叠涩。这尊佛像肩膀宽圆，被雕刻得略扁平，手臂与身体的连接处隐藏在袈裟下，不见分离关系，袈裟紧贴身体显示出手臂与身体的轮廓。相对于敦实的上半身而言，盘起的腿部略显单薄。

①a2 佛像在中心柱右侧，头部为后世补修，头光上有火焰纹，圆形头光由外到内依次为联珠纹、卷草纹、联珠纹、六层素圈、长条形花瓣分开的莲纹，以及双层莲瓣的莲花纹。也着通肩式袈裟，在袈裟领口处有三道细密的弧线褶皱，在胸腹部的褶皱则由中间凸起的弧线和两侧弧面组成的凸棱呈 U 形均匀排布组成，与①a1 佛像袈裟样式和衣纹一致。这些凸棱根据佛像上身的躯体起

伏来确定走势，呈现出袈裟薄衣贴体"曹衣出水"之感，传承自犍陀罗佛像袈裟衣纹厚重的特征。袈裟有宽大的衣袖与腿部相连，手臂隐藏在袈裟之下，与身体粘连。在手腕处的袖口镂空，露出小臂。佛像右手抬起施无畏印，左手搭于左膝施与愿印，且手握袈裟的一角，垂下的衣角搭在膝盖上。佛像半跏倚坐于宝座上，右腿盘起搭在左腿上，左腿垂坐左脚踏着龛中的地面。右腿部的袈裟也为均匀分布的凸棱，形成根据小腿轮廓而起伏的褶皱，下摆处露出右脚，右腿下方台座上有悬裳，垂落的左腿也有搭在腿上的袈裟下摆，以散布的线刻形成褶皱，在袈裟下摆处都有与领口处相似的细密弧线褶皱，根据动作形成不同的衣摆转折。佛像肩膀宽圆，手臂与身体无空间分离关系，袖口处做镂空雕刻，腿部相对于宽厚的上身来看略显纤细单薄，手腕几乎比脚腕还要粗，并不符合人体自然比例。但半跏倚坐的姿势比结跏趺坐的庄严姿势来说显得更加放松一些。宝座为圆形束腰须弥莲座，在最上层为仰莲瓣组成的圆座，三层叠涩下方是中间的束腰，再之下依然为三层叠涩，最下方为两层覆莲瓣组成的圆台，莲瓣尖端向上翘起。

①a3 佛像与①a2 佛像一样头部都为后世重修，圆形头光也一致。佛像的双手以及右腿也被破坏。这尊佛像的袈裟不是①a1 和①a2 佛像的通肩式袈裟，而是受到佛教汉化的影响，内着僧祇支，在腹部还有由横向连弧线刻和竖线刻组成的收束结构，很可能为褒衣博带装留下的系带痕迹，外穿敷右肩的双领下垂式袈裟。陈悦新认为这一袈裟为"中衣搭肘式佛衣"，源于南京栖霞寺石窟的南朝佛像袈裟及云冈石窟第三期洞窟中佛像。[4] 黄文智将这种袈裟称为"右肩半披中衣搭肘式袈裟"，将之与洛阳龙门石窟宾阳中洞正壁主尊佛像、太原天龙山石窟第 2 窟和第 3 窟正壁佛像、巩县石窟的主尊佛像联系在一起，认为"可能是当时皇家或位高权重者所着的佛衣样式"[5]。虽然①a3 佛像的袈裟样式不同于①a1 和①a2 佛像，但右臂和腹部的袈裟衣纹明显还没有摆脱两者衣纹的

4　陈悦新：《响堂山石窟的佛衣类型》，《华夏考古》2014 年第 1 期，第 115 页。

5　黄文智：《响堂山石窟东魏至北齐石刻佛像造型分析》，《艺术探索》2021 年第 4 期，第 47 页。

影响，依然是中间凸起的弧线和两侧弧面组成的凸棱呈 U 形均匀排布组成，在左侧衣领处也有三道细密的弧线褶皱。手臂抬起，和腿部的空间分离开，且在宽大的衣袖处做镂空处理以露出部分小臂。佛像的腿部自然垂落在佛龛的地面上，有袈裟覆盖双腿，在腿部两侧靠近宝座处有线刻代表褶皱，下摆处向两侧外扩。下摆露出赤足，足部之间分开雕刻，脚趾部分损坏。佛像倚坐于圆形束腰须弥莲座上，莲座形式与右壁佛像相似。佛像整体来看上半身胸腹部饱满宽厚，有宽圆的肩膀，身体魁梧雄壮，但下半身的腿部则相对来说较为单薄，尤其是岔开的两腿之间布料紧贴在宝座上，更显得较为空荡，脚部略扁平和呈几何化。

2）南响堂第 1 窟中心柱三尊佛像

南响堂第 1 窟中心柱的三尊佛像①b1、①b2 和①b3 分别位于中心柱的正壁、右壁和左壁。中心柱正壁①b1 佛像在帷幕帐形龛中，为一佛二弟子四菩萨一铺七身像的组合形式；中心柱左右壁的①b2 和①b3 佛像在稍小一些的圆拱形龛中，龛内为一佛二弟子二菩萨一铺五身像的组合形式，佛像石刻的尺寸大小和风格都与正壁的①b1 佛像相差较大，有可能为北齐之后开龛造像。

南响堂第 1 窟（华严洞）中心柱为方形帷幕帐形大龛，正壁雕刻一佛四弟子二菩萨像，现只剩主尊佛像，三弟子像与右侧的一尊菩萨像，左侧一尊弟子像和一尊菩萨像缺失。①b1 中心柱正壁主尊佛像头光外围绕着八身飞天浮雕，左右各四身对称分布，中间两身飞天托一博山炉。飞天头戴宝冠，脸部方圆，身体与翘起的腿部呈 V 字形，飞扬起来的飘带与披帛在头光上部形成了火焰纹。佛像的头光由外到内为：素圈、缠枝莲花卷草纹以及间隔分布的七尊坐佛，五层素圈以及内部的圆形头光。头光中的七尊坐佛面相方圆，结跏趺坐于覆莲座上，莲座底部与卷草纹相连，似从中生长出来的莲花。

主尊佛像有南响堂石窟唯一保留下来的北齐佛头，头部右上方残缺，左手手指部分损坏，其余部分保存完好。主尊佛像头发由一个个小螺纹组成，额头圆窄，面相方圆丰润，比北魏时期流行的脸型略长，有白毫，眉毛似弯月细长弯曲，眼睑鼓起，双眼微睁，眼睛雕刻成丹凤眼，眼尾微微翘起，眼睛向下看，眼睛下方雕刻出卧蚕。北齐时期雕刻的佛像眼睛要比北魏时期"秀骨清像"的佛像眼睛大一些，北魏时期流行的佛像眼睛更加细长。鼻梁连接额头，鼻梁高挺，鼻尖部分破损，鼻梁要比北魏时期的细窄鼻梁稍宽。嘴角翘起微笑，下巴有肉且略长。由北魏时期受到南朝"秀骨清像"影响的佛像特点，转向延续鲜卑文化的特点，并且承袭"胡风"，融合了南朝画家张僧繇佛像画"张家样"中"面短而艳""得其肉"的特点。这种佛像的面相在东魏高欢掌控实权的时候已经形成，在河北曲阳，山西太原天龙山石窟，山东济南、青州、博兴、临朐等地也有出现。颈部没有出现三道褶。耳朵紧贴头部，耳垂比下巴的位置稍长，但没有垂落在肩膀上。

①b1 主尊佛像的肩膀有明显的弧线而不是直角肩膀，内着有宽边的僧祇支，僧祇支从左肩跨过胸前缠到右腋下，宽边之下有四道圆弧形线刻似波浪的收束结构。佛像外穿双领下垂式袈裟，右侧衣领宽边比僧祇支的略窄，垂落在腿部后搭于左手小臂上，形成大 U 形衣褶。左侧衣领的宽边更窄且有两条，一条在内侧由粗至细渐变，在腹部处折向内侧，一条由左肩处，由粗到细渐变，在与内侧领相交处到腹部的位置由细到粗渐变。袈裟上的衣纹呈现阶梯状均匀分布，随着身体的起伏与衣服的转折而以线刻表现。佛像的手臂隐藏在袈裟之下，与身体无空间分离关系。佛像的右手抬起，但手部和部分衣袖为后世添加，左手施与愿印，手指自然垂于左腿上，指尖残损。佛像腿部盘起，左腿盘于右腿之上，左脚与左脚大拇指露于袈裟之外，袈裟与脚部雕刻成了三角形的形状。在左脚脚踝处有一条衣带从袈裟上垂下搭在脚踝处，再垂下到莲座上。这条衣带细长，且由上到下逐渐变细。腿部的衣纹也为阶梯状，袈裟从腿部垂落平铺在莲座上。佛像结跏趺坐于束腰仰覆莲座上，莲座最上方为圆形平台，下方有四层仰莲瓣，中间一层素圈，之下为联珠纹，联珠纹由大圈套小圈，且圈的四周各有一个小圆珠形连续组成，下方还有一个素圈，最下方为两层覆莲瓣，每一瓣都由两块凸起的椭圆形组成，莲瓣尖端翘起。

①b2 中心柱右壁佛像结跏趺坐于束腰圆形高台上，头部为后补，肩膀宽圆，内着僧祇支，外着双领下垂式袈裟。袈裟上除了腹部的浅线刻组成的衣纹，其

他部分的衣纹几乎模糊不见。这尊佛像右手抬起施无畏印，左手放在左腿上施与愿印。手臂在袈裟之下，只雕刻出浅浅的轮廓，与身体无空间分离关系，在右手下方的衣袖也没有镂空处理。佛像腿部盘起，脚部细且尖，与腿部形成三角形，左腿盘于右腿之上。有袈裟从腿部散落在台座上，但风化模糊不清。

中心柱左壁所开圆拱龛内雕刻一佛二弟子二菩萨一铺五身像，几乎与右壁的一佛二弟子二菩萨像一致，其雕刻年代是否在北齐也存疑。

3）水浴寺西窟中心柱三尊佛像与左右壁佛像

水浴寺西窟中心柱的三尊佛像① c1、① c2 和① c3 分别位于中心柱的正壁、右壁和左壁，都在帷幕帐形龛中，都为一佛二弟子二菩萨一铺五身像的组合形式。且在中心柱右壁、左壁相对的洞窟右壁和左壁上开盝顶帷幕帐形龛，龛内分别雕刻① c4 佛像和① c5 佛像，为一佛二菩萨一铺三身像的组合形式。

① c1 水浴寺西窟中心柱正壁佛像有圆形头光，头光上方也出现了在① a2 和① a3 佛像头光上方的火焰纹，头光外圈有联珠纹，此处的联珠纹和龛上方的联珠纹一致，内有素圈和卷草纹，卷草纹上方中间为由覆莲瓣托起的宝珠雕刻。头光再内侧为四圈素圈，最内侧为双层莲瓣的莲花纹，与① b1 佛像的圆形头光一致。佛像的头部缺失，肩膀方圆丰厚，内穿有宽边的僧祇支，外穿双领下垂式袈裟，袈裟衣领形成半 U 形，与① b1 佛像的袈裟样式一致。袈裟上的衣纹随着身体的动作以及躯体的起伏，以台阶状的线刻雕刻而成。佛像右手抬起已残缺，但从轮廓可看出所施为无畏印，左手放在右脚上，掌心向外施与愿印，手指损毁，宽大的衣袖垂落在腿部，衣袖垂落的部分雕刻出了衣料自然垂坠的感觉。佛像结跏趺坐于束腰仰覆莲座上，右腿盘在左腿之上，露出部分右脚，以及左脚的两个脚趾。腿部的袈裟衣纹雕刻方式与身体部分的有些区别，此处的衣纹以中间凸起的弧形棱线雕刻而成。有一条衣带从脚踝处绕过垂落在莲座上，袈裟的下摆处也在莲座上铺展开。束腰莲座上部为四层交错分布的仰莲瓣，束腰处为四层联珠纹，联珠纹样式与帷幕帐形龛以及佛像头光中的一致，最上层的联珠纹最小，第二层和第四层的联珠纹稍大，第三层的联珠纹尺寸最大且珠子近乎方形。在素圈之下有两层覆莲瓣，尖端向上翘起。

① c2 水浴寺西窟中心柱右壁佛像有舟形背光，背光中雕刻火焰纹。头光为双层莲纹，在头部和肩膀之间，即头光和背光之间，以一边各四道竖向的条状素面纹连接。这尊佛像头部缺失，整体保存状况不佳，全身有多道裂痕。佛像袈裟样式与① c1 佛像相似，肩膀方圆丰厚，肩膀处的曲线更加弯曲，且在腹部有一道凹陷的曲线代表衣褶。佛像右臂已残缺，左手放在右脚脚尖处，手部残缺，手下方雕刻边缘为曲线的袈裟，模仿衣料垂坠的质感。宽大的衣袖垂落在腿部，衣袖垂落在腿部向身体外侧扩散。佛像结跏趺坐于束腰仰覆莲座上，右腿盘在左腿之上，露出部分右脚，左脚藏于右脚之下。腿部的袈裟衣纹雕刻方式与身体部分的有些区别，此处的衣纹以中间凸起的圆弧状线条竖向雕刻而成，似在腿部的多个括号。有一条衣带从脚踝处绕过垂落在莲座上，袈裟的下摆处分为左右两片，也在莲座上铺展开，在中间有多层叠起的衣摆褶皱。莲座上层有圆台，有三层仰莲瓣，中间为束腰，束腰上开长方形龛，束腰下方为雕刻在地面上的两层覆莲瓣与圆台浮雕。

① c3 水浴寺西窟中心柱左壁佛像头光与① c1 和① c2 佛像一致，头部缺失。佛像体型与① c2 佛像相似，但肩膀要更平直丰厚，内着僧祇支，外穿双领下垂式袈裟，袈裟上右侧为素面，左侧有两道凸起的圆形衣纹从左肩随着身体的动作以及躯体的起伏，一道衣纹贯穿右肩到腹部。佛像右臂已残缺，左手放在右腿处，手掌残缺，施与愿印。宽大的衣袖垂落在腿部两侧及须弥座上。佛像倚坐于须弥座上，双腿打开自然垂落，双脚各踏一覆莲花，左脚残损。腿部膝盖下方有各有两道 U 形衣纹，以凸起的圆形弧棱雕刻。两腿之间垂下衣带，有袈裟下摆垂落在须弥座上，下摆处有内外三层。

① c4 水浴寺西窟右壁盝顶帷幕帐形龛内佛像有圆形头光，头光内雕刻有卷草纹和双层莲瓣莲纹，头部缺失，全身有多道裂痕及缺失，手臂大多缺失，腿部与莲座残损。佛像与正壁的相似，也是肩膀方圆丰厚，内着僧祇支，僧祇支下有束带形成两道弧线衣褶，外穿双领下垂式袈裟，衣领形成半 U 形，袈裟上的衣纹有两道凸棱状雕刻，有一道从肩膀处贯通到腹部。佛像结跏趺坐于束腰仰覆莲座上，右腿盘在左腿之上，露出部分右脚，左脚不见。腿部大部分残缺，

只余部分残损的衣纹。莲座上层有三层仰莲瓣，中间为束腰，束腰上开长方形龛，束腰下方为雕刻在龛内底部的两层覆莲瓣与圆台浮雕。

①c5 水浴寺西窟左壁盝顶帷幕帐形龛内佛像与①c4 佛像圆形头光一致，但几乎风化模糊。头部上部缺失，面部风化模糊，依稀可见眼部、鼻子及嘴部，耳垂垂下但并没有超过下颌。佛像体型和袈裟样式与①c4 佛像相似，部分袈裟搭在左臂上，左手部分与右侧小臂缺失。佛像结跏趺坐于束腰须弥座上，右腿盘在左腿之上，露出部分右脚，左脚不见，一条衣带从脚踝处垂下，部分袈裟下摆垂落在须弥座第一层，须弥座下层有两层呈方形分布的覆莲瓣。

（2）三壁三龛的大型佛像

1）北响堂第 3 窟的三尊佛像

北响堂第 3 窟三壁三龛，共有三尊大型佛像②a1、②a2 和②a3，分别位于窟内正壁、右壁和左壁，佛像都在帷幕帐形龛中，为一佛二弟子四菩萨一铺七身像的组合。

②a1 北响堂第 3 窟正壁佛像体型大于其余六身像，主佛的头部缺失，有圆形头光，由外到内依次为联珠纹、卷草莲纹和复莲花瓣。在卷草莲纹中，有七尊小坐佛，可能为过去七佛，这些佛像着袈裟，结跏趺坐于莲花中。②a1 佛像肩部宽厚，内着僧祇支，外披双领下垂式袈裟，衣纹褶皱部分为低平台阶状，有袈裟搭在左臂上。佛像两只手均抬起，右手缺失，左手施与愿印，靠宽大的衣袖与腿部及身体连接。主尊佛像结跏趺坐于须弥座上，右腿盘于左腿之上，有衣带从小腿接近脚部垂下，袈裟垂落在须弥座上，袈裟在与宝座相交的地方出现波浪状褶皱，这种雕刻手法近似北响堂第 9 窟（大佛洞）与第 4 窟（释迦洞）主尊佛像这一位置的雕刻，袈裟下摆在宝座上铺展开。

②a3 佛像头部为后世所补，金身部分也可能在后世重修过，右手缺失，左手大拇指部分缺失，中指和小指指尖损坏。头光上方浮雕损坏到只剩轮廓，由二飞天托博山炉，有披帛从飞天头部和身体后方飞扬而起。佛像有圆形头光，最外为联珠纹，内有四层素圈、卷草莲纹和复莲瓣莲花纹。在卷草莲纹中，有七尊小坐佛与莲花间隔分布，可能为过去七佛，这些佛像身着袈裟，结跏趺坐

图 3.1 娄睿墓墓门上方火焰宝珠，北齐，笔者摄

于莲花中。主佛体形与动作和主尊相似，也内着僧祇支，外披双领下垂式袈裟，但衣袖的褶皱部分不似主尊②a1佛像为单线刻，在此变为了双线刻，并在手臂上随着身体的起伏而均匀分布，使得衣纹更加丰富。有袈裟搭在左臂上，袈裟上垂下一根带子，垂落到右腿小腿处。袈裟双领的左领部分经左腿垂下，与袈裟下摆一起在宝座上铺开。宽大的衣袖与腿部及身体连接，使得四肢与身体无空间分离关系。主尊佛像结跏趺坐于束腰仰覆莲座上，右腿盘于左腿之上，右脚的大拇指雕刻出外形。莲座最上一层有平台，边缘雕刻联珠纹，下有仰覆莲瓣，束腰处为一圈长方形小龛，龛内石兽与莲花浮雕间隔分布，靠右处的一个雕刻损坏。最下方为一圈覆莲瓣，也为复莲瓣，莲花花瓣尖端向上翘起，最下方为一层底座台。

②a2第3窟右壁佛像头部为后世所补，手部损坏，头光上方浮雕损坏严重，只能依稀看到飞天的轮廓，飞扬的披帛以及中间被飞天共同托举的火焰宝珠。南响堂第5窟（释迦洞）正壁与右侧双树龛下方有长方形龛基，中间雕刻覆莲

花，上托摩尼宝珠，与②a2第3窟右壁佛像头光飞天托举的火焰宝珠，以及北齐娄睿墓墓门上方圆拱门楣中的宝珠形象相似。佛像头光与右壁上佛像相同。主佛体形与动作和左壁佛像相似。只是在腰间刻画出袈裟上垂下的一根带子，垂落到脚部。莲座束腰部分中间被破坏，其余与左壁一致。

2）南响堂第5窟的三尊佛像

南响堂第5窟三壁三龛，共有三尊大型佛像②b1、②b2和②b3，分别位于窟内正壁、右壁和左壁，佛像都在帷幕帐形龛中，原为一佛二菩萨一铺三身像的组合，现在菩萨像都已缺失，只剩下菩萨像圆形的头光与身体和宝座的轮廓痕迹，和三尊大型佛像。

②b1南响堂第5窟（释迦洞）窟内正壁佛像有三层圆形头光，头部缺失，内着僧祇支，外着双领下垂式袈裟。袈裟的右领垂下，左领有两层宽边，内层披在外层宽边转折处的下方，外层宽边在腹部转折。袈裟上的衣纹模糊不清，大臂掩藏在袈裟之下，与身体部分没有空间分离关系，小臂雕刻出轮廓，右臂缺失，左臂在袈裟下衣袖与腿部相连。佛像结跏趺坐于束腰仰覆莲座上，左腿盘于右腿之上，露出左脚，有衣纹沿着腿部的起伏竖向雕刻，部分袈裟下摆呈波浪形平铺在宝座上，有下摆的一小部分垂落在莲座上，垂裳与第一层莲瓣平齐。宝座上方的莲座为仰莲座，部分损坏，中间束腰有三层，下层为覆莲瓣尖端翘起。

②b3左壁佛像有三层圆形头光，头部缺失。佛像内穿僧祇支，僧祇支上有由上到下逐渐变宽的边。外穿双领下垂式袈裟，与主尊佛像的袈裟样式相同，沿着腿部的起伏竖向雕刻的衣纹更加清晰，为双凹线刻，部分袈裟下摆呈波浪形平铺在宝座上，有部分在须弥座上形成很短的垂裳，垂落的下摆几乎与须弥座的第一层平齐。佛像结跏趺坐于束腰须弥座上，束腰上方与下方各有两层叠涩。

②b2佛像体型与所穿袈裟也与正壁主尊佛像和②b3佛像相似。②b2佛像也有三层圆形头光，头部缺失。佛像内穿僧祇支，僧祇支上有由上到下逐渐变宽的边，宽边下方有两道弧形雕刻，似乎来代表衣褶的收束。外穿双领下垂式袈裟，与主尊佛像的袈裟样式相同，手臂处缺失，宽大的衣袖垂到腿部两侧。

这尊佛像为倚坐佛像，坐于须弥座上双腿自然分开垂下，有袈裟贴体下摆分两层悬在小腿处。袈裟的下摆处由连续的 S 形组成褶皱，在袈裟的下层下摆分左右两片，在中间处对齐，在小腿处形成宝盖状的褶皱。袈裟下摆露出赤足，双足分开各踏一有圆台的双层覆莲花。

3）南响堂第 7 窟的三尊佛像

南响堂第 7 窟三壁三龛，共有三尊大型佛像② c1、② c2 和② c3，分别位于窟内正壁、右壁和左壁，佛像都在帷幕帐形龛中，为一佛二弟子二菩萨一铺五身像的组合。

② c1 正壁主尊佛像有舟形背光，背光中雕刻火焰纹，头光外层为四层素圈，内部为两层莲瓣和圆形组成的莲花纹。在头光、佛像身躯和背光之间填充竖向的条形雕刻。佛像头部缺失，内着双层僧祇支，外穿双领下垂式袈裟。袈裟肩膀到衣袖处的褶皱以阶梯状的线刻表现了出来，广袖垂在腿部，手臂在袈裟之下，凹陷的部分雕刻出手臂与身体的轮廓，但没有空间分离关系。袈裟贴身，显露出佛像的身躯轮廓。这尊佛像结跏趺坐于束腰仰覆高莲座上，右腿盘于左腿之上，露出右脚。仰莲由四层莲瓣组成，束腰有方形龛分布，覆莲由两层莲瓣组成，覆莲的上层莲瓣由两片椭圆形凸起与中间凸线组成，莲瓣向上翘起。有一条衣带搭在左脚脚踝处并经过右脚，与袈裟下摆一起垂落并在宝座上平铺开来。佛像肩膀宽厚丰圆，胸部与腹部隆起，小臂缺失，腿部粗壮，脚部细长。

② c2 右壁佛像大部分缺失和损毁，只剩下头光、部分右腿及束腰五层须弥座。圆形头光部分外为素圈、内有卷草纹，卷草纹和正壁弟子像与菩萨像的头光相似，都为在卷草纹的上方中心位置雕刻一个由覆莲托起的宝珠。头光最内侧为有圆形莲蕾的双层莲瓣莲花形。

② c3 南响堂第 7 窟（千佛洞）右壁佛像头光与② c2 佛像相似，保存更完好一些，头部缺失。佛像内着僧祇支，外穿双领下垂式袈裟。袈裟右臂损毁，残存部分有抬起的趋势，左手垂下放在左腿上。右臂处的衣纹随着手臂的动作以单凹线刻和双凹线刻雕刻而成，由外向内、由疏变密，袖口处有翻折上的部分，宽大的衣袖将手臂与身体连接，没有空间分离关系，衣袖垂落在腿部和宝座上。

这尊佛像坐在须弥座上，双腿分开与双肩同宽，腿部中间雕刻出搭在须弥座上的袈裟部分，有袈裟下摆垂落在小腿和须弥座的正面上。袈裟下摆处有双层，以连续均匀分布的S形线条组成袈裟垂坠出的褶皱。依坐佛像双腿垂落，双脚各踏一莲花，左脚缺失。这两朵莲花由莲茎与双足间雕刻出的人面相连。人面为浮雕，似一张面具一样非常的扁平化，近乎圆形。人面的最上方雕刻波浪状，额头上方的波浪线更加细密，表现出特殊的发型。面部额头部分有隆起的横线，可能为抬头纹，雕刻隆起的弯眉，眉毛与鼻子相连，鼻翼宽大呈M形，下方雕刻出鼻孔。眼睛雕刻出隆起的上眼睑，以及内部突出的细长眼睛，眼尾上翘，眼珠部分为凹陷的圆洞。面颊和下巴稍稍隆起，靠近嘴部的周围和嘴唇下方雕刻出凹陷，嘴部张开，嘴唇厚，嘴部左右上方雕刻向上翘起的胡须或是獠牙，下方雕刻出分别延伸向左右两侧的两根长莲茎，还有两根短的分别向两侧卷翘。

4）北响堂第1窟的三尊（组）佛像

北响堂第1窟三壁三龛，共有三尊（组）大型佛像② d1、② d2和② d3分别位于窟内正壁、右壁和左壁，佛像都在帷幕帐形龛中，为二佛并坐二菩萨一铺四身像的组合。其中② d1北响堂第1窟正壁佛像有些特殊，为二佛并坐的两尊佛像组成的一组。

北响堂第1窟窟内正壁② d1释迦、多宝二佛并坐像为一组佛像，佛像头部与手部损毁，头光有四层，由内到外依次为素面圆形、莲瓣形、卷草莲纹和素面圆形。内着僧祇支，外有双领下垂式袈裟，右臂抬起，身体与四肢没有明显的空间分离关系，结跏趺坐于束腰须弥座。两尊佛像都肩膀宽厚丰壮，上身所占身体比例较多，盘起的双腿所占身体比例较少，右腿盘在左腿上，露出长而尖的右脚。正壁的这两尊佛像正对窟门入口处，挺直端坐，给人以威严之感，虽然头部和手部缺失，但从保留下来的躯干部分可以看出，右侧大臂处的衣纹褶皱为几条曲线，这几条曲线往下到右衣袖处逐渐变窄，再从腰腹处绕过到左侧大臂衣纹褶皱形成的曲线走势又逐渐变宽。腿部的衣纹褶皱则以脚部为中心，向着两侧以离心式的方向，似涟漪一般散开。在佛像的体块中，这些线条则起到了贯穿整体的作用，并且把显得僵硬的方形体块打破，形成了独特的气韵与节奏。

②d2 右壁佛像头部毁坏，头光与②d1 佛像相同。②d2 佛像结跏趺坐于束腰仰覆莲座，其中上层莲花为覆莲瓣。佛像内着僧祇支，外披双领下垂式袈裟，右侧部分袈裟搭在左臂上，有一条带子搭在右脚上，垂落在莲座上。佛像右手手臂抬起施无畏印，左手手臂抬起到腰部施与愿印。宽大的衣袖垂落在大腿上，巧妙地将手臂下方的空间填充上并与身体相连，身体与四肢没有明显的空间分离关系。

②d3 左壁佛像头部均损毁，结跏趺坐于束腰仰覆莲座。内着僧祇支，外穿双领下垂式袈裟，但双领在接近盘起的腿部处连成三层的 U 字形，有一条带子搭在右脚脚腕处，垂落在莲座上。佛像双手和小臂部分被破坏，但从残存的衣袖部分能看出连着腿部，四肢与躯体没有明显的空间分离关系。袈裟上的衣领和衣褶纹路的走向贯穿佛像整体的气韵，双肩较宽平，没有明显隆起的肌肉，躯体较扁平化，上身占身体比例多，下身较少。

（3）正壁单尊佛像

响堂石窟中北齐时期的洞窟中有时只有一尊大型佛像，保存情况较好的为③a 北响堂第 6 窟 6-1 号龛佛像、③b 北响堂第 4 窟中心柱正壁佛像和③c 北响堂第 8 窟正壁佛像。

③a 北响堂石窟第 6 窟（小天宫）6-1 号龛佛像，为一佛二弟子二菩萨一铺五身像中的主尊佛像，背后刻有舟形背光，背光最外圈为联珠纹，内雕刻有火焰纹，背光外上方左右两侧各雕刻有一个飞天。头光外圈有椭圆形连接到佛像身后，再内圈为圆形素圈，素圈顶部有花叶纹饰。内有七座佛像以莲茎与莲叶连成一圈的卷草七佛头光，再内为双层莲花瓣头光。以坐佛作为头光也出现在了古邺城地区出土的北魏中后期的谭副造释迦像上，有十一个结跏趺坐佛围成一圈头光，但之间不像这一尊佛像的头光中坐佛以莲茎连接。背光和头光上还残存着绿色和红色的彩绘。佛像的头部损毁，肩胸处平宽，内着僧祇支，外穿袈裟，领口形成 U 形，露出内穿的僧祇支。如果右领襟上升至左肩的话，领口的围合空间也随之缩小，束带渐趋消失，黄文智将这种袈裟称为"右肩半披

中衣搭肘式袈裟"[6]。这一尊佛像的袈裟衣褶纹路随着手臂的动作深浅不一，疏密得当且十分自然。左手残存的部分可看出为向外摊开的与愿印，右手残缺可能原为无畏印。左右臂全都抬起，形成与躯体和腿部的空间分离关系。佛像结跏趺坐于四层束腰须弥座上，袈裟下摆铺在宝座上，然后在须弥座上垂下，形成有三层衣褶的半悬裳座。宽大的袖子与下垂的短悬裳袈裟衣摆来自褒衣博带装，但袈裟贴体，雕刻出了透薄的质感，表现出了北齐的风格变化。袈裟下半部分显示出了腿部的轮廓，并且脚的部分露出，右脚在上，左脚藏于袈裟中，脚部尖而细长。

③b 北响堂第4窟中心柱正面主尊佛像身后有舟形背光，背光外沿雕刻联珠纹，内部雕刻火焰纹，最内一圈拱形雕刻联珠纹。头光由外到内依次为联珠纹、卷草纹、联珠纹以及三道素圈和两层曲尺形纹。头光与身体之间的空隙处背光由竖向卷草纹、联珠纹和四道竖线填充。主尊佛像头部缺失，现所见为后世补刻，身着通肩式袈裟，似第9窟中心柱正壁佛像，有多层 U 形纹形成袈裟的衣褶，大臂隐藏在袈裟之下，宽大的衣袖垂到腿部。右手抬起施无畏印，手指有残缺，雕刻出了掌纹与手指关节处的纹路，衣袖部分透空露出一段手腕。左手施与愿印，大部分损毁，衣袖部分几乎为实心。主尊佛像结跏趺坐于束腰高莲座之上，右腿盘于左腿之上。佛像肩宽但相对圆润，身体宽大扁平，袈裟在腰部向内收束显出细腰，盘起的腿部更为细长，足部也是长而尖，有部分袈裟下摆铺于莲座上。莲座上部为四层仰莲瓣组成，中间束腰损毁，残存部分有卷叶花纹，下方为覆莲瓣，每一片莲瓣上都有两块凸起以及中间一条凸起的线，再下方为卷草莲纹。这一高莲座装饰繁复而华丽。

③c 北响堂第8窟（宋洞）正壁帷幕帐形龛有主尊佛像，属于原一铺七身像，目前只剩下一佛二弟子二菩萨五身像，在弟子像与菩萨像中间的雕像缺失，只剩下有圆形孔洞的莲花座。③c 主尊佛像身后有舟形背光，与③b 北响堂第4窟（释迦洞）主尊佛像背光几乎一致，都由外侧的联珠纹与内侧的火焰纹和

---

6 黄文智：《响堂山石窟东魏至北齐石刻佛像造型分析》，《艺术探索》2021年第4期，第47页。

联珠纹组成。头光也很相似，都为由外到内分布联珠纹、卷草纹、联珠纹，但不同之处在于头光有四道素圈和一层连弧形纹，且连弧形纹只剩下轮廓，头部缺失。头光与身体之间的空隙处背光由竖向卷草纹、联珠纹和四道竖线填充。主尊佛像身体大部分损坏，残留部分可见 U 形敞口到腹部的通肩式袈裟，以三组双凹线刻呈 U 形均匀分布来表现袈裟随人体起伏的褶皱。佛像结跏趺坐于束腰须弥座上。这一背光及头光的形式也见于北响堂第 10 窟（文官洞）三壁三龛的正面主龛佛像背后，旁边的二菩萨像头光也与北齐时期的样式相似。这一洞窟中主龛佛像的背光与头光和两侧菩萨像的头光可能为北齐时期雕刻，窟内其他石刻可能为明朝时期雕刻。

2. 中小型龛的佛像

（1）正壁列龛佛像

北响堂第 6 窟主龛下方雕刻两排佛像编号为 6-18 号龛，上一排有圆拱尖楣小龛，为方便研究，作者将上层十个均匀开凿的圆拱尖楣小龛中佛像自右向左分别编号为④ a1、④ a2、④ a3、④ a4、④ a5、④ a6、④ a7、④ a8、④ a9 和④ a10。每个龛中间由莲柱间隔开，莲柱的柱头为莲花，在上方有叶形的纹饰雕刻，莲柱下方有覆莲花雕刻，似是莲柱的柱基，也是下方菩萨像的华盖，连接着上下方的雕刻。龛内分别有十尊单独供奉的结跏趺坐佛。面部损毁，除④ a1、④ a7 和④ a8 号三尊佛像施禅定印外，其余七尊佛像右手都施无畏印，④ a2、④ a4、④ a9 和④ a10 号佛像左手似在施触地印，④ a3、④ a5 和④ a6 号佛像左手似自然搭在腿上。十尊佛像除④ a7 和④ a9 号头部损毁严重，其余能看出低平肉髻，头后方有圆形头光，都着袒右肩式袈裟，坐于仰莲座上。佛像刻画得较为粗糙，虽大体的造型相似，但如头身与腿部的比例、袈裟上的衣纹、头部身体细节的刻画、莲座上莲瓣的刻画都有细微的差别，或许为在同一时期按照同一系列的模本陆续雕刻而成。在 6-18 号龛的 a 排所见十尊佛像都分别结跏趺坐于莲座上，或许与《观无量寿佛经第九·无量寿佛想观记》"十方一切诸佛"有关。在南响堂石窟第 1 窟（华严洞）中心柱上方对面，即主室前壁

图 3.2　水浴寺西窟中心柱浮雕带上的莲花化生图像，笔者摄

上方刻有北齐时期的西方净土变浮雕，围绕着主尊阿弥陀佛也坐着十个听佛法的法众，或许也代表着"十方一切诸佛"。净土信仰认为虔诚的佛教信徒可以转世往生到布满宝树和莲池的西方净土世界。十佛对应的下排有十个莲花化生的形象，或许代表的就是《法华经》中往生西方净土世界的几种化生方式。

　　下一排石刻莲花化生像坐于莲花与莲叶之上，均匀雕刻十尊坐像，每一尊都在莲花或荷叶上的圆拱尖楣龛中。中间由共十一尊菩萨像分别间隔开。菩萨像头部有圆形背光，头戴冠，头两侧有宝缯垂下于手肘处，上身袒裸，下身着长裙，腰间有披帛绕过在腿部两侧垂落成 U 形，在身体两侧垂下到莲座上。右手抬起于胸前，左手在腰腹处，腹部凸起，跣足站立。形制基本也与主龛中菩萨像的菩萨装相似，只是雕刻得很粗糙，似依照同一粉本小样同一批雕刻而成，之间有细微差别。为方便研究，作者将下层十个均匀开凿的小龛内佛像自右向左分别编号为④ b1、④ b2、④ b3、④ b4、④ b5、④ b6、④ b7、④ b8、④ b9 和④ b10。尖楣部分基本都雕刻到了上方莲座下部，可见下方 b 排的雕刻或许开凿得比 a 排要晚，所开龛的雕刻空间不够，才与上方空间有部分重叠。b 排雕刻所在的圆拱尖楣龛几乎都是以线刻的方式寥寥几笔而就，其中的坐像都有圆形头光，头光的大小和坐像的大小也不相同，都着袒右肩式袈裟，袈裟雕刻得也各不相同。从④ b1、④ b6、④ b7、④ b9 和④ b10 残存的头部可以看出坐像的头部没有肉髻，而是有两个发髻，很像是童子的形象。另外这十尊石刻像的坐姿也不太相同，明显不是佛像的结跏趺坐。④ b1 双手相握放在腰部，几乎交脚而坐，坐于圆台上，圆台下有巨大的莲花；④ b2 双手施禅定印，双腿盘起，双脚没有并在一起，坐于有根茎的莲座上；④ b3 右手扶左腿，左手隐藏在左腿后不见，左腿屈起，右腿盘起，似水月观自在菩萨的姿势，坐于圆台上，圆台下有巨大的莲花，莲花的花瓣雕刻得舒展自然，有根茎与地面相连；④ b4 残损，根据④ b7 与④ b9 来看应为坐于莲叶中，莲叶有根茎；④ b5 童子双手于胸前合十，两脚并起，坐于有根茎的莲台上；④ b6 模糊的头部能看到双发髻以及齐刘海和齐耳鬓角，似娃娃头，衣服模糊不清，手部损毁，右腿屈起，右臂搭在右腿上，左腿自然下垂搭在有弯曲根茎的莲座上，也似水月观自在菩萨的姿势；④ b7 童子头部和身体侧向左方，双手放于胸前，右腿屈起，左腿盘起，也似水月观自在菩萨的姿势，坐于莲叶上，莲叶上有刻线的纹路造型优美生动，有弯曲的根茎；④ b8 童子的双手于胸前交握，双腿盘起，脚没有并在一起，坐在圆台上，圆台下有与④ b3 相似莲花；④ b9 童子右手施无畏印，左手垂下，腿部屈起，坐于与④ b7 相似莲叶上；④ b10 童子于胸前双手合十，腿部残损，坐于莲花上，莲花残损，但形制与④ b3 和④ b8 相似。

根据坐于莲花、莲叶以及莲座上的童子形象，作者初步判断这里的题材为莲花化生。莲花化生的图像最早可以追溯到印度犍陀罗的莲花化生图像。李静杰研究小乘佛教经典《长阿含经》得出化生为四种生灵诞生形式的最高等级，也是佛教修行者追求的往生方式，莲花化生大体等同于往生佛国净土[7]。鸠摩罗什所译的《妙法莲华经·提婆达多品第十二》中就有记载："佛告诸僧人：未

---

7 李静杰：《于阗系莲花化生像及其在中原北方的传播发展》，《丝绸之路与永昌圣容寺国际学术研讨会论文集》，兰州：兰州大学出版社，2019 年。

来世中，若有善男子、善女人，闻《妙法华经·提婆达多品》，净心信敬不生疑惑者，不堕地狱、饿鬼、畜生，生十方佛前，所生之处，常闻此经。若生人天中，受胜妙乐，若在佛前，莲华化生。"[8] 即在十方佛前听闻《法华经·提婆达多品》的善男信女就能以莲花化生的方式往生净土世界。此处的石刻可能正是以佛教图像雕刻来对《法华经》的佛教思想进行阐述。

在南响堂石窟第1窟（华严洞）中心柱上方对面，即主室前壁上方刻有北齐时期的西方净土变浮雕。主尊阿弥陀佛下方雕刻有七宝池，七宝池中心有莲花座，上方生长出两片莲叶，莲叶上分别坐一童子，也有在池水中生长出的莲花，有童子结跏趺坐于莲花之上。从印度传播到西域于阗后，莲花化生以上面观莲花为特征，到了北朝时期，中原北方的莲花化生出现了化生童子的造型。这种莲花化生的童子形象在北齐响堂石窟中也有出现，如在水浴寺西窟中心柱帷幕帐形龛与基坛之间的装饰浮雕带上，以莲花化生、莲花以及联珠纹间或循环形成。其中的莲花化生浮雕中以童子的正面形象上半身探身出三瓣莲瓣的莲花。在北响堂第6窟6-18下层所雕刻的莲花化生显然比北齐时期童子只坐于莲花上这一种形式要多。十个童子分别可分为坐在莲座上的④b2、④b5和④b6，坐在莲花上的④b1、④b、④b8和④b10，以及坐在莲叶上的④b4、④b7和④b9三种。陈粟裕认为《观无量寿经》代表净土思想，并以图表形式总结了《观无量寿经》中描述九品往生的标准、迎接的规格以及莲花化生的方式，从上品中生到下品下生，莲花化生的形式分为四种：坐于金刚台上、坐于莲台上、坐于莲花之上、居于闭合莲花之中，其中中品上生"坐莲花台"、中品中生"坐莲花上"。[9]《观无量寿经》中描绘了莲花化生中坐莲花台和坐莲花的形式，但并没有描述坐莲叶的化生形式。北响堂第6窟中表现的莲花往生图像或许没有严格对应《观无量寿经》中的九品往生，但是用不同的雕刻处理方式，以童子坐莲座、莲花和莲叶来表现出"上辈观""中辈观""下辈观"三辈往生的差

8　鸠摩罗什译：《妙法莲华经·提婆达多品第十二》，北京：中国社会科学出版社，2018年，第499页。

9　陈粟裕：《北朝至初唐的九品往生图像研究》，《世界宗教文化》2017年第6期，第116页。

异，也表现出西方净土思想在东魏北齐的出现。

（2）左右壁列龛佛像

在响堂石窟北齐中小型龛中的佛像，位于左右壁小型列龛有南响堂第1窟右壁1-73、1-72、1-71、1-70和1-69号龛，与左壁1-40、1-41、1-42、1-43和1-44号龛。左右壁小型列龛的佛像从窟门向后壁依次分别为：右壁的⑤a1佛像、⑤a2佛像、⑤a3佛像、⑤a4佛像、⑤a5佛像，和左壁的⑤b1佛像、⑤b2佛像、⑤b3佛像、⑤b4佛像、⑤b5佛像。

在南响堂第1窟（华严洞）窟内右壁《大方广佛华严经》上方雕刻的五个圆拱尖楣龛都为北齐时开凿，从窟门向内依次为第1-73、1-72、1-71、1-70和1-69号龛。这五龛内雕刻的佛像为⑤a1佛像、⑤a2佛像、⑤a3佛像、⑤a4佛像、⑤a5佛像，都属于一佛二菩萨一铺三身像中的佛像。佛像头光都为桃形素面，佛像身着袈裟，结跏趺坐于束腰仰覆莲座上，右手施无畏印，左手施与愿印。

南响堂第1窟（华严洞）窟内左壁上方雕刻的五个圆拱尖楣龛都为北齐时开凿，从窟门向内依次为第1-40、1-41、1-42、1-43和1-44号龛。这五龛都为圆拱尖楣龛，在圆拱两侧分别有向上翘起的涡卷形雕刻，尖楣中为素面。这五龛内雕刻的都为一佛二菩萨一铺三身像。1-44号龛佛像头部残缺，菩萨像部分残缺，1-43号龛头部残缺，1-42号龛菩萨像头部残缺，1-41号龛佛像和左侧菩萨像头部残缺，1-40号龛佛像头部残缺，⑤b1佛像、⑤b2佛像、⑤b3佛像、⑤b4佛像、⑤b5佛像与右壁列龛中雕像几乎一致。

（3）后壁佛像

1）南响堂第1窟后壁佛像

在响堂石窟北齐中小型龛中的佛像，南响堂第1窟（华严洞）中心柱两侧的后壁处，有⑥a南响堂第1窟中心柱右侧后壁上方1-67号龛佛像、⑥b下方1-68号和⑥c中心柱左侧1-65号龛佛像。

在南响堂第1窟（般若洞）窟内后壁上在中心柱两侧雕刻有四个龛，在中心柱右侧分别为第1-67和1-68号龛，1-67号龛在1-68号龛正上方。这两个龛都为圆拱尖楣龛，与右壁的一致，龛内也都雕刻有一佛二菩萨像。在上方的1–67号龛中雕刻的一佛二菩萨像与右壁的一致，但右侧菩萨像头部缺失。在下方的1–68号龛中的一佛二菩萨像则有些不同，中间的佛像头部缺失，为倚坐佛像，一般为弥勒佛，右手施无畏印，左手放在左膝上。佛像内着僧祇支，外穿双领下垂式袈裟，肩膀宽阔，身体扁平，手臂和身体之间没有空间分离关系。袈裟贴身垂下搭在束腰仰覆莲座上，双腿分开偏纤细，足部各踏一覆莲花。

南响堂第1窟（华严洞）窟内后壁在中心柱左侧上方为1–65号龛，下方龛内没有雕像。1–65号龛也为圆拱尖楣龛，龛内雕刻有一佛二菩萨像，与右壁列龛相似。

2）水浴寺西窟后壁佛像

在响堂石窟北齐中小型龛中的佛像，水浴寺西窟中心柱甬道上方和两侧的后壁处有佛像，分别为：⑥d水浴寺西窟中心柱右壁甬道上方佛像、⑥e水浴寺西窟后壁中心柱右侧佛像、⑥f水浴寺西窟后壁中心柱左侧佛像。

水浴寺西窟窟内中心柱右壁帷幕帐形龛的右侧有低矮的甬道。圆拱尖楣甬道上方雕刻火焰纹尖楣，圆拱中心有束腰莲纹。在尖楣上方开长方形龛，龛上方中间雕刻宝珠，两侧雕刻扇形装饰物，再两侧的雕刻似鸱吻。雕刻一佛二弟子浮雕。⑥d佛像有圆形头光，头部缺失，身着敷搭双肩式袈裟，以凸线雕刻出三道衣纹，双臂残损，但右臂有抬起的趋势，有宽大的衣袖垂落，与袈裟下摆外层几乎平齐。袈裟内层下摆垂落在脚面，露出双足。这尊佛像身材丰壮，腹部突出，手臂隐藏在袈裟下没有与身体分离，在腿部袈裟贴体，雕刻出了大致的腿部轮廓。佛像赤足立于覆莲座上，莲座上有圆台，下为中间部分有椭圆形凸出，尖端向上翘起的双层覆莲瓣。

水浴寺西窟窟内后壁中心柱的右侧上方的长方形龛内雕刻两尊覆莲座上的立像⑥e，头部缺失，大部分损毁风化。后壁中心柱左侧开帷幕帐形龛，龛形为不规则的近似靴子的形状，龛内雕刻⑥f"定光佛并三童子像"。在佛像头光的右侧原刻有北齐武平五年造像铭文，明确了"定光佛并三童子像"雕刻于北齐的武平五年（574）。定光佛有圆形头光，头光内雕刻有卷草纹和圆形素圈，头部损毁，着通肩式袈裟，左手举于胸腹部，右手下垂，跣足立于覆莲座上。莲座上雕刻有中间的博山炉，以及左右两侧双手合十跪拜姿势的供养人像，右侧像部分损毁。在佛像右侧有三童子像，头部损毁，身体及四肢如幼童般浑圆。离佛像最近的童子为站立状，双手向上高举钵，身体侧向佛像，似在向佛像献宝。一童子在这一童子立像脚下，似乎正在跪地，四肢撑起背上的童子，还有一童子在右侧也双手捧着钵，面向佛像而立。

（4）其他佛像

⑦a 南响堂第 5 窟正壁与右壁上方角落双树龛内雕刻有佛像，仅在响堂石窟中出现了一次，属于个例。⑦a 佛像有低矮的肉髻，面相宽圆，眉眼模糊，鼻梁高挺鼻翼宽厚，嘴部略小，耳垂长至肩膀处。脖颈很短似缩着脖子，肩膀很宽，肩膀与手臂近乎直角，但身体部分略扁平。佛像右手抬起施无畏印，左手放于腿上施与愿印，袈裟模糊不清，但手臂部分与身体连接处只有雕刻出轻微的凹陷以表示结构的分离，但实际没有空间分离关系。佛像腿部盘起，右腿盘在左腿之上。佛像结跏趺坐于束腰仰覆莲座上。

在写经碑的上方刻有两龛分别有⑦b1 和⑦b2 佛像，在响堂石窟中也作为个例出现。编号 3-1 的佛龛在写经碑的最上方，此龛为覆钵顶塔形龛，左侧幡铃旁有一身飞天的浮雕，右侧部分已被破坏。⑦b1 佛像属于在塔形龛的龛内雕刻的一佛二菩萨像组合中的佛像，面部损毁，头部后方有圆形头光，穿袒右肩式袈裟，右手施无畏印，左手放于腿部，结跏趺坐于仰莲座之上，身躯矮宽，几乎呈现横向的长方形。

3-2 号龛在 3-1 号龛下方，此龛远大于上方龛。龛内雕刻⑦b2 佛像也属于一佛二菩萨像一铺三身像的组合，有圆形头光，头部残缺剩头顶部分，内着僧祇支，外穿双领下垂式袈裟，有部分袈裟在与左侧垂领相交的地方搭出一块近似三角形的布料。右臂严重被毁，左臂大臂部分隐藏在袈裟中，以衣褶的褶皱来概括出大体的形，但近乎与身体一样扁平化，在小臂部分做出具体的形体，左右手都搭在膝盖处，右部分袈裟搭在莲座上，在靠左腿小腿附近有 S 形连续褶皱形成布料下垂的质感。佛像上身挺直近乎正方形，肩膀宽厚，下身呈倚坐姿势，腿部分开一脚踏一覆莲花座，右腿及右脚损毁，左脚雕刻饱满，脚趾根根分明。这尊佛像为弥勒像。

在北响堂石窟第6窟（小天宫）6-1号龛内右壁与左壁佛像保存较好的有：⑦c1北响堂石窟第6窟6-2号龛佛像、⑦c2第6窟6-7号龛佛像、⑦c3第6窟6-10号龛佛像、⑦c4第6窟6-12号龛双佛像和此窟其他小型单尊佛像十一尊。

北响堂石窟第6窟（小天宫）6-2号龛为尖拱龛，内雕单独雕刻有一尊结跏趺坐佛⑦c1，有内外两层圆形头光，头部缺失，着袒右肩式袈裟，右手施无畏印，左手施与愿印，雕刻出手指细节。右臂抬起，小臂与身体和腿部有空间分离关系。身体宽但比较扁平，肩膀和胸部处有转折，脚窄而尖，右脚在上，左脚在下。佛像坐于长方形龛基上。

6-7号龛为圆拱尖楣龛，内雕刻有一佛二菩萨像。⑦c2佛像后看不清头光，头部保存了下来，肉髻极其低平几乎与头部贴合，面部风化严重模糊不清，面相丰圆。佛像身着袒右肩袈裟，袈裟衣纹自然。右手被毁，左手施与愿印，手指和手掌形态雕刻得自然生动，盘起的腿部鼓起，左脚在上，右脚藏于下方。脚部细长变形。佛像结跏趺坐于仰莲座上，莲花瓣几乎抽象成栅栏的形状，四肢与身体有明显的空间分离关系。

6-10号龛为尖拱龛，内雕刻有一尊单独供奉的结跏趺坐佛⑦c3。内外层都有圆形头光，面部及身体大部分损毁，残余雕刻部分右手手臂圆润，与身体有空间分离关系，双手施禅定印，佛像坐于长方形龛基上，龛内开一壶门。

6-12号龛为圆拱尖楣龛，龛内雕刻有释迦多宝双坐佛⑦c4。右侧佛像有圆形头光，头光部分凸起，头部损毁，着双领下垂式袈裟，双手揣在袖子里，只用简单线条表现盘起的腿部，双脚相对而盘，身体的起伏轮廓几乎都被袈裟所遮掩。左侧佛像有圆形头光，为阴刻线，头部损毁，身着袒右肩式袈裟，右手施无畏印，左手施与愿印，手部仅雕刻轮廓。能看出袈裟下起伏的身体轮廓，腹部凸起，双臂与上身有空间分离关系，腿部窄但能看出肌肉起伏，脚部尖而窄。两尊佛像都为结跏趺坐于长方形龛基上，龛基上开两壶门。

此外响堂石窟中还出现了成组的佛像。

1）南响堂第 1 窟前壁"西方净土变"

窟门上方两个明窗之间为"西方净土变"大型浮雕⑧ a，正对中心柱的大型浮雕"说法图"。浮雕构图以中间的释迦牟尼佛为中心具有对称性，两侧的建筑物为代表净土世界的楼阁，向画面外延伸，说明浮雕构图的开放性。在这一浮雕中，阿弥陀佛在浮雕的中心位置，结跏趺坐于双层仰莲座上。上方有半圆形的华盖，周围围绕着或结跏趺坐或直立的佛众。释迦牟尼与佛众都面向观者，使观者沉浸到浮雕中正在进行的事件中，即参与到礼佛的宗教活动中去。下方为七宝莲池。在七宝莲池中，在阿弥陀佛的正下方雕刻一朵覆莲花，莲花上各开一朵莲花，上面有莲花化生童子，莲花池中有水鸟、化生童子与游泳的人。马世长与丁明夷认为此处"雕刻的是阿弥陀净土等题材，场面非常宏大，这种阿弥陀净土浮雕在北朝石窟中是较早的代表"[10]。收藏在美国弗利尔美术馆的《西方净土变》浮雕据说来源于南响堂第 2 窟（般若洞），其中在画面中间下方，阿弥陀佛的下方雕刻了七宝莲池，尺寸比这个七宝莲池缩小了很多，只在一个长方形内雕刻。

《西方净土变》在响堂石窟出现得较早，在南响堂第 1 窟和南响堂第 2 窟窟门上方分别刻有浮雕来表现，但南响堂第 2 窟窟门上方浮雕被盗走，目前收藏在美国弗利尔美术馆中。李静杰认为南响堂北齐第 1 窟、第 2 窟前壁窟门上方中间的浮雕是"阿弥陀净土经变"，在明窗上方的为坐佛和二佛并坐像，象征着《法华经》思想的释迦多宝像让位于《阿弥陀经变》，"暗示一向受到重视的法华经思想逐渐让位于阿弥陀净土信仰"。[11]日本学者井上尚实也认可此处的浮雕为阿弥陀净土变，是现存最早的净土变相画之一，说明了"当时禅思想与念佛信仰的密切关系"。[12]唐代流行的西方净土变的图像或许正是源于南

---

10 马世长，丁明夷：《中国佛教石窟考古概要》，北京：文物出版社，2009 年，第 260 页。

11 李静杰：《北朝隋代佛教图像反映的经典思想》，《民族艺术》2008 年第 2 期，第 103—104 页。

12 井上尚实：《北齐禅与净土——南响堂山第 2 窟所见一行三昧的二种解释》，《佛学研究》2019 年第 1 期，第 174 页。

响堂第1窟和第2窟的这两幅《西方净土变》浮雕。阿弥陀佛结跏趺坐于莲花座上，与观音、大势至及其他菩萨一起接引往生于石窟入口上部极乐净土莲池的人们。莲池中的往生者，有的端坐于盛开的莲花上合掌，有的在池中游泳，也有人留在莲花中，从而具体展现了往生净土的过程，在华盖上方的天空里聚集了无数的佛众。从整体上来看，《无量寿经》《阿弥陀经》《观无量寿经》中所说的佛国场景以巧妙视觉化的浮雕展现了出来。

2）南响堂第1窟中心柱上方"说法图"

中心柱正壁最上方为浮雕带，以两个立柱分为了三个部分。立柱有束腰仰覆莲瓣，柱基与柱头有覆莲瓣，柱头顶端为宝珠，与石窟建筑中的立柱相似，但在此只以浮雕形式表现，趋向于平面化。浮雕带右边的部分描绘了佛传故事中"白马舐足"（又为"白马辞行"）的场景⑧d2，中间雕刻"说法图"⑧d1，左边表现"十佛十菩萨"⑧d2。

云冈石窟第6窟明窗西壁"白马舐足像"，471—494年	敦煌莫高窟第290窟《车匿还宫》壁画，北周	弄女等造弥勒像，东魏武定五年（547），邺城北朝考古博物馆藏	王元景造弥勒像，东魏武定四年（546），邺城北朝考古博物馆藏	⑧d2右方"白马舐足"浮雕

表3.5　白马舐足图表

佛传故事表现释迦牟尼从出生到出家，从弘扬佛法到涅槃的生平故事，在石窟中经常以壁画或是浮雕的形式来表现佛传故事中的经典场景。"白马舐足"的故事在《修行本起经·出家品》中有记载，太子悉达多即释迦牟尼在成佛前到达修行之所，便脱下宝衣、璎珞和宝冠交给仆人，遣其牵宝马回王宫，向国王与大臣们致谢。仆人与白马不肯离去，其白马"骞特长跪，泪出舐足，见水不饮，得草不食。鸣啼流涕，徘徊不去"。这一浮雕带中，悉达多太子坐于树下低头看向白马，人物形象面相方圆，依稀能看到眉眼口鼻但有些模糊不清，左手抬起，右手向前伸出。白马低头舔舐悉达多太子的足部，低头的马身形成三角形，马身上刻有马鞍，体形几乎与太子一般，将马的身体缩小，马后方的仆人体形更小。在浮雕的右方有一群人面向悉达多太子的方向而坐，很可能描绘的是王宫中国王与群臣的形象。在群臣上方有一个体形明显大于太子的天人形象，迎着太子飞去，身后有纷飞的飘带。画面在悉达多太子处和王宫处刻画得一疏一密，又以左上的天人形象和太子形象平衡画面，构图节奏鲜明但雕刻技法较为稚拙。

"白马舐足"的场景最早描绘于《太子瑞应本起经》，由东吴支谦所译，其中写道悉达多"即脱宝冠及著身衣，悉付车匿。于是白马，屈膝舐足，泪如连珠"。这一佛传故事在南北朝时期传播很广泛。大同云冈石窟中有多处表现"白马舐足"的石刻，如云冈石窟第6窟明窗西壁的《白马舐足像》雕刻于北魏孝文帝时期。悉达多像头部后方有圆形素面的头光，头戴菩萨冠，冠中间有宝珠，外围绕联珠纹，两边有装饰物，有宽大的宝缯从头部后方垂到身体两侧。面部有秀骨清像的特征，高点很高，近乎圆柱体，眼睑下垂，眼角向上翘起，看向下方的白马，鼻梁很高，嘴角翘起像在微笑。耳朵紧贴头部，耳垂很长，但与肩部还有距离。身戴X形双璎珞，在腹部交叉，交叉处有宝珠，有披帛绕于手臂上，左臂左手损毁，右手放于左腿上，左腿搭在垂下的右腿上，呈结跏趺坐，菩萨装呈水波纹状紧贴身体，像曹衣出水，也搭于座椅上，座椅有靠背，很像莫高窟北凉时期交脚弥勒的宝座背部，受到波斯风格的影响。白马前蹄跪地，后蹄微曲，低头但头部缺失，剩下的部分留有马鬃、马鞍，石刻上还有白色颜料残存。

"白马舐足"的佛传故事除了在北魏时期以高浮雕的形式出现在石窟中，到了东魏时期多见于背屏式小型造像中。在邺城出土的小型造像中，"白马舐足"多出现在石刻的背屏和台座处。如东魏武定四年（546）王元景造弥勒像，正面刻有一佛二弟子二菩萨像，上有六身飞天托覆钵塔，下有二狮博山炉。"白马舐足"场景以线刻的方式刻于造像的背面，悉达多太子结跏趺坐于树下，与北魏时期石窟雕刻中的明显不同的是从画面的右边变为了左边，白马和太子的位置互换了。除结跏趺坐的悉达多太子和跪地舐足的白马形象外，对于树木和山石进行了着重的刻画。

除此之外，将"白马舐足"雕刻于背屏背面的还有东魏武定五年（547）的弄女等造弥勒像。这一小型造像正面雕刻交脚弥勒像与二菩萨像，背屏与菩萨像之间镂空处理，背屏上方有六身飞天托覆钵塔，下方基座有双狮和四身供养人，中间为博山炉。值得注意的是，在基座左右两侧面和背后共刻有六身神王像，其中左右两侧有四身神王像，背面雕刻有右侧的象神王和左侧的珠神王以及造像题记。在背屏的背面则为"白马舐足"的浅浮雕，悉达多太子穿菩萨装半跏倚坐于树下，垂下的左足踏莲花，有仆人骑白马，白马俯首跪地，有残余的彩绘。比之王元景造弥勒像背后的线刻，这里"白马舐足"的画面以浅浮雕的形式雕刻，所占画面更多。依然是悉达多太子在画面左侧，白马在右侧。

在敦煌莫高窟北周时期开凿的第290窟《车匿还宫》壁画中，在画面的右侧即为"白马舐足"，菩萨装的悉达多太子坐于树下，右手抬于胸前，左手向前伸出，似在与白马和马后方的人交谈。白马低头舔舐太子足部表达不舍之情。悉达多太子在左侧，白马在右侧。

在南响堂第1窟（华严洞）中心柱正壁主龛上方，浮雕带三部分的中间部分为"说法图"。浮雕的上方为巨大的华盖，下方为中间的释迦牟尼像，以及围绕释迦牟尼的十个弟子的形象。中间的释迦牟尼像肉髻低平，肩膀宽厚，一手抬起，一手放于腿部，结跏趺坐于束腰仰覆莲座上。释迦牟尼右手边弟子像分两排，前排有三弟子，后排有两弟子像；左手边弟子像也分两排，前排有二弟子，后排有三弟子像，都为结跏趺坐。动作姿态稍有不同。在南响堂第2窟（般若洞）中心柱正壁上方也雕刻有"说法图"，被盗走，现收藏于美国弗利尔美术馆。浮雕带三部分的左侧部分可分为上中下三层。最上方为多层垂幔，中间为七佛像，下方为七菩萨像。

3）水浴寺西窟前壁窟门上方"七佛像"

水浴寺西窟前壁中间开窟门，窟门上方有长方形龛，龛内雕刻有七佛像。

每一尊佛像的形象雕刻都几乎相似，从左侧到右侧作者将其编号为c1—c7。c1、c5和c7佛像的头光虽有部分残缺，但大致可看出为双层圆形头光，其余四尊佛像头光为双层桃形头光。佛像头部大部分损毁，c2保存下了大部分头部，a3佛像头部部分残缺，身躯部分风化残损，依稀能分辨出c2、c6和c7佛像内着僧祇支，可能外着袒右肩式袈裟，c5佛像似乎着双领下垂式袈裟，其余佛像衣着模糊不清。七尊佛像都为立像，脚踏仰莲座，部分莲座损毁。

其他出现成组小型佛像的地方为第3窟（刻经洞）的前廊的窟门门楣上方有一条横向的长条形浮雕带，内雕刻有二十身结跏趺坐佛。同一窟内室主龛为帷幕帐形大龛之上与窟顶相接处，有一排共二十尊佛像，形制相似，有圆形头光，结跏趺坐于莲座上。北响堂第3窟左壁龛内上部刻有两排千佛像。右壁也为帷幕帐形龛，其上的帷帐形式与左壁相似，并在龛内刻有两排小佛像，都有圆形头光，内着僧祇支，外披双领下垂式袈裟，一手施无畏印，一手施与愿印，结跏趺坐于仰莲座上，头部损坏，在头部右上方皆有榜题，但字迹已模糊不可识。此外还有多个石窟中出现千佛像。七佛分别名为毗婆尸佛、尸弃佛、毗舍浮佛、拘留逊佛、拘那含佛、迦叶佛与释迦牟尼佛。七佛题材曾经在北朝时期很流行，甘肃陇东庆阳北石窟寺始建于北魏永平二年（509）的第165窟为七佛窟，天水麦积山石窟北周时期开凿的第4窟也有七佛题材。在北齐时，七佛题材不再流行，出现在响堂石窟中的七佛题材只有南响堂第5窟窟内正壁在菩提树的树冠上，火焰宝珠下方一一对应的位置雕刻七佛，以及⑧c水浴寺西窟前壁窟门上方"七佛像"。

4）南响堂第5窟前壁"涅槃变"浮雕

南响堂第5窟（释迦洞）窟内前壁窟门上方雕刻有涅槃浮雕⑧d。这一浮雕中有双树龛，一左一右两棵树的树冠在顶部交叠在一起，中间有两树枝相互缠绕。在龛内雕刻有涅槃变浮雕，在开两壶门的佛床上雕刻仰面而卧的释迦牟尼像，头部在右侧即南向，脚部在左侧即北向，手臂平放腿部伸直。佛像的头部稍侧向正壁，有低肉髻，面部呈椭圆形，面部风化模糊，依稀可见闭着的双眼，在头部下方枕着一块方形枕。佛像身着袈裟的样式无法看清，但衣袖处为收口不是广袖，且袈裟紧窄贴体，在胸腹部有起伏，腹部凸起，身体以夸张变形的方式雕刻得纤细扁平，且有拉长的效果。十大弟子围在床周围，身体尺寸雕刻得比佛像要小得多，在床的后方立着八身弟子像，一身弟子像在佛像的右侧床头，呈跪坐姿势，双手捧着佛像的头部肉髻，一身弟子像跪坐在左侧床位，双手扶着佛像的双脚。还有一身跪坐人像雕刻在两壶门中间偏左的床前，头部缺失，身着广袖长裙，手握着佛像的手部，似乎在跪地痛哭，很可能是释迦牟尼的生母摩耶夫人像。

第二节　弟子像

弟子像石刻统计

响堂石窟中共计有现存保存较好的北齐弟子像石刻三十余尊。为整体观看石窟石刻艺术打下基础，本书在研究弟子像石刻时先按照规模大小和重要程度，以及石刻所处位置进行区分。弟子像通常在大型佛像的两侧，占据除大型佛像外的次要位置，在中心柱窟分别在中心柱正壁、右壁与左壁所开龛内，在三壁三龛窟分别在正壁、右壁与左壁所开龛内或基坛上，或是在正壁主佛像两侧。也有弟子像出现在左右壁与前壁连接处，中心柱后方甬道上方龛内。弟子像所处的石刻组合形式为一佛二弟子一铺三身、一佛二弟子二菩萨一铺五身和一佛四弟子二菩萨一铺七身像。

1. 中心柱大型龛中的弟子像

响堂石窟中北齐时期的洞窟在中心柱三壁分别开大型龛，龛内各雕刻一尊大型佛像，在佛像两侧分别有一尊或两尊弟子像，在一佛二弟子二菩萨一铺五身像或一佛四弟子二菩萨一铺七身像的石刻组合中。中心柱三佛旁大型弟子像分别为：南响堂第 1 窟中心柱正壁右侧二弟子像① a2、① a1 和左侧一弟子像① a3，中心柱右壁右侧① a4 和左侧弟子像① a5，中心柱左壁右侧① a6 和左侧① a7 弟子像；水浴寺西窟中心柱正壁右侧① b1 和左侧弟子像① b2，中心柱右壁右侧① b3 和左侧弟子像① b4，中心柱左壁右侧① b5 和左侧弟子像① b6。

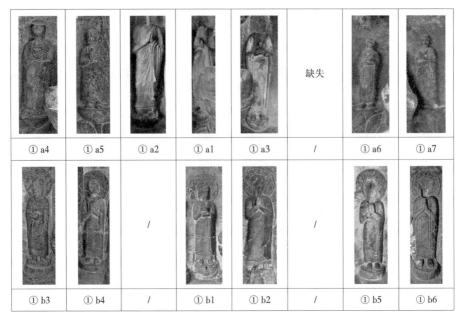

① a4	① a5	① a2	① a1	① a3	/	① a6	① a7
① b3	① b4	/	① b1	① b2	/	① b5	① b6

表 3.6　中心柱龛弟子像图表

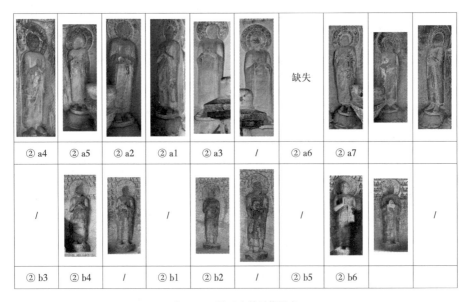

② a4	② a5	② a2	② a1	② a3	/	② a6	② a7	
② b3	② b4	/	② b1	② b2	/	② b5	② b6	/

表 3.7　三壁三龛弟子像图表

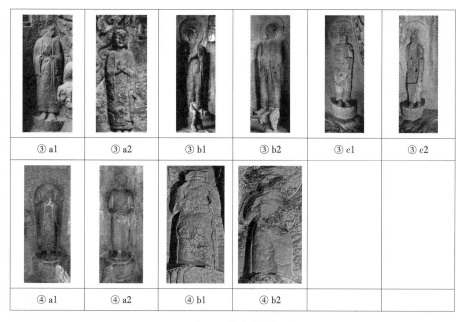

③ a1	③ a2	③ b1	③ b2	③ c1	③ c2
④ a1	④ a2	④ b1	④ b2		

表 3.8 其他弟子像图表

2. 三壁三龛中的弟子像

响堂石窟中北齐时期的洞窟在三壁三龛窟的三壁分别开大型龛，龛内各雕刻一尊大型佛像，在佛像两侧分别有一尊或两尊弟子像，也在一佛二弟子二菩萨一铺五身像、一佛二弟子四菩萨一铺七身像和一佛四弟子二菩萨一铺七身像的石刻组合中。三壁每壁有一大型佛像，在大型佛像旁的弟子像分别为：北响堂第 3 窟正壁右侧② a1 和左侧② a2 弟子像，右壁佛像右侧二弟子像② a3、② a4 和左侧二弟子像② a5、② a6，左壁佛像右侧一弟子像② a7 和左侧二弟子像② a8、② a9；南响堂第 7 窟正壁右侧② b1 和左侧弟子像② b2，右壁右侧② b3 和左侧弟子像② b4，左壁右侧② b5 和左侧弟子像② b6。

3. 其他弟子像

响堂石窟中北齐时期还有洞窟只在正壁或中心柱的正壁雕刻一尊大型佛像，在佛像两侧分别有一尊弟子像，在一佛二弟子二菩萨一铺五身像的石刻组合中。这种弟子像分别为：北响堂第 6 窟 6–1 号龛右侧③ a1 及左侧弟子像③ a2，北响堂第 4 窟中心柱正壁右侧③ b1 和左侧弟子像③ b2，和北响堂第 8 窟正壁右侧③ c1 和左侧弟子像③ c2。在上述弟子像之外，还有弟子像在南响堂第 6 窟左壁与前壁转角处④ a1 和右壁与前壁转角处④ a2，以及水浴寺西窟中心柱右壁甬道上方右侧④ b1 和左侧弟子像④ b2。

弟子像造型具体分析

由于响堂石窟弟子像破坏严重，除了南响堂第 7 窟（千佛洞）左壁的弟子像，弟子像头部完整保存下来的很少，且手部、身体部分等也有不同程度的损毁，因此在研究佛像风格的时候，重点从弟子像所在石窟的位置、所在龛、组合形式、头光、袈裟样式与衣纹雕刻方式、体量、动作、身姿、宝座种类、所持物品、四肢与躯体空间分离关系等方面进行分析。

1. 中心柱大型龛中的弟子像

（1）南响堂第 1 窟中心柱弟子像

南响堂第 1 窟（华严洞）中心柱正壁为帷幕帐形大龛，龛内雕刻一佛四弟子二菩萨一铺七身像，主尊佛像两侧的弟子像原有四尊，头部都缺失，也有一尊弟子像缺失，目前剩下三尊分别为：右侧二弟子像① a2、① a1 和左侧一弟子像① a3。在主尊佛像的左侧剩下的一尊① a3 弟子像，内着宽边的僧祇支，外着双领下垂式袈裟，衣领垂下，绕臂搭肩形成 U 形，U 形衣褶下方有四层衣纹，为阶梯状均匀分布，但两侧的领子从手臂处被袖子遮挡。双手手臂举起在腰腹部，捧着覆莲花托起的莲蕾，手部雕刻得较为稚拙。右手臂处的衣袖几乎与主尊的莲座圆台平齐。在右腿膝盖处，左手衣袖垂落到脚部上方。袈裟下摆处分三层，露出脚部，双脚分立，雕刻出脚趾，但脚部也是雕刻出大致形体，高度概括而并不以写实方式雕刻。弟子像跣足立于圆台上，肩膀为弧形，体态由上到下逐渐变窄，腹部突出，手臂隐藏在袈裟之下，手臂与身体没有空间分离关系，双脚之间有分离。

主尊佛像右侧的①a1 弟子像与左侧①a3 弟子像几乎一致，手中捧着的物体不同，此处为捧钵，右手扶着钵的上方，左手捧在钵的下方，且这一尊弟子像的手部雕刻更为精细，大拇指放在钵的左侧，几乎与其他手指呈九十度，其他四指放在钵下方根据钵的弧面微微弯曲。主尊佛像右侧弟子像的旁边为另一尊①a2 弟子像。这一尊弟子像的袈裟以及动作与①a1 和①a3 弟子像有很大的不同，可能有后世的修补。①a2 弟子像的袈裟为袒裸右肩，双手合十于胸前，左手部分的袈裟衣纹过于立体，与北齐时期弟子像上的衣纹差异性很大，且双手手臂雕刻得过于简单，在袈裟下摆处有很明显的横向断裂，在脚部的雕刻颜色与上方也很不一样，脚部的雕刻比旁边两尊弟子像稍大，但风格较相似，都是雕刻出大致轮廓，以直线分割代表脚趾部分。这尊弟子像的用料颜色和佛像后补的右手用料颜色和材质较为相似，也可能为后世增补。

圆拱形龛内雕刻弟子像在一佛二弟子二菩萨像一铺五身像的石刻组合中，以地面上雕刻的巨大莲叶将这五尊石刻像的底座连接在了一起。无论是佛像、菩萨像还是弟子像头部后方都没有北齐时期经典的卷草纹头光雕刻。佛像两侧的弟子像比坐佛体型较小，都为光头，右侧弟子像头部额头以上残缺。两尊弟子像①a4 和①a5 都穿着双领下垂式袈裟，由于风化不见衣纹，双手捧物于胸前，直立于台座上。对比正壁①a1、①a2 和①a3 弟子像来看，这两尊弟子像身材雕刻得矮小体宽，雕刻得呆板且粗糙，没有正壁弟子像高挑且身体比例自然。这两身弟子像的雕刻年代是否在北齐存在疑问。中心柱左壁弟子像在圆拱龛内一佛二弟子二菩萨一铺五身像的石刻组合中，①a6 和①a7 弟子像几乎与右壁的①a4 和①a5 弟子像一致，其雕刻年代是否在北齐也存疑。

（2）水浴寺西窟中心柱弟子像

水浴寺西窟窟内中心柱正壁弟子像在帷幕帐形龛内，一佛二弟子二菩萨一铺五身像的石刻组合中。主尊佛像两侧雕刻两身弟子像，分别为右侧①b1 和左侧弟子像①b2。这两身弟子像都有圆形头光，外为素圈，内雕刻卷草纹，在卷草纹的上部中间雕刻覆莲瓣托起的宝珠，最内为素面圆形。佛像左侧

① b2 弟子像头部缺失，肩膀宽圆，身着袒右肩式袈裟，袈裟从腰部搭向左肩，形成半 U 形，袈裟的衣领由上到下逐渐变宽。弟子像双手在胸前合十，手掌雕刻得较细致，手指微曲，手掌丰厚圆润。手臂与身体部分相连，没有空间分离关系。还有部分袈裟敷搭在弟子像左肩上，部分袈裟搭在左臂上，有袈裟垂到左腿部，似有风吹向右侧。袈裟上无明显衣纹，通体为光面。袈裟下摆在左腿开衩形成左右两片，右片袈裟布料向右方卷起。袈裟下摆处分内外两层，内层稍长露出脚部，这一尊弟子像的脚部和直立所站的宝座损毁。精美的头光和简洁的袈裟一繁一简形成较强的对比，弟子像上下几乎一样粗细，略显粗糙的扁平化身躯，与丰满优雅经过细致雕琢的手部，一粗一细也形成了鲜明的对比与艺术效果。

右侧① b1 弟子像头光、穿着和姿势与左侧相似，不同之处在于，这尊弟子像头部残存耳朵、脸颊与下巴部分，弟子像耳廓与耳垂略翘起，耳垂长到比下巴稍短一些，耳朵贴着头部雕刻，脸型方圆，下巴与脖颈连接处几乎为呈直线的弧线，脖颈只比头部略窄，脖颈短粗。这尊弟子像双手抬起于胸前捧钵，右手在钵之下，左手放在右手下方。此处的手部处理略显稚拙，没有左侧弟子像的手部雕刻得优美自然。这里的右手大拇指雕刻得过长，其他手指没有分开，左手手指略显僵直和扁平化。这尊弟子像在左臂处搭部分袈裟，垂下落在左衣袖上，长度大致到胯部。在右侧腿部的袈裟上雕刻出凹线刻，以右侧手部之下为中心，散射出三条弧线绕到右侧袈裟的边缘处，线刻分布均匀。这尊弟子像跣足立于仰莲座上，足部分开站立，中间分离，足部雕刻出指甲盖，但可惜有损毁，莲座上方为圆台，下方有内外两层仰莲瓣，根据佛像两侧弟子像对称分布的规律来看，左侧弟子像被毁坏的脚部和莲座也很有可能为相似的形式。

水浴寺西窟窟内中心柱右壁弟子像在帷幕帐形龛内，一佛二弟子二菩萨一铺五身像的石刻组合中。主尊佛像两侧雕刻两身弟子像，分别为右侧① b3 和左侧弟子像① b4，这两身弟子像都有圆形头光，与正壁弟子像的头光一致。佛像左侧① b4 弟子像头部缺失，肩膀比正壁弟子像的稍窄，身着双领下垂式袈裟，袈裟的衣领两头宽中间窄。弟子像双手在胸前捧物，手部刻画没有正壁左侧的弟子像手部精细自然，但手指也雕刻出了微微弯曲的形态。手臂与身体相连，没有空间分离关系。左袖稍长于手肘，右袖垂落在腿部。袈裟上在手臂部分和下部都有梯田状均匀分布的衣纹。在大臂和身体相连的内侧有弧线向内收束，腹部和腿部的袈裟有两道弧线向上收束，来呈现随着身体起伏转折出现的衣纹。袈裟左侧边缘的布料卷向右方再转向左侧。袈裟下摆处分内外两层，内层稍长露出分立的脚部，雕刻出脚趾的轮廓。

右侧①b3弟子像头部也缺失，头光、穿着与姿势和左侧相似。不同之处在于，这尊弟子像右手抬起于腹部，手掌向上握一物，左手垂下大拇指与食指伸出。这尊弟子像在左臂处搭部分袈裟紧贴手臂。右边肩膀与手臂相连处的袈裟有两道线刻，右边有线刻从右臂贯通到下腹部与腿部，三条线刻绕到右侧袈裟的边缘处，呈阶梯状均匀分布。袈裟左侧边缘的布料向两侧卷起。这尊弟子像跣足立于仰莲座上，足部分开站立，中间分离，左脚残损。这两尊弟子像都为跣足立于莲座上，莲座上方为圆台，下方有三层覆莲瓣。

水浴寺西窟窟内中心柱左壁也雕刻两尊弟子像，在帷幕帐形龛内的一佛二弟子二菩萨像一铺五身像石刻组合中。主尊佛像两侧雕刻两身弟子像，分别为右侧①b5和左侧弟子像①b6。中心柱左壁佛像右侧①b5和左侧弟子像①b6与中心柱右壁主尊佛像左侧①b4弟子像都一致，不同之处在于赤足立于仰莲座上，莲座为双层仰莲瓣。

2. 三壁三龛中的弟子像

（1）北响堂第3窟正壁、左壁与右壁弟子像

北响堂第3窟窟内正壁弟子像在大型帷幕帐形龛，一佛二弟子四菩萨一铺七身像石刻组合中。主佛的左右两旁是右侧②a1和左侧②a2弟子像，头部缺失，有外侧卷草纹和内侧莲纹组成的头光，双手捧物于胸前。弟子像内着僧祇支，身披双领下垂式袈裟，右边宽大的衣袖垂到与袈裟下摆平齐，右手臂处搭两条衣带，左边的衣袖长及小腿处，且有宽大的边缘。袈裟衣纹呈阶梯状分布，以

单线刻出，下摆处露出脚部，下摆处宽边，脚部分开站立，足部宽大肥厚，中间镂空处理，跣足立于仰覆莲座上，面向窟门方向。弟子像石刻中，没有腰身显现，自上而下呈茧状，腹部稍突出。

北响堂第3窟右壁弟子像也在大型帷幕帐形龛，一佛四弟子二菩萨一铺七身像石刻组合中。这四尊弟子像分别为佛像右侧二弟子像②a4、②a3和左侧二弟子像②a5、②a6。四尊弟子像比两尊菩萨像体形稍小，分别在佛像两侧雕刻，头部全部缺失，和主尊旁的②a1与②a2弟子像身姿相似，也有外侧卷草纹和内侧莲纹组成的头光。靠近佛像两侧的②a3和②a5弟子像右手高左手低，放在胸前似拿着物品但手部已损坏。弟子像内着僧祇支，身披双领下垂式袈裟。②a5弟子像的衣袖长及小腿处，②a3弟子像此边衣袖并不似主尊旁②a1和②a2弟子像衣袖边缘为直角，而是圆弧形的袖口，且袖口有向上卷起一部分，有袈裟部分搭在左手臂上，自然垂下。袈裟衣纹呈阶梯状分布，但佛像左手边的②a5和②a6弟子像袈裟在腿部的阶梯状衣纹以双凹线刻出，袈裟靠身体左侧部分明显分层，上面一层向右方卷起，下一层袈裟露出素面下摆，②a3和②a4弟子像下摆稍长。下摆处露出脚部，脚部分开站立，足部宽大肥厚，中间镂空处理，跣足立于仰覆莲座上。四尊弟子像石刻中，也没有腰身显现，自上而下呈长方形，腹部稍突出。

菩萨像旁边的弟子像②a4在窟门一侧墙壁上，几乎与其余弟子像的身姿与僧袍相同。手势不同，在此为双手合十，但手部损毁。袈裟略有不同，在于袈裟两边衣领垂下的部分相交处，有一小段衣带从衣服中露出垂下一截。且衣袖不同，左边的衣袖长及小腿处，衣袖边缘为直角，右边衣袖为搭在右手臂上的袈裟部分有自然垂落的衣褶。袈裟下半身的衣纹为阶梯状分布。②a6弟子像身姿也近似其余弟子像，但不同之处为双手合十，且袈裟衣袖不同。袈裟右边衣袖与小臂贴合，在衣领处垂下有衣褶，左边衣袖则自然搭在小臂上，有垂落的衣纹褶皱也更加自然，袈裟也是由双凹线刻来表现。

北响堂第3窟左壁大型帷幕帐形龛中也雕刻有弟子像，在一佛四弟子二菩萨一铺七身像石刻组合中，其中一尊弟子像缺失。余下的三尊弟子像比两尊菩萨像体形稍小，分别在佛像两侧为右侧一弟子像② a7 和左侧二弟子像② a8、② a9，头部全部缺失，和主尊旁的② a1 与② a2 弟子像身姿相似，也有外侧卷草纹和内侧莲纹组成的头光。靠近佛像两侧的② a7 与② a8 弟子像右手高左手低，放在胸前似拿着物品但手部已损坏。弟子像内着僧祇支，身披双领下垂式袈裟。② a8 弟子像衣袖长及小腿处，衣袖边缘为直角，有袈裟部分搭在左手臂上，衣袖自然垂下出现多层褶皱。袈裟衣纹都为双凹线刻，② a7 弟子像下半身衣纹有四道，从左侧腰处呈散射状曲线转折向右侧均匀排布，左侧弟子像为三道双凹线刻衣纹。② a7 弟子像袈裟靠身体左侧部分明显分层，上面一层向右方卷起，下一层袈裟露出素面下摆。② a8 弟子像袈裟靠身体左侧部分也分层，但向右卷后又再次转向左侧，下一层袈裟露出素面下摆，下摆处露出脚部，脚部分开站立，足部宽大肥厚，中间镂空处理，跣足立于仰覆莲座上。弟子像石刻中也没有腰身显现，自上而下呈长方体，腹部稍突出。菩萨像旁边的② a9 弟子像在窟门一侧墙壁上，几乎与其余弟子像的身姿与僧袍相同，手部损毁但除手部姿势外，与② a8 弟子像几乎一致。

（2）南响堂第 7 窟正壁、左壁与右壁弟子像

南响堂第 7 窟正壁盝形帷幕帐形龛内雕刻二佛像，在一佛二弟子二菩萨一铺五身像的石刻组合中，弟子像在佛像的左右两侧，分别为右侧② b1 和左侧弟子像② b2。佛像左侧的② b2 弟子像有圆形头光，由外到内为素圈、顶端有覆莲托起宝珠的卷草纹以及圆形，头部缺失。弟子像身穿双领下垂式袈裟，左侧衣领垂落到大腿处，右侧更长垂落在小腿处。双手在胸前捧物，但胸腹部大部分损毁无法判断所捧物品。袈裟的右臂为窄袖，左臂为宽袖，左侧小腿处的部分袈裟向左侧卷起。袈裟下摆前短后长，后方稍长下摆处有连续的褶皱，前方下摆露出下方的裤脚，并露出分立的双脚，脚上穿僧鞋。弟子像直立于仰莲座上，肩宽，身体似茧状，由上到下略微变窄。身体与手臂没有空间分离关系，通过袈裟依然粘连在一起，双脚分开，中间有镂空。主尊佛像右侧的② b1 弟子像与左侧的② b2 弟子像形象几乎一致，有略微的区别在于胸腹部保存相对更完整一些，能看到内着僧祇支，双手雕刻出手指，捧着的物品似乎为钵。双

领下垂式袈裟右侧衣领垂下形成 U 形，两边的衣袖都为宽大的广袖，垂落在小腿处，右侧衣袖比左侧略短。袈裟左侧开衩卷向左右两侧。

南响堂第 7 窟（千佛洞）右壁盝形帷幕帐形龛内也雕刻有二弟子像，在一佛二弟子二菩萨一铺五身像石刻组合中，佛像两侧雕刻弟子像，这两尊弟子像分别为右侧② b3 和左侧弟子像② b4，与正壁所刻② b1 和② b2 弟子像的形象相似。圆形头光、动作、身姿、所穿袈裟和正壁弟子像相似。左侧② b4 弟子像头部与双手缺失，袈裟在下摆后方稍长的部分没有正壁以竖线雕刻出的衣褶，似为素面，稍短的下摆露出裤脚，裤子上也为素面。右侧② b3 弟子像也是头部缺失，袈裟下摆处也稍有不同，在此处的下摆不再为前短后长，而变为内层和外层，外层袈裟稍短，露出内层袈裟长袍的下摆，雕刻出素面腿部的轮廓，穿僧鞋。

南响堂第 7 窟左壁盝形帷幕帐形龛内也雕刻一佛二弟子二菩萨一铺五身像，两尊弟子像在佛像两侧，分别为右侧② b5 和左侧弟子像② b6，与右壁② b3 和② b4 弟子像形象一致。佛像左侧，② b6 弟子像头部缺失，但手部保存相对完好，双手放在胸前，右手放在钵上，左手在下方托着钵。弟子像穿双领下垂式袈裟，衣领呈半个 U 形。两个衣袖都为广袖长过膝盖，右侧衣袖略长于左侧，左侧衣袖上搭带子，袈裟左侧分为左右两片，下摆处分为内外两层，外层长至脚踝处，下方露出穿着僧鞋的脚部。右侧② b5 弟子像保存相对完好，与左侧形象基本一致，但在左侧的弟子像还保留有北齐时期雕刻的头部，无发为光头，脸型似鹅卵形，面部有隆起的细长弯眉，半睁的双眼似在向下看，鼻梁很窄与眉毛相连，大部分鼻子破损，面颊圆润饱满又光滑，嘴部稍小。这尊弟子像似俊美的青年男子形象，很可能代表的是阿难。弟子像内着僧祇支，外穿双领下垂式袈裟，右侧为窄袖，左侧为广袖，双手在胸前合十。右侧衣领垂在胯部，左侧垂在脚部之上，左侧衣袖处雕刻出部分搭在此处的袈裟，袈裟上几乎为光面，没有雕刻出衣纹。

3. 独尊佛像旁的弟子像

（1）北响堂第 6 窟 6-1 号龛弟子像

北响堂第 6 窟 6-1 号龛内刻有一佛二弟子二菩萨一铺五身像，其中有两尊弟子像，分别为佛像右侧弟子像③ a1 及左侧弟子像③ a2。左侧③ a2 弟子像头部残存，右侧③ a1 弟子像有细长的眉眼以及与下巴平齐的长耳垂，面宽而丰圆。两尊弟子像都身着双领下垂式袈裟，双手捧莲花于胸前，跣足立于圆形莲座上，莲心凸起成圆台。两尊弟子像体型较小，身体呈扁平化雕刻。

（2）北响堂第 4 窟弟子像

北响堂第 4 窟中心柱正壁开帷幕帐形大龛，其中雕刻一佛二菩萨二弟子一铺五身像，二弟子在主尊佛像两侧，分别为右侧③ b1 和左侧弟子像③ b2 二弟子像。右侧③ b1 弟子像头光外侧为联珠纹、卷草纹、联珠纹与内侧两层连弧纹。弟子像头部缺失，内着僧祇支，外穿双领下垂式袈裟，袈裟右侧垂到大腿处，左侧搭在左臂上，双手在胸前合十，露出小臂，手部雕刻饱满。长袍上的衣纹从左腹部呈散射状垂下，第一道衣纹为凹线刻，其余三道衣纹由中间凸起的一条线和两边凹陷的两条线组成，其中凸起部分组成两个斜坡平面。弟子像脚部特殊，着僧鞋立于方形台座上，而不是赤脚。右侧③ b2 弟子像与左侧③ b1 弟子像相似，不同之处在于，袈裟的衣纹在左侧衣袖处转折更大更加自然，在左侧僧袍下摆处有分别卷向两侧的衣角，袍子部分也贴合小腿显出轮廓。手部损坏，不知为双手合十还是捧物。两尊弟子像相对菩萨像规模较小。

（3）北响堂第 8 窟

北响堂第 8 窟正壁主尊佛像两侧有弟子像，分别为右侧③ c1 和左侧弟子像③ c2，大部分损坏，还剩下大致的身体轮廓以及部分袈裟和脚部，跣足立于仰莲座上。

4. 其他弟子像

（1）南响堂第 6 窟弟子像

南响堂第 6 窟右壁与前壁转角处有一④ a1 弟子像立像，与左壁与前壁转角处的④a2弟子像对称分布，雕刻很相似。④a1弟子像这尊立像头部缺失，内着僧祇支，外穿双领下垂式袈裟，双手在胸前合十，宽大的衣袖垂落在膝盖上方，袈裟的衣袍有外层和内层，内层下摆露出脚部。④a2弟子像头部损毁，内着僧祇支，外穿袒右肩式袈裟。左臂有宽大的衣袖，衣袖垂到左腿外侧。袈裟的左侧为两片，在左腿偏外侧相交，一片向右侧卷起，一片垂下，两片袈裟下露出下摆，下方露出开立的双脚。左手托着钵底部，右手损毁，原可能为扶着钵上部。两尊弟子像都为跣足立于覆莲座上，莲座上有圆台，下方由几片宽大的覆莲瓣组成。弟子像雕刻得较为粗放，肩膀宽厚，在手臂与身体交接处雕刻出轮廓线但没有和身体有空间分离关系。弟子像的整个身躯部分为茧状，衣袖稍向外撇，下摆稍稍收束，手部雕刻出手指的轮廓。双脚中间镂空雕刻，也雕刻出了脚趾的轮廓。

（2）水浴寺西窟中心柱右壁甬道上方弟子像

水浴寺西窟中心柱右壁甬道上方右侧④b1和左侧弟子像④b2，在长方形龛一佛二弟子一铺三身像石刻组合中。佛像两侧弟子像右侧④b1和左侧弟子像④b2风化损毁，头部与手部缺失。弟子像有圆形头光，穿敷搭右肩式袈裟，赤足立于双层仰莲座上。

第三节　菩萨像

菩萨像石刻统计

响堂石窟中共计有现存北齐菩萨像石刻七十余尊（组）。为整体观看石窟石刻艺术打下基础，作者在研究菩萨像石刻时也按照规模大小和重要程度，以及石刻所处位置进行区分。第一类为在石窟中的大型菩萨像，在大型佛像旁边，与弟子像一同占据洞窟空间次要位置，在一龛中有两尊或四尊。在中心柱窟菩萨像分别雕刻在中心柱的右壁、正壁和左壁开凿的大龛中，在三壁三龛窟中，菩萨像的位置分别在正壁、右壁与左壁所开龛内或基坛上，在石窟中仅有一尊大型佛像时，菩萨像也出现在这一佛像旁。第二类菩萨像出现在中、小型龛中，分布在石窟主龛下方列龛、四壁列龛中，石窟的上方角落里的小型龛中。所处的石刻组合形式为一佛二菩萨一铺三身像、一佛二弟子二菩萨一铺五身像、一佛二弟子四菩萨一铺七身像和一佛四弟子二菩萨一铺七身像。

1. 大型菩萨像

（1）中心柱大型龛中的菩萨像

响堂石窟中北齐时期的洞窟在中心柱三壁分别开大型龛，龛内各雕刻一尊大型佛像，在佛像两侧雕刻两尊菩萨像，在一佛二弟子二菩萨一铺五身像的石刻组合，以及一佛四弟子二菩萨一铺七身像的石刻组合中。中心柱开龛的大型菩萨像分别有：北响堂第9窟中心柱正壁右侧①a1菩萨像、左侧①a2菩萨像，中心柱右壁右侧①a3菩萨像、左侧①a4菩萨像，中心柱左壁右侧①a5菩萨像；

① a3	① a4	① a1	① a2	/	① a5
				/	/
① b3	① b4	① b1	① b2	/	/
			缺失		
① c2	① c3	① c1	/	① c4	① c5
① d3	① d4	① d1	① d2	① d5	① d6

（续表）

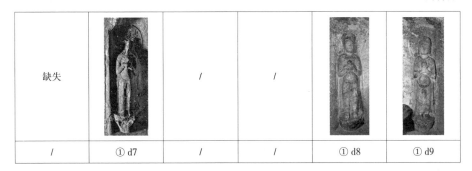

缺失		/	/		
/	① d7	/	/	① d8	① d9

表 3.9　中心柱龛菩萨像图表

北响堂第 4 窟中心柱右侧① b1 菩萨像、左侧① b2 菩萨像，窟门右侧① b3 菩萨像、左侧① b4 菩萨像；南响堂第 1 窟中心柱正壁右侧① c1 菩萨像，中心柱右壁右侧① c2 和左侧① c3 菩萨像，中心柱左壁右侧① c4 和左侧① c5 菩萨像；水浴寺西窟中心柱正壁右侧① d1 菩萨像和左侧① d2 菩萨像，中心柱右壁右侧① d3 和左侧① d4 菩萨像，中心柱左壁右侧① d5 菩萨像和左侧① d6 菩萨像，特殊的是这一窟左右壁也开龛有一佛二菩萨像，右壁右侧① d7 菩萨像，左壁右侧① d8 和左侧① d9 菩萨像。

（2）三壁三龛中的菩萨像

响堂石窟中北齐时期的洞窟在正壁、右壁与左壁分别开一龛，即三壁三龛，每一个大型龛内各雕刻一尊大型佛像，在佛像两侧雕刻菩萨像，在一佛二弟子二菩萨一铺五身像的石刻组合，以及一佛二弟子四菩萨一铺七身像的石刻组合中。三壁三龛的菩萨像有：北响堂第 1 窟正壁右侧② a1 菩萨像、左侧② a2 菩萨像，右壁右侧② a3 菩萨像、左侧② a4 菩萨像，左壁右侧② a5 菩萨像、左侧② a6 菩萨像；北响堂第 3 窟右侧② b1、② b2 菩萨像，左侧② b3、② b4 菩萨像，右壁右侧② b5 菩萨像、左侧② b6 菩萨像，左壁右侧② b7 菩萨像、左侧② b8 菩萨像；南响堂第 7 窟正壁右侧② c1 菩萨像、左侧② c2 菩萨像，右壁右侧② c3 菩萨像、左侧② c4 菩萨像，左壁右侧② c5 菩萨像、左侧② c6 菩萨像。

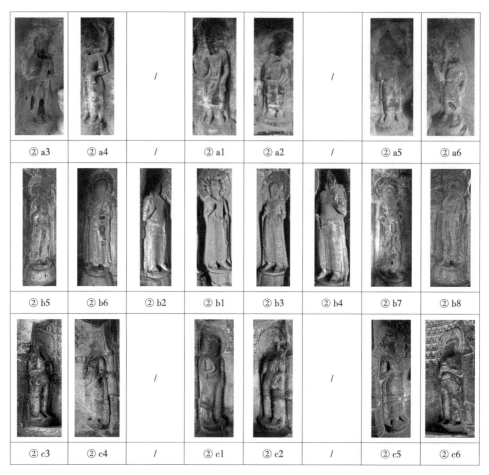

② a3	② a4	/	② a1	② a2	/	② a5	② a6
② b5	② b6	② b2	② b1	② b3	② b4	② b7	② b8
② c3	② c4	/	② c1	② c2	/	② c5	② c6

表 3.10 三壁三龛菩萨像图表

（3）其他菩萨像

响堂石窟中北齐时期的还有洞窟只在正壁或中心柱的正壁雕刻一尊大型佛像，在佛像两侧分别有一尊菩萨像，在一佛二弟子二菩萨一铺五身像的石刻组合中。这种菩萨像分别为：北响堂第 6 窟 6-1 号龛右壁③ a1 及左壁菩萨像③ a2，北响堂第 8 窟正壁右侧③ b1 和左侧菩萨像③ b2。

在响堂石窟北齐中小型龛中的佛像，位于正壁主尊下方列龛的菩萨像有北响堂第 6 窟 6-18 号龛，每一个圆拱尖楣小龛的龛柱下方有一菩萨像，共有十一尊小型菩萨像，为④ c1、④ c2、④ c3、④ c4、④ c5、④ c6、④ c7、

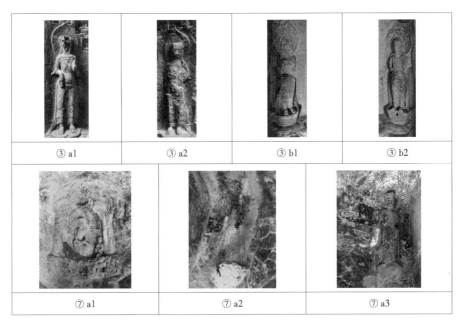

表 3.11　其他菩萨像图表

④ c8、④ c9、④ c10 和④ c11 菩萨像。

　　在响堂石窟北齐中小型龛中的菩萨像，位于左右壁小型列龛有南响堂第 1 窟右壁 1–73、1–72、1–71、1–70、1–69 号龛内和左壁 1–40、1–41、1–42、1–43、1–44 号龛内。左右壁小型列龛中有一佛二菩萨一铺三身像，其中佛像左右分别各有一尊菩萨像，编号为右壁的⑤ a1、⑤ a2、⑤ a3、⑤ a4、⑤ a5、⑤ a6、⑤ a7、⑤ a8、⑤ a9、⑤ a10 菩萨像，和左壁的⑤ b1、⑤ b2、⑤ b3、⑤ b4、⑤ b5、⑤ b6、⑤ b7、⑤ b8、⑤ b9、⑤ b10 菩萨像，共二十尊。

　　在响堂石窟北齐中小型龛中的佛像两侧也有菩萨像，还有的位于中心柱两侧的后壁处，有南响堂第 1 窟 1–67、1–68 和 1–65 号龛。后壁的小型龛中菩萨像分别为：南响堂第 1 窟中心柱右侧后壁上方 1–67 号龛⑥ a1、⑥ a2 菩萨像，中心柱右侧后壁下方 1–68 号龛⑥ a3、⑥ a4 菩萨像，中心柱左侧 1–65 号龛⑥ a5、⑥ a6 菩萨像，共六尊。

　　在响堂石窟北齐中小型龛中的佛像，还有的作为个例仅在响堂石窟中出现过一次，如：南响堂第 5 窟正壁与左壁上方角落⑦ a1 菩萨像、右壁与前壁上方角落⑦ a2 菩萨像、左壁与前壁上方角落⑦ a3 菩萨像；北响堂第 3 窟前廊《唐邕写经碑》3-1 号龛⑦ b1、⑦ b2 菩萨像，和 3-2 号龛⑦ b3 菩萨像；北响堂第 6 窟 6-7 号龛⑦ c1、⑦ c2 菩萨像。

菩萨像造型具体分析

菩萨像的造型同样被严重破坏，水浴寺西窟左壁右侧和左侧菩萨像头部保存了下来，大部分头部缺失，手部、身体部分等也有不同程度的损毁。因此在研究菩萨像造型的时候，重点从菩萨像的所在石窟的位置、所在龛、组合形式、窟内外刻经及榜题、头光，包括宝冠、发型、宝缯、项圈、璎珞、臂钏、手镯、披帛、衣裙的样式和衣纹等在内的菩萨装、体量、动作、身姿、宝座种类、所持物品、四肢与躯体空间分离关系等方面进行分析。

1. 大型菩萨像

（1）中心柱大型龛的菩萨像

1）北响堂第 9 窟中心柱菩萨像

北响堂第 9 窟中心柱正壁为大型帷幕帐形龛，龛内有二菩萨像，分别为右侧① a1 菩萨像、左侧① a2 菩萨像。其中佛像左侧① a2 菩萨像缺失，只剩横截面，以及部分垂在宝座上的披帛与裙摆，能看出大致为立菩萨像。右侧① a1 菩萨像也大部分残损，剩下的雕刻还可见圆形头光，分为联珠纹、卷草纹、联珠纹以及莲瓣。这一菩萨像头部不见，胸腔部分饱满挺阔，戴项圈，项圈中有涡卷形装饰，在项圈下部有三叶以及垂珠装饰。有 X 形璎珞在胸腹部交叉，中间有花形宝珠连接，上半部分从肩颈处垂下，左臂戴臂钏，下半部分在腹部斜向两侧腰处。有披帛在肩膀处垂下，绕手臂在腿部两侧后方散开落在宝座上。菩萨像上身袒裸，下身穿裹身长裙，左腿处的裙子保留了部分雕刻，衣纹沿着腿部轮廓以突棱形成的多面纹理组成 U 形，有腰带垂在腿部中间，呈连续 S

形转折，裙子的褶皱雕刻处理使得衣料显得轻薄贴体。这尊菩萨像身体比例匀称，胸腔挺阔，在腰身处雕刻出身体与手臂之间的凹陷部分，来体现手臂与身体有空间分离关系。

在北响堂第 9 窟中心柱右壁，帷幕帐形龛佛像的两侧为两尊菩萨像，分别为佛像右侧① a3 菩萨像、左侧① a4 菩萨像。相比于正面主龛的菩萨像来说保存相对完好。两尊菩萨像头光与主龛菩萨像一致，姿势和身材也有相似性。右侧① a3 菩萨像、左侧① a4 菩萨像相似，都是头部和手部缺失，头发两侧有花结，有宝缯垂下落在肩膀处，肩膀处有圆形装饰物，在大臂后侧两旁各有三股发辫，发辫末端较之左龛的显得更短且为圆头。两尊菩萨像都是戴项圈，但项圈的装饰物略有不同。左侧菩萨像的项圈一排联珠纹、一排大小珠串间隔、一排联珠纹，最下方的中间坠着珠子，左侧有小的三叶装饰。右侧菩萨像的项圈为上下两个素圈，在中间有素面隔断分成镂空的几部分，其中每部分都点缀着一个圆形宝珠。披帛在肩膀处打结，垂下搭在小臂处，垂下部分在小臂和大臂中间呈 U 形，右侧菩萨像的右臂处 U 形比左臂处的要大一些。披帛从小臂处垂落在莲座上，逐渐向下散开形成自然垂落的褶皱。

右侧① a3 菩萨像的右侧尚存有小臂，小臂上戴手镯，披帛在小臂处的 U 形做镂空雕刻处理。菩萨像上身袒裸，没有璎珞，下身穿裹身长裙，长裙分内外两层，外层裙摆短，内层长到脚踝处，内外层长裙几乎一致，都为由中间凸起的双凹线刻组成的 U 形褶皱均匀分布，腰带也在腰侧两边形成 U 形，旁边有垂带。左侧① a4 菩萨像的外部短裙上也有双凹线刻与单凸线刻组合而成的 U 形褶皱均匀分布，且短裙的两片之间有连续 S 形的转折形成腰带垂带散开的布料质感。右侧菩萨像外部短裙为素面，两片中间有垂在中间的腰带。两尊菩萨像动作也一致，都为右手抬起，左手放于腰侧，手臂与身体有一定的分离空间，腰部雕刻曲线形成腰身，腹部突出，且腰胯部有扭转，跣足立于双层圆形仰莲座之上。左侧① a4 菩萨像右腿直立，左腿稍屈起，左脚跷起脚尖着地，但在脚下方可能受当时的雕刻技艺限制没有做镂空处理，只是将脚下抬起部分的石头处理得比脚部轮廓略薄，但脚部仍然连着地面。右侧① a3 菩萨像左腿直立，右腿稍屈起，踮起的为右脚，也没有做镂空处理。菩萨像身体比例匀称，整体身姿也有接近S形的动势，体态婀娜多姿。

北响堂石窟第9窟（大佛洞）中心柱左侧龛佛像右侧的菩萨像仅剩上半部分头光，与左侧一致。左侧①a5菩萨像的头光以及身姿和动作似中心柱右壁①a3、①a4菩萨像，但头光相较之少了在卷草纹内侧的联珠纹，而以很细的素圈代替。菩萨像也有宝缯，但不见圆形装饰物，在背后肩膀左右的三股发辫逐渐变尖，比①a3、①a4菩萨像的更加飘逸。①a5菩萨像戴项链，由三颗大的椭圆珠和中间分布的几颗小圆珠组成。有璎珞从左肩斜披到右侧，在腰部的部分被手臂遮挡。披帛从肩膀处披下绕过肩膀搭在小臂处，再绕小臂在左臂形成U形环，在右臂贴合小臂，再从身体两侧垂下，末端离宝座有一小段距离。①a5这尊菩萨像上身祖裸，下身着长裙，长裙与左壁①a3、①a4菩萨像相似，但这尊菩萨像的胸腹部隆起更为明显，腰身也处理得很巧妙，腰胯部扭转向右侧，左腿屈起，右腿直立，形成动势更加明显的S形身姿，可以看作是唐朝盛行的S形菩萨像的开端。

且两脚之间靠得更近，左脚跟抬起脚尖点地几乎像是踩在了部分右脚之上，结合裹身的长裙，像是鱼的尾巴，这里的脚之间和脚底也没有做镂空处理，依然与地面相连。脚踝处雕刻出脚环，脚部也刻画得很精细。菩萨像跣足立于低平的仰莲座上，莲瓣绕着中间的低矮圆台分布，莲花花瓣的尖端向上翘起。

2）北响堂第4窟中心柱菩萨像

北响堂第4窟（释迦洞）三开间中间甬道两侧开龛，分别雕刻一尊菩萨像，窟门右侧①b3菩萨像、左侧①b4菩萨像。在龛内雕刻的菩萨像头光一样，由外到内为桃形和联珠纹组成的两侧圆形头光。左侧①b4菩萨像头部损毁，余下花形宝缯及垂下的两根细带，长至耳垂。宝缯下方肩膀上方有圆形装饰物，可能为头发上的饰物用以束发。在肩膀两侧后方的墙壁上分别有翘起的三股物体，可能为鲜卑族特有的民族发辫，也可能为羽翼装饰。菩萨像戴项链以及华美的项圈，项圈上有华丽的装饰，镂空处装饰花形，在下方有五个圆形装饰。菩萨像有双璎珞在腹部呈X形交叉，连接处有六瓣或多瓣宝相花纹联珠纹宝珠装饰，璎珞的起伏随着隆起的胸部及腹部肌肉而进行雕刻。在肩膀上有飘带系成结并从肩膀上垂下到手肘处，有披帛从肩膀处垂下，绕小臂从身体后方呈曲线状自然飘逸地垂落在莲座上。菩萨像右臂抬起，右手缺失，但残存轮廓似乎抬起在右胸上方，左手手肘曲起，左手手指部分残缺，但似乎正提着物品。菩萨像上身祖裸，下身着长裙，裙子腰带部分在中间系带，有月牙形装饰物，两条细带在腿部垂下。长裙分两层，外层为素面下摆有曲线宽边，紧裹身体，下层中间有一条带垂下，两侧的裙子随着膝盖和小腿部的轮廓各有三层双凹 U 形曲线，并且在其间各有两道凸起的线作为衣褶。菩萨像脚部雕刻得饱满厚实，脚趾根根分明，跣足立于仰覆莲座上。右侧① b3 菩萨像与左侧几乎相同，但头部损毁更为严重。略微不同之处在于 X 形交叉的双璎珞，中间的宝珠形式不太一样，且位置更加靠上，下部的璎珞从腰两侧绕向身后而不是大腿两侧。这尊菩萨像上半身也有损毁，且手部损毁更为严重，但能看出左手姿势与另一尊有别，具体手势已经无法判断。腰带的系带多了中间的两条，长裙的上层素面裙下摆处曲线略微不同，长裙下层更是分为了两片，在中间有明显的分层褶皱，且在小腿处的 U 形双凹线之间没有凸起的曲线。这尊菩萨像的脚趾部分损坏，底部莲座部分损坏。这两尊菩萨像身段匀称，体态丰厚敦实，肩宽饱满，胸部肌肉隆起，小腹处突出，且在两个手臂处有与身体分离的镂空处理，但后方还与石壁相连，以这样的雕刻方式显示出菩萨像的腰身曲线以及宽胯。紧裹在身上的裙子也显示出了菩萨像腿部的线条起伏，颇有"曹衣出水"之姿。两尊菩萨像都是右腿屈起，右脚跣起，重心落于左脚上的姿势，这种动作姿势在古希腊的雕塑中已经出现。

　　北响堂第 4 窟中心柱正壁佛像右侧① b1 菩萨像、左侧① b2 菩萨像都在帷幕帐形大龛中，为一佛二弟子二菩萨一铺五身像的石刻组合形式。二菩萨像曾损坏，有后世补修，头部为后世重补不做参考。佛像右侧① b1 菩萨像有圆形头光，头光为浅浮雕，由外到内依次为联珠纹、卷草花纹、联珠纹以及莲花纹，在头部两侧还雕刻有宝缯，各有两条飘带垂落到肩膀后方。在肩后方还雕刻有圆形的装饰物，只剩下右肩上的一个。在菩萨像中上半身部分损坏，留有部分项链及项圈，从剩余部分可见其与窟门两侧①b3、①b4菩萨像的项链与项圈相似。

①b1菩萨像上雕刻有双璎珞在腹部呈X形交叉，中间有六瓣宝相花纹及联珠纹宝珠装饰。有披帛自肩膀处系带，在腹部前交叉，在腿部各呈U形绕于腰后，这种披帛在腹部X状相交于环的形式来源于北魏孝文帝太和改制后的汉式菩萨装。这种披帛在胸腹部X交叉处的披帛很宽，以三道双凹线与一道凸线组合成衣纹，也有披帛披于肩膀和大臂，再绕小臂垂下落于莲座上。菩萨像有腰带，着长裙，在长裙中央有细带绕结再垂下，垂下部分在下方由连续S形转折表现散开的状态。长裙在U形披帛下方各垂下一条带子，裙子上层从中间分左右两片，裙褶层层叠叠垂下似裤子，有连续S形曲线雕刻出衣褶，在下层有素面长裙摆，露出脚踝部分与脚部。菩萨像右手抬起，手腕处戴手镯，左手拿着香囊，香囊在仰莲花下为圆形，左右分别装饰花形，下方有垂穗。菩萨像跣足立于重瓣仰莲座上，莲座较低矮，脚部刻出线条，似缠绕着布料。佛像左侧①b2菩萨像与右侧①b1菩萨像几乎一致，头光经后世重绘，头部也为后世塑造不做研究参考，腹部有残损。两尊菩萨像身材敦实且略显魁梧，手臂和脚部刻画得宽且厚，整体的菩萨装华丽而又繁复，衣带、披帛与层叠的衣褶雕刻出了飘逸之感。

3）南响堂第1窟中心柱菩萨像

南响堂第1窟中心柱正壁右侧①c1菩萨像与旁边弟子像的用料颜色及材质较相似，菩萨像从衣纹、形态、菩萨装等来看与北齐时期的菩萨像也很不一样，也可能为后世增补。圆拱形龛内雕刻一佛二弟子二菩萨像，地面上雕刻着巨大的莲叶将这五尊石刻像的底座连接在了一起。中心柱右壁右侧①c2和左侧①c3菩萨像跣足立于台座上，左侧菩萨像头部残缺，右侧所剩头部也像后世添加。这两尊菩萨像戴项圈，上身袒裸下身穿长裙，有披帛从肩垂下绕手臂垂落在台座上方。这两尊菩萨像比弟子像稍高一些，但也没有摆脱身体雕刻得粗糙呆板的现象。这两身弟子像和菩萨像的雕刻年代是否在北齐存疑。中心柱左壁右侧①c4和左侧①c5菩萨像情况略同。

4）水浴寺西窟中心柱菩萨像

水浴寺西窟窟内中心柱正壁帷幕帐形龛内雕刻一佛二弟子二菩萨一铺五身像，弟子像旁边雕刻两身菩萨像，分别为中心柱正壁右侧①d1菩萨像和左侧①d2菩萨像。菩萨像头光都是外为火焰形内为圆形，头部均缺失。左侧①d2菩萨像的头部左侧保留下了浅浮雕的花结雕刻，头部两侧有宝缯垂落到手肘处。这尊菩萨像头部残存有耳朵和脖颈的轮廓。在肩膀处雕刻圆形装饰物，戴双层项圈，内层为素圈，外层在左侧和中间各有三叶形装饰。这尊菩萨像从肩膀处垂下披帛，贴大臂落下，在小臂处绕到身体内侧，再垂落到莲座两侧。菩萨像戴双层手镯，右臂抬起部分残损，左臂落下屈起手提净瓶，部分损毁。菩萨像上身袒裸，手臂和身体没有完全分开，只雕刻出凹陷部分代表身体与手臂的分界线，胸腹部凸起，腹部部分残损，腰线雕刻出曲线。下身穿裹身长裙，腰带下方的裙子分为内外两层，外层裙有左右两片在中间处相交，为素面；内层裙贴体，在小腿上以U形凹线刻雕刻出长裙贴体表现出小腿轮廓的效果，下摆处以连续S形线条雕刻出波浪线。裙摆处露出脚部，双脚分离，跣足立于莲座上。莲座上有圆台，下有覆莲瓣。右侧①d1菩萨像与左侧①d2菩萨像几乎一致，不同的是头部损毁较严重，不见肩膀处的圆形雕刻，左臂与左侧胸部损毁，腿部有横向裂痕，脚趾和圆台部分损毁。右臂微屈起，右手拿圆环状物体，裙角在两侧处稍向两侧扬起。

水浴寺西窟中心柱右壁在帷幕帐形龛内雕刻一佛二弟子二菩萨像，弟子像旁边雕刻两身菩萨像，分别为右侧①d3和左侧①d4菩萨像。菩萨像头光都是外为火焰形内为圆形，头部都缺失。左侧菩萨像肩膀处雕刻圆形装饰物，宝缯沿着身体的轮廓垂落在身体两侧。菩萨像与正壁左侧①d2菩萨像一样戴双层项圈，内层为素圈外层，在左侧和中间各有三叶形装饰。这尊菩萨像从肩膀处垂下披帛，贴大臂落下，在小臂处绕到身体内侧，再垂落到莲座旁边。与正壁左侧的菩萨像也很像，但在垂落的披帛处，此处的为向内垂下。菩萨像双手戴双层手镯，右臂抬起部分残损，左臂落下屈起，左手食指、小指伸展，其余指屈起，提物净瓶，部分损毁，但手部仍保留有大致的形体，手背丰满凸起，手指柔软，手部姿势优美。菩萨像上身袒裸，手臂和身体没有完全分开，只雕刻出凹陷部分代表身体与手臂的分界线，胸腹部凸起，腰部雕刻出曲线。下身腰带为 U 形，腰带垂下两短带，穿裹身长裙，腰带下方的裙子分为内外两层，外层裙为素面裙摆有宽边；内层裙贴体，在小腿上以 U 形凹线刻雕刻出长裙贴体效果，表现出小腿轮廓，下摆处以连续 S 形线条雕刻出波浪线。裙摆处露出脚部，双脚分离，跣足立于莲座上。莲座上有圆台，部分圆台损毁，下有三层覆莲瓣。右侧① d3 菩萨像与左侧① d4 菩萨像几乎一致，不同的是① d3 菩萨像头部保留有三叶头冠和大致面部，虽然风化严重，仍可见头冠上雕刻花纹，额头上方戴宝珠或花，头冠后方为高发髻，有花结与垂下的宝缯，脸型为椭圆，肩膀处有圆形雕刻，戴双层项圈，胸腹部部分损毁，右臂小臂处与手部损毁，左臂自然垂下，左手放在腰带处。腿部有横向裂痕，左脚趾和圆台部分损毁。

水浴寺西窟窟内中心柱左壁在帷幕帐形龛内雕刻一佛二弟子二菩萨像，弟子像旁边雕刻两身菩萨像，分别为右侧① d5 菩萨像和左侧① d6 菩萨像。菩萨像头光和弟子像一致，也身穿袈裟，袈裟样式和衣纹都与弟子像一样。左侧① d6 菩萨像右臂抬起放在左前胸上，手掌向弟子像一侧五指并拢。左手手腕微抬，手指残损，手拿物品，物品可能为莲花花苞。右侧① d5 菩萨像与左侧① d6 菩萨像几乎一致，不同的是动作相反，右手小臂缺失。两尊菩萨像都跣足立于双层仰莲瓣的莲座上。

水浴寺西窟窟内右壁盝顶帷幕帐形龛内雕刻一佛二菩萨像，佛像左侧菩萨像缺失，右侧菩萨像头光为圆形，似佛像的头光。① d7 菩萨像头部损毁，披帛绕大臂在身体两侧垂下，落在宝座上。菩萨像双手戴单层手镯，双手捧有覆莲座的宝珠，宝珠残损。菩萨像上身袒裸，腹部凸出，下身腰带为半弧形，腰带垂下两短带，穿裹身长裙，腰带下方的裙子分为内外两层，外层裙为短素面裙；内层裙贴体，在小腿上以 U 形凹线刻雕刻出长裙贴体效果，表现出小腿轮廓，下摆处到莲座部分俱毁。

水浴寺西窟左壁盝顶帷幕帐形龛内雕刻有一佛二菩萨像。左壁右侧① d8 和左侧① d9 菩萨像与右壁① d7 菩萨像相似，头光为圆形，似佛像的头光，但略有变形为椭圆。佛像右侧①d8菩萨像头顶部分损毁，头部大部分风化模糊，依稀可辨眼部、鼻子和M形唇部，脸型椭圆，戴项圈，披帛绕大臂在身体两侧垂下，落在宝座上。菩萨像双手戴单层手镯，双手捧有覆莲座的宝珠。菩萨像上身袒裸，腹部浑圆凸出，雕刻出代表肚脐的圆形凹陷，下身腰带为半弧形，腰带垂下系带，穿裹身长裙，腰带下方的裙子分为内外两层，外层裙为短素面裙；内层裙贴体，在小腿上以U形凹线刻雕刻出膝盖部分的转折，长裙贴体并表现出小腿轮廓。菩萨像跣足立于仰莲座上，衣裙下摆露出赤足。佛像左侧①d9菩萨像与右侧①d8菩萨像相似，不同处在于①d9菩萨像头部保存情况比①d8菩萨像稍好，能看到戴头冠，头冠上雕刻圆形宝珠及周围的花叶装饰，在发冠后雕刻束起的发髻。菩萨像面部风化严重，有眉眼与口鼻，脸型为椭圆形，耳垂稍长但远没有及下颌处。菩萨像双手合十于胸前，手指雕琢略粗糙，凸起的肚子上肚脐部分被破坏，膝盖部分也被破坏。

（2）三壁三龛的菩萨像

1）北响堂第1窟菩萨像

在北响堂第1窟正壁，雕刻有释迦多宝双佛并坐像与二菩萨像，在佛像的左右分别各有一尊菩萨像，右侧②a1菩萨像、左侧②a2菩萨像，头部毁坏。右侧②a1菩萨像头光与主尊相似但稍小，戴项圈，有单璎珞从左肩斜挂到右腿上。双肩处有带子垂下，似有部分披在身后的头发。右臂抬起掌心向外，左臂垂下，左手拿着似香囊的物品。大臂上缠绕着披帛，披帛从身体两侧垂下搭在莲座上。菩萨像上身袒裸，下身着长裙，腰间系带，跣足立于覆莲瓣的台座上。右侧②a1菩萨像只是戴着项链和项圈，单肩斜挂的璎珞与双手姿势和左侧②a2菩萨像相反，其他几乎相同。两尊菩萨像的上半身略短于下半身，但几乎上下一般粗细如茧状，只在腰带处和裙角处有稍微往里收的趋势。身上没有明显隆起的肌肉，呈现平面化，且身材短粗。

右壁坛基上有一佛二菩萨像，佛像右侧②a3菩萨像、左侧②a4菩萨像，头部均毁坏，头光与正壁相同。左侧②a4菩萨像项圈与正壁的造型不同，腰部从侧面看有明显的曲线，没有璎珞，除此之外与正壁菩萨像相似。左壁右侧

②a5菩萨像、左侧②a6菩萨像在一佛二菩萨一铺三尊像的石刻组合中，头部均损毁。右侧②a5菩萨像上半身与右臂被破坏，能看出有从左肩斜搭到右腿的单璎珞，左侧②a6菩萨像身体部分模糊不清无法判断有无璎珞。

2）北响堂第3窟菩萨像

北响堂第3窟窟内正壁四尊菩萨像在大型帷幕帐形龛中，一佛二弟子四菩萨一铺七身像石刻组合中，分别为正壁弟子像右侧②b2和②b1菩萨像，弟子像左侧②b3和②b4菩萨像。四尊菩萨像在龛内背靠两侧墙壁，面向主佛，头光都是外圈为卷草卷草纹，内圈为莲瓣，头部缺失，戴头冠、项圈和手镯，肩膀上有圆形装饰物，似为发饰或是肩膀处的装饰物，用以固定头发或是肩膀上的披帛，形似圆形纽扣。长发分别在圆形装饰物下分散开三股发辫并向上翘起似羽翼，为鲜卑族的传统发辫，可见于墓葬壁画中，在莫高窟北魏时期的壁画中也有相似的表现，有宝缯从肩膀两侧垂到大臂。靠近弟子像的②b1菩萨像和②b3菩萨像戴双层项链，有披帛披于双肩在胸前交叉系结再垂下，在腿部绕成双U形，还有披帛搭在小臂上，垂落在莲座上。有双璎珞呈X形在腹部交叉，交叉部分为宝珠装饰，璎珞在腿部绕成两个U形，搭在披帛中间部分，呈现有序排列。②b1菩萨像上身袒裸，腰间系腰带，腰带上在中间有带子垂下，下身穿双层长裙，外部长裙为直筒稍短，露出内部长裙，长裙两侧向外扩有连续的衣褶。菩萨像一只手放在右胸前，一只手垂落在腰间，手部均已破坏，跣足立于仰覆莲座上，莲花瓣的一端向上翘起。这种翘起的覆莲瓣也可见于北齐时期的皇宫建筑中，如镇宅用的镇物。

左侧靠弟子像的菩萨像②b3与右侧②b1菩萨像基本相同，连手臂抬起的姿势都一致，也是脸部与左手损坏。不同之处在于左侧②b3菩萨像的腰部在璎珞交叉的宝珠上方雕刻出双层细腰带，带子上打结。还有一处不同是在裙摆处，左侧②b3菩萨像双层裙的内层下摆不似右侧②b1菩萨像的裙摆只为光面而有褶皱，②b3菩萨像的裙摆上有明显的装饰，在中间的垂带两侧以浅浮雕的近半圆形凹面表现裙摆，凹面上有凸起的垂带。②b3菩萨像裙摆两边的褶皱比右侧仅用垂直线条表现更进一步，以连续的S形线条组合成勾线，形成褶皱的多个面，从而表现出了裙边褶皱卷起的更加立体的效果。菩萨像身体都呈现扁平化，但手臂和脚部则似圆雕，具有较圆润的形态。

靠近龛柱的两尊菩萨像② b2 与② b4，和内侧的两尊菩萨像② b1 与② b3 姿势相似，跣足立于覆莲座之上，莲瓣翘起。在肩膀处也有圆形装饰物，似为发饰或肩膀上饰物的一部分，有头发在肩膀两侧后方依轮廓垂落至大臂处，比衣袖稍短。有披帛披于背后，绕大臂从身体两侧垂落至覆莲座。区别在于左侧靠龛柱② b4 菩萨像为左手抬起，右手垂落的手中拿着法器，似为香囊。此外两尊菩萨像都身着通体素面半臂长袍，长袍贴身，显露出其浑厚壮阔体形，胸腹部隆起，有腰身曲线。左侧② b4 菩萨像腰间系腰带，两股腰带在左腰处缠绕，在腿部中间和左右两侧分别垂下长短不一的四根腰带，在左腿上的腰带有两根重叠垂下。右侧② b2 菩萨像腰间系三股缠绕腰带，分别在腿上垂下两条叠放的系带，右长左短。长袍下摆处有竖向刻线来代表向外稍敞口的衣褶，与其旁边的② b1 菩萨像一致。

北响堂第 3 窟左壁刻有帷幕帐形龛，龛内雕刻一佛四弟子二菩萨一铺七身像，其中的菩萨像为右壁弟子像右侧② b7 菩萨像和弟子像左侧② b8 菩萨像。靠窟门处的菩萨像与靠主龛的菩萨像其大体的形制与正壁弟子像两侧的② b1 菩萨像与② b3 菩萨像几乎一致。肩膀处也有圆形装饰物，但没有戴项链，靠窟门的菩萨像戴一细圈一粗圈底部有三叶造型的两个项圈，靠佛像一侧菩萨像戴单一粗圈底部有三叶造型的项圈。此处的两尊② b7 菩萨像和② b8 菩萨像内着僧祇支，双璎珞在腹部呈 X 形交叉，璎珞下方衬有同样 X 形交叉的披帛，交叉处用宝珠连接，似北响堂第 4 窟正壁菩萨像。

靠主龛处的② b7 菩萨像，披帛在肩膀遮住部分手臂，在宝珠处打结，腿部的披帛更宽，而靠窟门处的② b8 菩萨像，披帛从肩膀处打结有带子垂下。两尊菩萨像的披帛绕手臂垂落，在下摆处有多处转折，更显飘逸感。璎珞与宝珠和正壁弟子像两侧的② b1 菩萨像与② b3 菩萨像有差异，在此处的② b7 菩萨像和② b8 菩萨像上的璎珞由四股、五股或更多股珠链一起组成，比② b1 菩萨像与② b3 菩萨像上的璎珞要更粗。且② b1 菩萨像与② b3 菩萨像所戴璎珞的珠链有两个大环形装饰或大的稍扁珠子间隔分布，在②b7菩萨像和②b8菩萨像的璎珞上由一颗大圆形珠、X形装饰物或是两颗稍扁珠子间隔分布，且腿部U形的璎珞比②b1和②b3的要短。②b1和②b3菩萨像双璎珞X相交处的宝珠由中间凸出的大珠子与周围十二颗小珠子组成，②b7和②b8菩萨像宝珠由稍扁的圆形装饰物与周围六个装饰物组成，宝珠下方腰带处垂下的两个带子上雕刻有花结。菩萨像下身着长裙，裙摆处有层层叠叠的衣褶。②b7和②b8菩萨像身姿和动作与②b1和②b3菩萨像并无不同，雕刻出了腰身，但所戴装饰物与衣服样式更加华丽繁复。

第3窟右壁大型帷幕帐形龛中为一佛四弟子二菩萨一铺七身像。②b5菩萨像与②b6菩萨像大体形制与②b1和②b3菩萨像几乎一致。肩膀处也有圆形装饰物，但没有戴项链，②b5菩萨像戴一细一粗、底部有三叶造型的两个项圈，②b6菩萨像戴单一粗圈、底部有三叶造型的项圈。

②b5菩萨像与②b6菩萨像在胸腹部还有斜披的一条披帛，双璎珞在腹部呈X形交叉，璎珞下方衬有同样X形交叉的披帛，交叉处用宝珠连接。此处披帛从肩膀处打结，垂下的部分层层叠叠。璎珞与宝珠和正壁弟子像两侧的②b1与②b3菩萨像有差异，②b5菩萨像与②b6菩萨像上的璎珞为四股、五股、或更多股珠链一起组成，比②b1与②b3菩萨像上的璎珞要更粗。②b5菩萨像与②b6菩萨像的衣服、披帛及褶皱等似左壁靠窟门处②b8菩萨像。

3）南响堂第7窟菩萨像

南响堂第7窟正壁龛内雕刻有一佛二弟子二菩萨一铺五身像，菩萨像在弟子像的左右两侧，为弟子像右侧②c1菩萨像、左侧②c2菩萨像。菩萨像的头光与弟子像的一致，头部均已丢失。左侧的②c2菩萨像肩膀处雕刻有圆形的装饰物，有类似头发的雕刻披散在肩膀两侧。菩萨像戴三叶项圈，有披帛从手臂外侧搭下来垂落在莲座上，还有披帛在腹部呈X形交叉，以六瓣宝相花装饰的宝珠相连，披帛绕腿并绕向两侧腰处，形成腿部的两个U形。菩萨像右手抬起，雕刻出优美的手部，拿着物品，左手部分残缺，在腰间垂落，拿着香囊。菩萨像上身袒裸，下身着长裙，长裙上有垂落的衣带，以阶梯状竖线雕刻出裙子的衣纹，长裙贴体，显露出腿部的轮廓。菩萨像跣足立于双层低矮仰莲座上，肩膀宽圆，大臂隐藏在披帛下，与身体连接无空间分离关系，小臂雕刻出轮廓，但也没有脱离开身体的空间，胸腹部隆起。右侧菩萨形象大体与左侧一致，虽然面部风化模糊不清，但头部保留下了大致的轮廓。右侧② c1 菩萨像头戴花叶冠，头冠两侧有花结，有宝缯垂下，头发收束在法冠中，有部分垂下通过圆形装饰物收束在肩膀后方的身体两侧。菩萨像戴项圈，项圈内雕刻双层联珠纹。披帛在肩膀垂下绕过小臂再垂落到宝座上。

南响堂第 7 窟右壁帷幕帐形龛内雕刻一佛二弟子二菩萨一铺五身像，弟子像旁雕刻菩萨像，为弟子像右侧② c3 菩萨像和左侧② c4 菩萨像，与正壁的两尊② c1 和② c2 菩萨像相似。② c4 头部缺失，戴磨光宽大的项圈，项圈下方有三叶装饰。有单璎珞从左肩斜挎到右侧胯部，璎珞由椭圆形与圆形雕刻而成。这尊菩萨像的披帛在双肩上，再绕小臂垂落在宝座上，上身袒裸雕刻出隆起的胸腹部，细腰宽胯，尤其腰部两侧和腰带处显出曲线之美。菩萨像的右手部分残缺，左手戴手镯保存相对完好，大拇指、食指和小指微曲，中指和无名指内扣，手握圆环状物体，似为香囊，手部雕刻得光滑圆润，手指与手背形成优美的曲线。菩萨像下身外部穿短裙，内部身着束口长裤，露出脚部，脚部部分损坏。右侧② c3 菩萨像也是头部损毁，身材与左侧相似，但披帛绕颈部，从手臂与身体之间垂落，单璎珞从左肩斜挎到右侧胯部。菩萨像右手抬起放在胸前，左臂垂落，戴臂钏和手镯。腰带右高左低斜着系在胯部并系花结，有两根带子垂在中间，靠左侧腿部。下身穿着的长裙到膝盖下一些，内部穿长裤，露出脚部。

南响堂第 7 窟左壁帷幕帐形龛内雕刻一佛二弟子二菩萨一铺五身像，菩萨像分别为在弟子像右侧的② c5 菩萨像和左侧的② c6 菩萨像，与右壁② c3、② c4 菩萨像形象相似。弟子像左侧的② c6 菩萨像头部缺失，披帛自上臂绕到内侧垂落在宝座上。双手捧覆莲宝珠于胸前，腹部凸出，雕刻出腰部曲线，表现纤腰宽胯。右侧的② c5 菩萨像头部也缺失，项圈下坠一圈圆形装饰，下方有三叶形装饰。这尊菩萨像右手抬起，手握莲蕾与莲蓬，左手放下，手肘微曲，食指和中指之间拿着净瓶。

（3）其他菩萨像

1）北响堂第6窟6-1号龛菩萨像

北响堂石窟第6窟（小天宫）6-1号龛为一佛二弟子二菩萨一铺五身像，两个菩萨的雕刻分别位于该龛的左右两壁上，为右壁③a1及左壁菩萨像③a2。左壁菩萨像③a2损毁，残存部分头部、身体大形、腿部及脚部。右壁菩萨像③a1在佛像右侧的壁面上，背后有桃形头光，头部损毁，从残存的部分可以看出有宝缯，从头两侧垂下到手肘处，颈部中间有一道纹，戴倒三叶纹宽项圈，上身袒裸，左手上举到胸侧，右手也抬起提物，似是香囊。手肘处有披帛绕过后从腰部后方身体两侧垂下，向外散落于莲座上，有自然的弧度和褶皱。菩萨像下身着双层贴体长裙，裙子腰部有腰带系结带从中间垂下，两腿侧垂有U形披帛。菩萨像跣足立于双层莲花座上，花心部分凸起成圆台，但比弟子像的台座低矮。这尊菩萨像的胸部和腹部肌肉隆起，尤其是向前凸起的腹部以及宽厚的脚部，让整个雕像看起来丰腴有曲线美。

2）北响堂第8窟正壁菩萨像

在北响堂第8窟正壁帷幕帐形龛有一佛二弟子二菩萨像，其中的菩萨像为右侧③b1和左侧菩萨像③b2。在右侧③b1菩萨像几乎损毁，只剩下顶部火焰纹，外部卷草莲纹，内部素圆形头光，以及裹长裙下摆和脚部，菩萨像跣足立于仰莲座上。左侧③b2菩萨像头光损毁，从残存轮廓来看与右侧③b1菩萨像头光一致。③b2菩萨像戴头冠，脸部损坏模糊，右侧仅剩的脸部可见宽圆的脸形，有宝缯从头冠两侧垂下到大臂后方。在菩萨像的肩膀处也有两个圆形的装饰物，宽大的耳垂垂落于肩膀处。菩萨像脖颈短粗，戴素面圆项圈以及项链，外圈再戴三叶项圈。腰腹部和手臂处损坏，从轮廓来看雕刻出了纤细玲珑的腰身曲线，菩萨像整体体态较丰满圆润。菩萨像上身袒裸，下身身着裹身长裙，腰部有腰带，右侧胯有残存的部分璎珞，可能为单璎珞从左肩斜挎到左胯。长裙分外层素面短裙和内层长裙，长裙在两腿处各有三组双凹线刻，表现随腿部起伏的褶皱，体现小腿处的轮廓。脚部损坏，可见为跣足立于莲座上，有披帛在身体两侧垂落于莲座上。在左壁有开凿的痕迹，但不见完整雕刻，在右壁更是有宋代的雕刻，或许在北齐时这一洞窟的两侧壁未完工，可能曾有雕刻但被后世磨平重新进行了补刻。

3）中小型菩萨像

在响堂石窟的中小型菩萨像中，有北响堂第 6 窟 6-18 号龛中十一尊菩萨像，南响堂第 1 窟右壁和左壁龛十个列龛内一佛二菩萨一铺三身像中的二十尊菩萨像，南响堂第 1 窟 1-67、1-68 和 1-65 号龛一佛二菩萨一铺三身像中的六尊菩萨像。北响堂石窟第 6 窟（小天宫）6-7 号龛有⑦ c1、⑦ c2 菩萨像。右侧菩萨像损毁，左侧⑦ c2 菩萨像保存相对完好，有圆形头光，头部戴冠，面容优美丰腴，双手于胸前合十，有披帛从身体后方搭在大臂，自小臂内侧于身体两侧垂下，披帛垂下的部分有 S 形的优美弧度。手臂肌肉隆起，腹部凸起，下方有腰带。上身袒裸，下身身着裹身裙，菩萨像跣足立于圆形台座上。

北响堂第 3 窟前廊《唐邕写经碑》上方刻有两龛，3-1 号龛在写经碑的最上方，此龛为覆钵顶塔形龛，在塔形龛的龛内雕刻菩萨像⑦ b1 和⑦ b2，在有一佛二菩萨一铺三身像的石刻组合中。3-2 号龛远大于上方 3-1 号龛，龛内雕刻有一佛二菩萨像，右侧菩萨像残损，左侧⑦ b3 菩萨像为思惟菩萨。⑦ b3 菩萨像有圆形头光，头部大部分损毁，剩下左侧部分头冠、头发、耳朵，以及下颌、脖子。这尊菩萨像有 X 形璎珞在胸前交叉，交叉部分有宝珠连接。上身袒裸，手肘处有披帛，右手抬起，左手放于腿部。相较于旁边的佛像，这尊菩萨像的手臂部分与身体分离，呈现出圆雕的特点，尤其小臂部分雕刻得圆润饱满。这尊菩萨像为思惟菩萨，半倚坐于须弥座上，右腿盘于须弥座上，左腿自然垂下，左脚踏覆莲座。右侧菩萨像损毁，根据左侧菩萨像的对称姿势，剩下的为左脚踏于覆莲花上。

同样作为思惟菩萨出现的还有南响堂第 5 窟正壁与左壁上方角落双树龛内⑦ a1 菩萨像。⑦ a1 菩萨像有圆形头光，头戴宝冠，两侧有宝缯沿着头部轮廓垂下落在肩膀两侧。菩萨像的面容和所穿菩萨装已经风化模糊，能根据石刻的轮廓看出菩萨像右手抬起在右胸处，左手落下放在右腿处，右腿盘起搭在左腿上，左腿垂坐踏在龛基上。菩萨像半跏趺倚坐，有裙摆垂落于宝座上。一般这种坐姿的菩萨像为思惟菩萨，除北响堂第 3 窟前廊《唐邕写经碑》3-2 号龛内⑦ b3 菩萨像为思惟菩萨外，在南响堂石窟中只发现了这一尊思惟菩萨像。龛内的右侧下方损毁，左侧下方雕刻一供养人像，这尊供养人像也已经风化变得模糊不清，从大致形体上来看，供养人面朝菩萨像，双手合十于胸前，身着有宽大袖口的衣袍，双腿跪地，向着菩萨像呈跪拜状。

南响堂第 5 窟左壁与前壁上方，即窟门左侧上方转角处刻有一尊⑦ a3 菩萨立像。这尊菩萨像有桃形头光，头戴宝冠，头部两侧有宝缯沿着轮廓垂下，能看到部分头发，脸部宽圆，弯眉细眼，鼻梁高挺有大鼻翼，嘴部稍小，细脖颈。这尊菩萨像风化严重，肩膀较宽，身体部分较为扁平，右手抬起掌心向外，左手垂在腰间。有双璎珞在胸前交叉，交叉部分有宝珠装饰，有披帛绕手肘垂落在宝座上，也有部分披帛绕在胸腹部和大腿两侧呈 X 状交叉。菩萨像上身袒裸，下身穿长裙，露出脚部，跣足立于莲座上。

南响堂第 5 窟右壁与前壁上方角落，即窟门右侧上方转角处也刻有一尊⑦ a2 菩萨立像。这尊菩萨像与窟门左侧上方转角处的⑦ a3 菩萨立像相似，但腿部损坏，且足下的莲花宝座保存较完好，为三层仰莲座。

第四节　其他石刻

力士像

响堂石窟中的力士像现存状况尚可的有九尊，分为两种，一种为在窟门两侧成对出现，单独雕刻在一龛之内的大型力士像；一种为承托起博山炉或者承托龛柱的小型力士像。第一种大型力士像通常出现在石窟前廊窟门的左右两侧大龛中，在中心柱窟前廊窟门两侧的力士像有北响堂第4窟窟门右侧① a1 力士像和左侧① a2 力士像；在三壁三龛窟前廊窟门两侧的力士像有北响堂第3窟窟门右侧② a1 力士像和左侧② a2 力士像，南响堂第7窟前廊窟门右侧② b1 力士像和左侧② b2 力士像；在正壁主龛佛像两侧龛分别雕刻力士像的有北响堂第6窟6–16号龛和6–17号龛，目前剩下右侧6–17号龛③ a1 力士像。第二种小型力士像出现在北响堂第3窟窟内正壁两侧龛柱下方角落，为承柱力士像，有右侧的④ a1 力士像和左侧的④ a2 力士像。也有石窟曾经有力士像后被更改和毁坏的：剩下部分痕迹的有水浴寺西窟窟门两侧原有二力士像与南响堂第6窟窟内前壁窟门两侧二力士像；被更改的有南响堂第1窟窟门左侧1–18号龛、1–19号龛，由力士像改为了坐佛，南响堂第2窟前廊窟门两侧龛可能将力士像磨平后雕刻了《滏山石窟之碑》。

1. 大型力士像

（1）北响堂第4窟前廊窟门两侧力士像

北响堂第4窟窟门两侧开间中分别雕刻一圆拱龛，龛楣雕刻火焰纹，右

① a1	① a2	② a1	② a2
② b1	② b2	③ a1	/
④ a1	④ a2	/	/

表 3.12　力士像图表

侧龛内有① a1 力士像和左侧龛内有① a2 力士像。力士像头光上有火焰纹，
头光由外到内为联珠纹、卷草莲纹、联珠纹、五层素圆形。左侧① a2 力士像
头部残缺，只剩下冲天而起的飘带，从头部轮廓可见头戴方形帽或冠，宽面
下巴上有胡须，在北齐墓葬中如湾漳壁画墓（M106）武士俑上也有发现。上
半身有损毁，但在残存部分能看到铠甲，手臂屈起，似乎为双手在胸前执法
器。腰带束在凸起的腹部，上身衣服遮住臀胯，下身着长裙，裙摆处有波浪
形褶皱，褶皱下能看到裤腿处扎起的裤子，且有披帛从手肘下方逐渐变宽垂
下到宝座上，脚部雕刻出青筋毕露之感。在两脚之间雕刻出一个小型覆莲，

内有凹槽，似乎为法器曾经放置的位置，但法器已经遗失不见，可能为金刚杵。右侧①a1力士像与左侧①a2力士像相似，但损毁更为严重，只余衣服下摆处较为清晰，与左侧的衣摆处褶皱略有不同。这两尊力士像留有大胡须，很有鲜卑族的特点，身材雕刻得魁梧强壮，尤其是腰部不像菩萨像雕刻出玲珑的曲线，而是似圆筒形，有敦实稳固之感，不怒自威，显示出力士作为佛教护法的雄健与威严。

（2）北响堂第3窟前廊窟门两侧力士像

北响堂第3窟窟门两边各开有一圆拱尖楣龛，雕刻有华丽的联珠纹和火焰纹，龛内各有雕刻有一尊力士像。窟门左侧②a2力士像头光为圆形，卷草莲纹以及莲瓣和联珠纹，头光繁复华丽。头部缺失，残存有冲天飞起的飘带，左右各两根，残存有络腮胡的痕迹，似乎为粗犷的胡人武士形象。力士戴项圈，上身袒裸，有明显的肌肉隆起，表现出健壮和发达的肌肉体块。有披帛在肩膀处垂下，于腹部交叉为X形，交叉处系结，呈U形垂于腿部，再绕大臂，似汉式菩萨装中X交叉的披帛样式。右臂抬起，但只剩大臂，大臂与身体有空间分离关系，小臂及手部断裂不见，左臂垂下，手部不见。在宽阔的肩膀之下形成腰身流畅的弧线，而腹部则隆起。在腰带上有垂下的系带，系带上有装饰的结。力士身着长裙，有竖直而下的褶皱，在裙摆处以连续的S形连成裙摆的褶皱部分。腿部分立跣足站于覆莲座之上，脚部与身体来看比例稍放大，雕刻出脚上的筋骨，脚趾根根分明，似用力踏于莲座上。窟门右侧②a1力士像与左侧②a2力士像相似，也是头部缺失。不同的是，②a1力士像胸前有披帛绕过，也有X形披帛交叉系于腰间，系带垂下，在腿部两侧绕成U形弧度。值得注意的是，此处的力士像在双肩处也出现了似菩萨像肩膀处的圆纽形装饰物。有一只手臂在胸前弯曲，似乎拿物，但手部已经缺失，可能为手持金刚杵。身着长裙，腿部分立跣足站于莲座之上。

（3）南响堂第7窟前廊窟门两侧力士像

南响堂第7窟前廊窟门右侧②b1力士像和左侧②b2力士像在前廊后壁窟门两侧所开的圆拱尖楣龛中。龛楣中雕刻火焰纹，圆拱中间雕刻束腰莲花，两侧有向上翘起的涡卷纹，龛内雕刻力士像。窟门左侧龛内的②b2力士像头戴发冠，发冠顶部由两个向后的涡卷形组成，中心有宝珠，在两侧各有一尖拱形装饰物，有飘带从头部向上冲天飞扬而起。这尊力士像面相方圆有肉感，粗眉竖起，怒目圆睁，鼻子部分损毁但能看出其鼻翼宽大，颧骨很高，嘴部厚且大，下巴很宽，耳朵贴着面部耳廓与耳垂向上下翘起，耳朵上部与眉毛平齐，下部与鼻翼平齐。面部正对前方，与脖颈连在一起几乎无转折线。力士像戴项圈，项圈中间雕刻圆形，中有垂穗。在项圈两侧的肩膀处雕刻出三股发辫，两股由耳朵下方垂到项圈两侧，一股搭在右肩上。

力士像右臂架起右手握拳，左臂高举过头顶左手五指张开，双手腕戴手镯。有披帛绕左肩，在右臂后方绕成倒U形，在身体两侧垂落在宝座上。力士像上身袒裸，系腰带，中间为腰带打结，有两条带垂下，两腿上垂落渐宽的带子到膝盖上方，下身穿长裙，长裙在小腿处开衩，似经风吹到了两腿中间并吹向右侧，露出膝盖、小腿和赤足部分。这尊力士像跣足立于岩座上，整体来看头部宽肥，手臂粗壮有力，胸部中间有两道弧线和下方横贯胸部的曲线都为凹线刻，用以表现胸部的肌肉起伏，在胸腹部连接处和腹部雕刻出起伏的块面来表现腹部隆起的肌肉，以体现力士的力量感。膝盖和小腿雕刻得也较为粗壮，有圆形和竖条形的凹凸来表现肌肉的起伏，右脚损毁，左脚的线条雕刻出了脚趾以及脚面上的青筋之感。这尊力士像整体重心在左腿上，右腿迈出，腿部微曲，胯部向左倾，身体向右倾，加上手臂的动作，形成了S形的动势。

窟门右侧龛内的②b1力士像也头戴发冠，发冠顶部由前方的三角形和后方的圆形组成，在两侧各有一装饰物，有飘带从头部向上冲天飞扬而起。这尊力士像面相与左侧力士像相似，但眉毛、眼睛和鼻子部分损毁，不同的是这尊力士像的脸部雕刻出了骨相，尤其在脸颊处近乎方形，要比左侧②b2力士像脸型更瘦，且下巴处似乎有络腮胡。力士像戴双层项圈，项圈中间雕刻圆形，中有垂穗。在项圈两侧的肩膀处雕刻出两股发辫，由耳朵下方垂到项圈两侧，在肩膀处似乎有头发披肩。力士像右小臂抬起右手握拳，左臂架起手握金刚杵，双手腕戴手镯。有披帛在腰两侧向上飘起在头部后方形成倒U形，还有披帛在身体两侧垂落在宝座上。力士像上身袒裸，系腰带，中间为腰带打结，两条带垂下，两腿上垂落渐宽的带子到膝盖上方，下身穿长裙，长裙在小腿处开衩，似经风吹到了两腿中间并吹向左侧，露出膝盖、小腿和赤足部分。这尊力士像也是跣足立于岩座上，整体来看头部比左侧力士像略瘦，手臂也是粗壮有力，胸腹部不似左侧②b2力士像以线刻雕刻，而是以块面的凹凸表现隆起的肌肉，以体现力士的力量感。膝盖和小腿雕刻得也较为粗壮，双脚损毁。这尊力士像整体重心在右腿上，左腿迈出，腿部微曲，胯部向右倾，身体向左倾，加上手臂的动作，也形成了S形的动势。

（4）北响堂第6窟6-17号龛

在正壁主龛佛像两侧龛分别雕刻力士像的有北响堂第6窟6-16号龛和6-17号龛，右侧6-16号龛内石刻缺失，目前剩下右侧6-17号龛③a1力士像。③a1力士像为立像，头部及右侧肩膀到手臂处残缺。一般在北齐开凿的响堂石窟中，前廊外壁开龛雕刻的为力士像，用以护法，如上述多尊力士像。北响堂石窟第4窟前廊外壁左右两侧雕刻的着铠甲力士像，在同一窟的前廊甬道两侧雕刻有左右各一尊胁侍菩萨像，也起到护法的作用。在北响堂第6窟6-17号龛的立像跣足直立，衣着服饰与主龛的菩萨像几乎一致，只是衣服的刻线更浅，人物也更加的扁平化，几乎为浅浮雕而不是高浮雕，那么这里雕刻的是具有护法作用的胁侍菩萨像还是力士像存在疑问。这尊立像的身姿与主龛中的有些不同，似乎面部转向左侧，上身肩膀向左侧倾斜，左臂抬起与身体分离，左手向下压。腰部刻画出优美的曲线，上半身向左侧倾斜，胯部扭向右侧，呈现弯曲的体态，也为唐代S形优美身姿的出现打下了基础，这尊菩萨像以流畅的曲线刻画出了精彩的雕刻。彬县大佛寺千佛洞初唐菩萨像也有明显的突出身体扭曲的S形体态。也有学者将这尊立像判定为力士像，究竟是菩萨像还是力士像还有待进一步考证。

2. 小型力士像

北响堂第3窟窟内正壁两侧下方角落有右侧④a1力士像和左侧④a2力士

图3.3　石棺床（前挡），北朝考古博物馆，笔者摄

　　像。正壁帷幕帐形龛龛柱的柱基为覆莲花，下方小型力士像有承柱的作用。承柱的小型力士像头部圆润饱满，身材矮胖敦实，一手扶柱，一手支撑于膝盖上，盘腿而坐，造型夸张变形。类似的小型力士像在北朝的石棺床前挡的左侧下部也出现了。在博山炉下方也有一小型力士像，面部模糊不清，呈蹲姿双腿叉开于身体两侧，两手向上托举，腹部有一条褶皱表现出肚腩，上身袒裸，下身着长裤。博山炉几乎有小力士的两倍大，力士的四肢与躯体形成一个稳定的"H"形，表现出强壮与力量感。

　　总之，响堂石窟中的大型力士像在前廊窟门的左右两侧大龛中或在窟门两侧守卫，小型力士像在窟内正壁两侧龛柱下方角落，为承柱力士像。大型力士像大多都缺失了头部，除南响堂第7窟②b1力士像和②b2力士像头部尚存但风化严重，这些力士像还有部分除面部外的残留痕迹，能看出戴冠，有的留有胡须，有冲天而起的飘带，有圆形多层头光，头光一般与窟内的弟子像、菩萨像一致。北响堂第 4 窟① a1 力士像和① a2 力士像身着两副当铠，有披帛，手部曾可能拿金刚杵，目前已不见。

力士像的身材似茧形，敦实稳重，护法的力士像不怒自威，有着威严与雄健之感。此种力士穿着的铠甲和身形与北朝墓葬出土的武士俑有相似之处。北响堂第 3 窟② a1 力士像和② a2 力士像、南响堂第 7 窟② b1 力士像和② b2 力士像都袒裸上身，手臂搭披帛，并有部分披帛向上飞起，下穿长裙，跣足站在莲花座上。这四尊力士像都注重雕刻出力士的肌肉体块，虽然不是写实主义的真实人体结构，但以起伏的块面来表现手臂、腹部和腿部隆起的肌肉，着重刻画膝盖处的转折和脚部的青筋，以体现力士的力量感。北响堂第 3 窟② a1 力士像和② a2 力士像有披帛在胸腹部呈 X 形交叉，似菩萨像上交叉的披帛。这两尊力士像以高浮雕雕刻几乎就要脱离墙壁成为圆雕，此处力士像的手臂抬起，已经脱离于墙壁与身体有空间分离关系，但可惜的是手臂断裂丢失，身后处以及披帛还连接在墙壁上。相比于北响堂第 3 窟② a1 力士像和② a2 力士像，南响堂第 7 窟② b1 力士像和② b2 力士像为浅浮雕，整体形象呈扁平化，依附于石窟墙壁。但这两尊力士像精彩之处在于整体重心放在一条腿上，另一条腿稍迈出，腿部微曲，胯部向一侧倾斜，身体向另一侧，加上手臂的动作，形成 S 形体态与动势。在北响堂第 6 窟的③ a1 力士像有些特殊，以浅浮雕雕刻而成，比南响堂第 7 窟② b1 力士像和② b2 力士像更为平面化。其身形动作与穿着与佛像两侧的菩萨像很接近，但所处位置又属于护法位，究竟为力士像还是菩萨像目前尚存疑。小型力士像身材矮胖敦实，盘腿而坐，一手撑柱一手撑于膝盖，有着稚拙之感，雕刻得较为粗糙。类似的小型力士像在北朝的石棺床前挡的左侧下部也出现了，托举的为博山炉，躯体刻画较细。

神王像

神王像通常位于石窟中心柱下方的基坛或三壁三龛的基坛上，在大型龛的下方，目前统计的神王像保存较完好的有四十余尊，题材有树神王、河神王、

① a1	① a2	① a3	② a4
① b1	① b2	① c1	① c2
② a1	② a2	② a3	/
② b1	② b2	② c1	② c2
③ a1	③ b1	③ b2	/
③ c1	③ c2	/	/

（续表）

④ a1	④ a2	④ a3	④ a4
④ b1	④ b2	④ c1	④ c2
⑤ a1	⑤ a2	⑤ b1	⑤ b2
⑤ c1	⑤ c2	/	/
⑥ a1	⑥ a2	⑥ a3	⑥ a4

（续表）

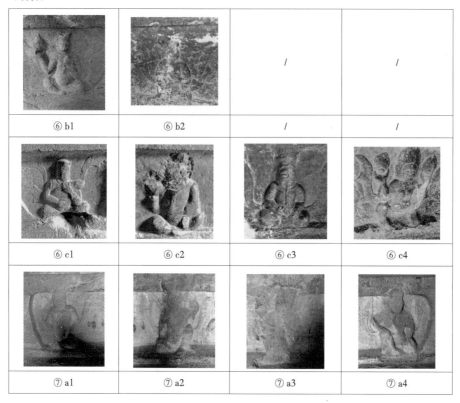

⑥ b1	⑥ b2	/	/
⑥ c1	⑥ c2	⑥ c3	⑥ c4
⑦ a1	⑦ a2	⑦ a3	⑦ a4

表 3.13　神王像图表

火神王、风神王、珠神王等。响堂石窟的神王像以浮雕形式出现，分别为北
响堂第9窟中心柱正壁① a1、① a2、① a3、① a4 神王像，右壁① b1、① b2
神王像，左壁① c1、① c2 神王像；北响堂第4窟中心柱正壁② a1、② a2、
② a3 神王像，右壁② b1、② b2 神王像，左壁② c1、② c2 神王像；水浴寺
西窟中心柱正壁③ a1、右壁③ b1、③ b2 神王像，左壁③ c1、③ c2 神王像；
北响堂第1窟正壁④ a1、④ a2、④ a3、④ a4 神王像，右壁④ b1、④ b2 神
王像，左壁④ c1、④ c2 神王像；南响堂第5窟正壁⑤ a1、⑤ a2 神王像，右
壁⑤ b1、⑤ b2 神王像，左壁⑤ c1、⑤ c2 神王像；南响堂第7窟正壁⑥ a1、
⑥ a2、⑥ a3、⑥ a4 神王像，右壁⑥ b1、⑥ b2 神王像，左壁⑥ c1、⑥ c2、
⑥ c3、⑥ c4 神王像；以及北响堂第3窟正壁⑦ a1、⑦ a2、⑦ a3 与⑦ a4 神王像。

1. 北响堂第9窟神王像

在中心柱正壁、左壁和右壁下方雕刻有基坛，内部雕刻博山炉与神王像。中心柱正壁有四个圆拱龛，龛楣有联珠纹也雕刻火焰纹，在圆拱上有五处束腰莲花，圆拱在两侧形成涡卷雕刻，龛楣上方有宝盖。龛之间由柱子间隔开来。柱身雕刻卷草纹，柱子两侧各雕刻三片叶子，在柱头处有火焰宝珠。这种柱子也出现在了北响堂第4窟中心柱下方的基坛中，龛内雕刻中也出现了神王像。在中心柱正壁下方基坛中的这四尊神王像保存基本完好，雕刻无比精细，穿着与动作很相似，身形也几乎一致，都是宽圆的身体，上身较长，且较丰壮，但基本都为浅浮雕雕刻而成。

正壁最右侧① a1 神王像，头戴宝冠，宝冠上以凹线雕刻出一个个尖拱，再在其中雕刻出圆形。头后部两侧雕刻出飘带斜向上飞扬而起，头部略转向左侧。这尊神王像有高窄额头，面相宽圆，眉毛为弧形线刻似弯月，在眉心处与鼻梁相连，鼻梁高挺，鼻子大部分损坏。眼睛以弧形线刻勾勒出上下眼皮的轮廓，再以上下两条线刻描绘出细长眼尾翘起的眼睛。鼻子下方的凹陷部分为人中，人中两旁嘴唇的上方凸起，唇部由不同的截面转折组成，似抿成一字。嘴部周围有很浅的线刻来雕刻出神王像的面颊部分，下巴处有一道弧形线刻。双耳凹陷部分为内耳，凸起部分为耳廓和耳垂，耳垂丰厚，垂到几乎与下巴平齐。神王像上身穿铠甲，下身穿收口长裤，裤子扎进长靴中，靴子上以凹陷刻连续U形纹。神王像右手握拳抬起于下腋处，左手放在左腿上抱腹部，盘腿而坐，右腿盘于左腿前，有披帛飘在肩膀后方并绕大臂从身体两侧飞扬而起。身材魁梧强壮，腹部略凸起。铠甲有圆形领口，领口外有一圈圆形似项圈状装饰物，系结与铠甲上中心位置的两竖线相连。在铠甲的肩膀处有护甲，胸部两边一边雕刻一个椭圆形护甲，腰部雕刻有束带以及花叶形的护甲保护腹部。这种铠甲的类型与南北朝时期流行的明光铠很像，也同样出现在南北朝时期墓葬陶俑武士俑上。

中心柱正壁下方右侧第二尊① a2 神王像动作与形象和① a1 很相似，不同之处在于脸部稍正，脸型稍宽一些，铠甲中间两条线上多了下方的两个结，腰部的护甲三叶形蔓延到腰部两边渐变细，叶片稍小。腿部为右脚盘在前，左脚盘在后。左手支撑在膝盖上，右手放在右侧腰部。披帛没有在身体后形成半圈的围绕，多出了在手肘后方两侧的一小截向上飞扬的部分。

中心柱正壁下方左侧第二尊 ① a3 神王像面向右方，头部为大象的正侧面形象，没有戴头冠。双眼圆睁，象耳宽大，长长的象鼻部分损毁，咧开的大嘴在象鼻之下。这尊神王像的身体部分都为人形，肩膀以下的上半身为正面，身着明光铠，铠甲的腹部护甲更加宽大，几乎覆盖了整个腹部。右手肘支撑在右膝盖上，手上捧着火焰宝珠，左手肘支撑在左腿上，手中也捧物，但物品损坏，也似乎为火焰宝珠。神王像右腿支起踏着地面，左腿盘起撇向左方，足部穿长靴。这尊神王像根据雕像的头部可见为象神王。

中心柱正壁下方最左侧① a4 神王像头上所戴宝冠比其他两尊稍矮，在宝冠正中有圆拱雕刻，圆拱下方接近宝冠底部，雕刻成半圆形，在圆拱两侧有涡卷形雕刻，再两侧为与其他两尊相似的尖拱形，其中没有雕刻圆形。这尊神王像头部稍侧，面向右手边，鼻梁高挺，鼻翼较宽，鼻子下方留着八字胡须，下巴和脖子上均匀分布着以细线雕刻的涡卷纹络腮胡。与① a1 神王像不同的还有，① a4 神王像右手握着火焰放在腹部，左手也拿着火焰，手肘放在左腿上，左腿支起左脚尖向右方，右腿盘起，右脚在左脚后。从两手中的火焰雕刻来看，这尊神王很可能为火神王。

第9窟中心柱右壁下方共有五个圆拱龛，中央一龛雕刻博山炉，左右分别有一狮子，再远处两侧为神王像。这几龛的龛形、中间分隔的柱子都与正壁一致。中间的博山炉所在龛在上方帷幕帐形龛结跏趺坐佛像左足下方。这一博山炉炉座和炉身已经损毁只剩轮廓，在炉子部分为鹅蛋形，上半部分与下半部分之间开大口，似乎表现为博山炉半开，露出其中的火焰纹雕刻的部分。在博山炉两侧墙壁上雕刻有花叶纹，也有雕刻出莲叶和莲花，炉顶有雕刻表现烟气。博山炉两侧各有一个蹲坐的狮子，左侧的这尊狮子头部损坏，雕刻出一层层的毛发，前爪正面向观者，身体后部则侧面而坐，尾巴向上翘起。右侧的狮子像也几乎损毁，从轮廓来看和左侧狮子像几乎一致，只是这尊狮子的尾巴雕刻比左侧更粗壮些。

中心柱右壁下方右侧① b1 神王像面部损毁，与正壁神王像的穿着动作相似。但不同之处在于神王像明光铠腹部的护甲，此处的护甲由中间的三叶，连接的弧形护甲和单片连续的叶片共同形成。这尊神王像肩膀处扛着一条鱼，鱼尾在右肩，鱼身跨过颈部，鱼头搭在左肩上，在颈部围成了一个半圆形。神王像左手支撑在左腿上扶着鱼头，右手自然搭在右腿上。左腿支起，左脚尖朝向右侧，右腿盘在左腿之后。从神王像肩部扛起的鱼来看，这尊神王像可能为河神王。

北响堂第 9 窟中心柱右壁下方最左侧① b2 神王像面部缺失，但能看出面向观者，所穿明光铠和正壁一致，腰部和右壁最右侧神王像一致，只不过腰部护甲部分被树枝遮挡。这尊神王像双手放于胸前，一只手拿着一棵树，这种树的形象与在邺城地区以及曲阳修德寺出土的白石龙树背屏造像中的双树雕刻很相似，腿部缺失，从轮廓看似为交脚盘坐。从神王像执双树可见，此神王像可能为树神王。

中心柱左壁下方雕刻五个圆拱龛，也由柱子隔开。中间龛内雕刻一博山炉，两侧龛各有一狮子，再两侧龛为两个神王像。中间的博山炉炉座为覆莲，炉身为鹅蛋形，上方有炉顶尖端。炉身分上下两部分，上部中间刻半圆，下部雕刻仰莲瓣。博山炉右侧狮子只剩蹲坐的腿部大部分损毁，左侧的狮子头部损毁，鬃毛在身体后方以似羽翼张开，在尖端有向上卷起的涡卷形雕刻。狮子正面蹲坐，雕刻出细致的爪部。

中心柱左壁下方最右侧① c1 神王像头戴尖顶帽，帽子的尖端偏向左侧，头部转向左侧，耳朵略小耳垂没有垂落到下巴下方。从双手持风袋和尖顶帽来看，这尊神王像可能为风神王，也可印证在北响堂第 4 窟中心柱正壁下方中心博山炉左侧一龛的风神王像。最右侧① c2 神王像面部残损，身体部分模糊，面向博山炉，头部微侧，身着明光铠，右手放在胸前，左手撑在左膝处。这尊神王像腿部有残损，大致轮廓可以看出为右腿支起踏地，左腿盘在右腿后方。

2. 北响堂第 4 窟神王像

在中心柱的主龛下方、左右壁以及后壁分别雕刻基坛。正壁主龛下方基坛中有五个圆拱龛，龛基中间由柱子隔开，中间为博山炉，两侧分别有面向博山炉的神王像。在博山炉右侧雕刻两龛神王像，头部都被破坏。靠近博山炉的②a1 神王肩披披帛，在胸前打结，还有披帛从身后向上飞扬而起。神王像身穿铠甲，下身身着束口长裤与长靴，与北朝墓葬中的武士装束相似，是北齐时期典型的鲜卑武士着装。这尊神王右腿屈起，左腿盘坐，左手搭于膝上，右手放于右腿上拿着物品，但已被破坏，无法从所执物品来判断这一尊神王像的身份。这一龛旁边的②a2 神王像头部残留有 W 形飘带，除披帛在大臂缠绕后与身体两侧冲天飞扬而起，服饰与旁边所述相同。这尊神王像右手抬起搭于右肩，左手缺失手臂支撑在左腿上，右腿部分缺失，也无法判断具体为哪一个神王。博山炉左侧的②a3 神王像服饰相同，但左腿屈起，右腿盘起，手拿物品，头戴尖顶风帽。这尊神王像手部和膝盖处残损，手拿的物品从轮廓来看有可能为风袋，再结合神王所戴尖顶帽，这尊神王可能为风神王，与北响堂第 9 窟中心柱左壁下方的风神王像相似。

在中心柱右壁下方基坛也开圆拱龛，与正壁一致。中心龛雕刻博山炉，两侧分别为一神王像，神王像头部残缺，与正壁的服饰和姿势相同。博山炉左侧②b1 神王像右臂残缺，左边肩膀处有残存的鱼尾，可能为河神王。博山炉右侧的②b2 神王像右肩与身体左侧残缺，无法判断具体身份。

沿着顺时针方向绕北响堂第 4 窟（释迦洞）中心柱前进，在中心柱后方走到左侧，在左壁下方基坛雕刻有三个圆拱龛，中间龛雕刻博山炉，两侧分别雕刻一尊神王像。在博山炉右侧的②c1 神王像保存相对完好，有似火焰一般的头发，有"怒发冲冠"之感。神王像脸部宽圆，额头较窄，眉弓较高，眼睛鼻子略模糊，宽鼻厚唇。这尊神王像衣饰与姿势和其他神王像相似，在领口处有花形领子，面向正面，左手垂下捧着火焰，右手抬起在胸前也拿着火焰，应为火神王。博山炉左侧的神王像也为正面，头戴宝冠，宝缯两侧有花结，从两侧垂下宝缯后飞扬而起呈 W 形。神王左手扶靴，右手拿着腰带的一部分。神王像身材魁梧，肩膀宽阔，四肢粗壮，但对人物动作的刻画比较僵硬，且动作并不符合人体结构，如此处神王像左腿屈起踩地，但脚却转向右方，与人体自然呈现的角度相反。

3. 水浴寺西窟神王像

水浴寺西窟中心柱三壁下方都有基坛，基坛与上方帷幕帐形龛之间有莲花纹、宝珠和莲花化生组合而成的连续纹样。每壁下方基坛都分别雕刻有五个圆拱尖楣龛，龛柱顶端有覆莲瓣托起的宝珠，每相邻的两个龛共用一个莲柱。中心柱正壁、右壁和左壁基坛都由一博山炉、二供养人、二神王组成，这一窟中共有六尊神王像，目前保存较好的有五尊。中心柱正壁博山炉左侧供养人像和神王像被破坏，右侧供养人像和神王像部分损坏。中间小龛雕刻博山炉由下方覆莲瓣底座，炉身以及从底座延伸到两侧的两片荷叶组成。博山炉右侧的小龛中雕刻面向博山炉跪拜的供养僧人，供养僧人旁边为③a1神王像，但这尊神王像头部损毁，缺少关键特征因此无法分辨具体身份。左侧的两龛被破坏，根据右侧来看可能为对称分布的一供养人跪拜像及一神王像，神王像只剩冲天而起的飘带。中心柱右壁下方基坛博山炉两侧的供养人像残缺，供养人外侧为③b1和③b2神王像。右侧③b1神王盘腿坐于树下为树神王，左侧③b2神王缺少关键特征，因此也无法分辨具体身份。中心柱左壁下方基坛博山炉两侧的供养人像也残缺，两侧的神王像，根据左侧③c1神王戴尖帽、手拿风袋，判断为风神王，右侧的③c2神王从发型为火焰形，手中也捧着火焰，判断为火神王。

4. 北响堂第1窟神王像

第1窟（双佛洞）窟内地面上起倒凹字形坛基，在坛的三面分别雕刻有三组石刻。正壁的坛基上原有石雕可能为一博山炉、二狮子、四神王像④a1、④a2、④a3和④a4，中间的博山炉与右侧的狮子像已被破坏不得见，左侧狮子像部分残存，再两侧分别有二神王像，最左侧④a4神王为树神王。

右壁和左壁坛基上分别雕刻一组中间是博山炉，两侧有二狮子和二神王的浮雕像，右壁有④b1和④b2神王像，左壁有④c1和④c2神王像，身份不可辨。

5. 南响堂第5窟神王像

在正壁与左右两侧壁的帷幕帐形龛下方各雕刻一个长方形的基坛。正壁的基坛中间雕刻博山炉，博山炉在仰莲花上，炉座两侧向上生长出莲花、莲叶与莲蕾。博山炉两侧各雕刻有一个圆拱龛，有立柱。博山炉的左侧龛内雕刻一神王像，⑤a2神王像面向博山炉而坐，头部大部损毁，右手抬起左手放在左腿上，右腿屈起踏地，左腿盘起。博山炉右侧的龛内⑤a1神王像也面向博山炉，姿势与左侧相对称。

南响堂第5窟（释迦洞）窟内左壁基坛雕刻结构与正壁相似，也是中间为博山炉，两侧为神王像。博山炉的雕刻有些不同，在左右两侧各有一片莲叶托起宝珠。博山炉左侧⑤c1神王像头戴宝冠，面部宽圆，五官较集中，右手托山形物体，左手放于左腿上，两腿弯曲席地而坐。这尊神王像可能为山神王。右侧⑤c2神王像头戴宝冠，宝冠由中间的双层圆拱形与两侧的尖拱形组成，面部模糊，双手在胸前交叉，各拿一树枝，右腿盘在左腿前。这尊神王像可能为树神王。

南响堂第5窟右壁基坛雕刻结构与正壁相似，也是中间为博山炉，两侧为神王像。中间的博山炉底部有圆台，底座为覆莲花，炉身上有山形，在炉座两侧有莲花、莲蕾，也各有一个莲叶托着宝珠。博山炉左侧的⑤b2神王像头戴冠，右手拿瓶颈，左手托瓶底，抱着宝瓶而坐，这尊神王像有可能为风神王。博山炉右侧蹲坐的⑤b1神王像头戴宝冠，右手拿着长柄火钳，左腿屈起踏着地面，右腿盘起，可能为火神王。

6. 南响堂第7窟神王像

南响堂第7窟正壁、左右壁下方有基坛。在正壁的基坛上开长条形壸门，其中以六个莲柱分隔成了七部分，每一部分中都有雕刻，八角莲柱柱头雕刻覆莲托起的宝珠。基坛中间雕刻博山炉，两侧为面向博山炉的蹲狮，再两侧分别刻有两尊神王像。狮子左侧⑥a3神王像保存较完整，头戴尖顶风帽，帽尖指向左侧，面向右侧，依稀能看到眉眼，面部为椭圆形，微微抬头，身材魁梧，在左肩上残留有铠甲的痕迹。神王像怀抱风袋，右手握着风袋细长的颈部，风袋口有冒出的烟雾，左手托着风袋的底部，盘腿而坐。从这一神王像头戴的风帽与抱着的风袋来看，这尊神王像为风神王。最左侧⑥a4神王像正面朝向观者，右手抬起，左手落下，盘腿而坐，无法判断为哪一尊神王。狮子右侧的⑥a2神王像右手搭在支起的右腿上，左腿盘起，也无法判断神王的具体身份。最右侧⑥a1神王像残损较严重，从怀抱的树形来看，可能为树神王。

南响堂第7窟右壁下方基坛上开长条形壶门，其中以四个莲柱分隔成了五部分。中间雕刻博山炉，左右为面向博山炉的蹲坐二狮子，狮子残损，两边为二神王像。最左侧⑥b2神王像面向观者，头戴帽，依稀可见眉眼，身穿铠甲，右手托举一颗大宝珠，左手举一颗小宝珠，盘腿坐地，足踏靴子，有披帛从身后冲天而上，可能为珠神王。最右侧⑥b1神王像有残损，双手将物品捧于胸前，无法判断身份。左壁下方基坛上也开长条形壶门，其中以四个莲柱分隔成了五部分。中间雕刻博山炉，左右两边各雕刻两尊神王像，身姿相似。不同之处在于最左边⑥c4神王像头戴兜帽，双手举宝珠，可能为珠神王；⑥c3神王像戴方帽，着铠甲，依稀能看到眉眼，从口中吐出绳索状物品到右手上；⑥c2神王像背向博山炉，有残损。最右方⑥c1神王像头戴方帽，双手怀抱鱼，可能为河神王。北响堂第3窟在三壁三龛的正壁下方基坛壶门中雕刻⑦a1、⑦a2、⑦a3与⑦a4四尊像，初步从衣着、动作来看可能为神王像，但模糊不清无法准确判断，同石窟左右两壁下方基坛雕刻供养人与伎乐形象。

总之，响堂石窟北齐神王像位置处于石窟中心柱下方的基坛或三壁三龛的基坛上，在大型龛的下方，与中间的博山炉、两侧的狮子像或供养人像组合在一起。响堂石窟的神王像以浮雕形式出现，神王像的雕刻较为粗糙，可能与其位置在基坛下方，处于视觉观看的次要位置有关。神王像雕刻出宝冠、风帽、头部两侧向上飞起的飘带，以及从身体两侧飞扬而起的披帛。神王像有一些头部保留了下来，但风化严重，可以看出以弧形线刻勾勒出上下眼皮的轮廓，再以上下两条线刻描绘出细长眼尾翘起的眼睛。鼻子下方的凹陷部分为人中，人中两旁嘴唇的上方凸起，唇部由不同的截面转折组成，似抿成一字。神王像一般为坐姿，一腿盘起，一腿屈起脚踏地面。神王像穿着的铠甲更像是南北朝时期流行的明光铠，在前胸有两片圆护，在北朝墓葬中也有武士俑穿着明光铠的实例，下身穿束口长裤，足蹬长靴。

神王像的题材通常由其所拿物品或身体部分表现出的特点所标示出，象神王头部为象的形象，如北响堂第9窟①a3神王像；火神王双手持火焰或是头发为火焰形，如北响堂第9窟①a4神王像、北响堂第4窟②c1神王像、水浴寺西窟③c2神王像；在肩膀处扛着一条鱼的为河神王，如北响堂第9窟①b1神王像、北响堂第4窟②b1神王像、南响堂第7窟⑥c1神王像；树神王双手拿两个近似树形龛状的树木，如北响堂第9窟①b2神王像，水浴寺西窟坐于树下的③b1神王像、北响堂第1窟④a4神王像、南响堂第5窟⑤c2神王像、南响堂第7窟⑥a1神王像；头戴尖顶风帽，怀抱风袋或宝瓶的为风神王，如北响堂第9窟①c1神王像、北响堂第4窟②a3神王像、水浴寺西窟③c1神王像、南响堂第5窟⑤b2神王像、南响堂第7窟⑥a3神王像；手托山形物的为山神王，如南响堂第5窟⑤c1神王像；手握宝珠的为珠神王，如南响堂第7窟⑥b2神王像、南响堂第7窟⑥c4神王像等。神王像雕刻的人物身材魁梧，肩膀宽阔，四肢粗壮，但在人物动作的刻画上比较僵硬，形体动作并不符合人体结构。响堂石窟北齐神王像中目前保留下来的石刻中，发现最多的为各五尊的树神王与风神王，火神王与河神王各三尊，象神王与山神王各有一尊，珠神王两尊都在南响堂第7窟中，可能身份存疑。

供养人像

响堂石窟供养人像保存情况较好的目前有约近四百尊（组）。一般供养人像多出现于中心柱正壁、右壁、左壁下方基坛的小型龛中，或三壁三龛窟的内部正壁、右壁、左壁的小型龛中，与博山炉、狮子或神王像组成石刻组合。中心柱下方基坛的供养人有：北响堂第4窟后壁下方基坛供养人①a1和①a2；南响堂第1窟中心柱正壁下方基坛①b1和①b2供养人；水浴寺西窟中心柱正壁下方①c1、①c2供养人，右壁下方基坛①c3、①c4供养人，左壁下方基坛①c5、①c6供养人。三壁三龛窟中的供养人有：北响堂第3窟右壁下方基坛②b1伎乐、②b2伎乐、②b3供养人、②b4供养人、②b5伎乐、②b6伎乐，左壁②c1伎乐、②c2伎乐、②c3供养人、②c4供养人、②c5伎乐、②c6伎乐。此外还有北响堂第3窟前廊《唐邕写经碑》3-2号龛下方龛基③a1供养人；水浴寺西窟中心柱左侧后壁定光佛龛基③a2供养人；南响堂第5窟正壁与右壁上方角落双树龛下方龛基③b1、③b2、③b3和③b4供养人，正壁与左壁上方角落双树龛中③b5供养人。更有特殊的供养人形象出现在北响堂第9窟左壁、右壁、后壁的十六个覆钵塔形龛下方，共有三十二个供养人的形象。响堂石窟中供养人像大多数在水浴寺西窟中，窟内四壁满刻供养人像，其中有前壁左右两幅礼佛图雕刻，窟门右侧的礼佛图有十三人，左侧礼佛图有十二人。前壁窟门右侧有五十九个人，窟门左侧有五十七个人物形象，右壁一百二十个，左壁七十七个，以及后壁三十五个供养人。

北响堂第4窟（释迦洞）中心柱后壁下方基坛雕刻五个圆拱龛，也由柱子隔开。中间一龛为博山炉，有束腰仰覆莲座，炉身下部为两层仰莲瓣，上部为素面，从炉身下方伸展出左右各一枝莲叶。博山炉右侧龛中雕刻供养僧人①a1，脸部残损，能看到光头及左侧部分眉眼和脸颊。僧人像身着双领下垂式袈裟，袈裟形成半个U形的衣领，在手臂和左侧袈裟部分以双凹线刻来随着人物的动作表现衣纹走势。僧人下身穿长裤，裤脚束腿，以线刻表现裤子上的褶皱，穿僧鞋。僧人面向博山炉一侧为侧脸，肩膀和上半身为正面，左手捧钵右手抬起到胸前，腿部为侧面形象，左腿屈起踏着地面，右腿跪坐在地。博山炉左侧的①a2僧人像头部损坏，但能看出圆形的光头轮廓，内着僧祇支，外着袈裟，袈裟布料向两侧卷起自然垂下，下身着长裤，在袈裟和长裤上都有双凹线刻来表现随着僧人动作起伏的衣纹。这尊僧人的肩膀也是正面的，而手

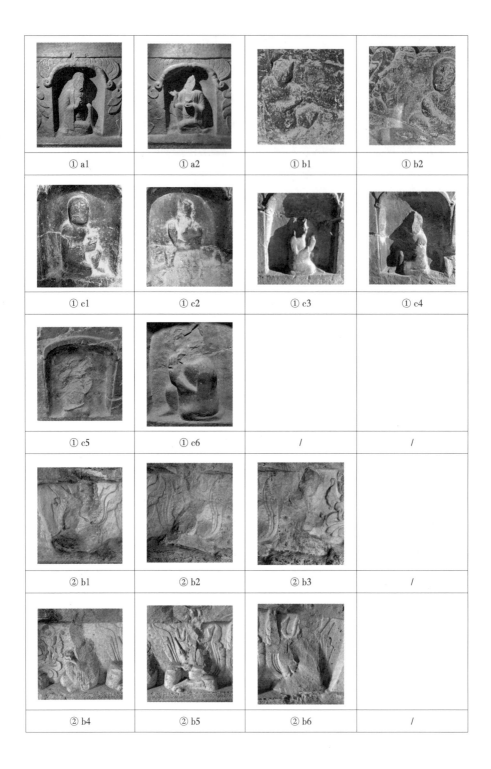

① a1	① a2	① b1	① b2
① c1	① c2	① c3	① c4
① c5	① c6	/	/
② b1	② b2	② b3	/
② b4	② b5	② b6	/

（续表）

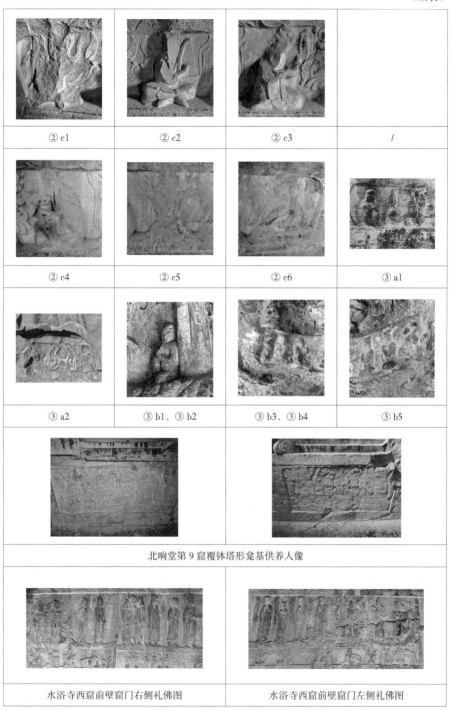

② c1	② c2	② c3	/
② c4	② c5	② c6	③ a1
③ a2	③ b1、③ b2	③ b3、③ b4	③ b5
北响堂第9窟覆钵塔形龛基供养人像			
水浴寺西窟前壁窟门右侧礼佛图		水浴寺西窟前壁窟门左侧礼佛图	

（续表）

水浴寺西窟前壁窟门左侧供养人像	水浴寺西窟前壁窟门右侧供养人像

表 3.14　供养人像图表

臂与腿部动作为侧面，右手抬起结印，左手捧钵。两尊僧人像从动作刻画来看比较稚拙，动作略显僵硬也不符合人体本身的结构。水浴寺中心柱左侧后壁定光佛并三童子龛下方龛基也有③a2供养人像残存。

南响堂第1窟中心柱正壁主龛下方基坛中间为一博山炉二供养人二狮子像。在中央博山炉两侧有相对而立的供养人像，风化较严重，目前只剩人物的大致轮廓可见，两个供养人都面向博山炉呈现跪拜姿势。①b1供养人头部残缺，依稀可见左眼和口鼻，右侧衣袖为广袖。①b2供养人为光头僧人的形象，左侧耳垂略长，头部宽圆。水浴寺西窟中心柱正壁基坛由一博山炉、二供养人、二神王组成，在五个圆拱尖楣龛中。博山炉左侧供养人像被破坏，右侧①c1供养人像部分损坏。供养人像面向博山炉跪拜，有椭圆形光头，似为僧人，手中捧物。左侧有①c2供养人像。中心柱右壁和左壁与正壁的基坛布局一致，但供养人像都损毁严重，右壁下方基坛有①c3、①c4供养人，左壁下方基坛有①c5、①c6供养人。

北响堂石窟第3窟（刻经洞）右壁下方基坛雕刻有一博山炉二供养人和四伎乐像浮雕。博山炉右侧的②b3供养人像和②b1与②b2两身伎乐像残损只余轮廓和部分向上飞扬的飘带。左侧靠近博山炉的是一尊②b4供养人像，残损剩下轮廓依稀可见戴高帽，手捧物，单膝跪地。供养人旁的②b5伎乐像脸部和上半身损坏，只余头上向两侧飞扬起的飘带似W状，双手执鼓槌，右手抬起，雕刻出握着鼓槌的手指细节，左手鼓槌敲击在鼓面上，鼓为细长竖形。

衣袖部分紧窄，有腰带，左腿盘起似穿着长靴，右脚在左脚下仅露出一小部分。敲鼓伎乐像的腰侧身体后方分别有向上飞扬起的飘带。在这尊伎乐像旁边的②b6伎乐像已经残损，只剩下轮廓，可能为正在吹笙。左壁基坛雕刻二供养人和四伎乐像。博山炉左侧的供养人像②c4供养人像，残损剩下轮廓可见双手捧物，单膝跪地。②c5与②c6两身伎乐像残损只余轮廓和部分向上飞扬的飘带。左侧靠近博山炉的右侧②c3供养人像手部以上损毁，双手捧物跪地。旁边的②c2伎乐像戴帽子，脸部模糊不清，盘腿而坐，右腿在左腿之上，穿着长靴，有箜篌放于腿上，右手弹奏箜篌，腰侧身体后方分别有向上飞扬起的飘带。在这尊伎乐像旁边的②c1伎乐像已经残损，只剩下轮廓。

　　其他小型供养人像还有北响堂第3窟前廊《唐邕写经碑》上部编号3-2的龛，龛基雕刻有中间的博山炉，两侧剩下最右侧③a1供养人像面向博山炉方向跪拜，其余部分损毁。博山炉已残损，但仍能看到炉身正中有龙形雕刻，炉身周围有莲花和莲叶装饰，莲花中托有宝珠。在南响堂第5窟（释迦洞）正壁与右壁上方有一个双树龛，双树龛下方有长方形龛基，中间雕刻覆莲花，上托摩尼宝珠。两侧分别有两身供养人像，③b1、③b2、③b3与③b4这四尊供养人都面向中心的宝珠方向跪拜。右侧的两尊供养人像头梳高髻，身着汉式宽袖长裙，似为女子；左侧的两尊供养人像头戴方帽，身着窄袖长袍，似为鲜卑男子形象。正壁与左壁上方角落的双树龛内雕刻有一尊菩萨像，在菩萨的右侧有一跪拜的供养人像。③b5供养人风化严重，现存大致轮廓可看出为面向菩萨像双手合十，呈跪拜姿势。更有特殊的供养人形象出现在北响堂第9窟，这一洞窟中供养人没有在中心柱基坛下方，而是在左壁、右壁、后壁的十六个覆钵塔形龛下方，以减地平雕的方式雕刻出一博山炉二供养人的剪影，而具体的细节则很可能曾用彩绘勾勒出来，共有三十二个供养人的形象。

　　水浴寺西窟窟内四壁满刻供养人像，其中有前壁左右两幅礼佛图雕刻，窟门右侧的礼佛图有十三人，左侧礼佛图有十二人。前壁窟门右侧有五十九人，窟门左侧有五十七个人物形象，右壁一百二十人，左壁七十七人，以及后壁三十五个供养人。

　　前壁满刻男女供养人像，呈一排排有序分布。且在窟门两侧墙壁上还雕刻有礼佛图。在面向前壁方向的窟门右侧的礼佛图中，靠近窟门处到右壁千佛像下方中间的浮雕根据下方延伸而上的莲柱分割可划分为三组，第一组为四僧像，第二组为一个男供养人和三个男侍从，第三组为一男供养人、一女供养人和三个侍女，共十三人。其中四僧像和第二组浮雕的男供养人体型大小相似，第三组男供养人像大小次之，第二组中的三个男侍更小一些，第三组女供养人像更小一些，第三组的三位侍女体型在这一侧的礼佛图中最小，几组人物以长卷式构图分布开来。根据人物旁雕刻的榜题，靠近窟门的四位僧人分别为"昭玄大统定禅师"，僧人惠志、惠显与惠林。这一组僧人头部为正侧面，光头面向窟门方向，身体部分雕刻为正面像，身着双领下垂式袈裟，内着僧祇支，部分袈裟搭于左臂，双手于胸前合十，脚部为正侧面穿着僧鞋。第三和第四个僧人之间的地面上生长着一株植物，植物有三个圆形果实，上为交错生长的四片叶子，再上方开出两朵各有三片花瓣的花朵，以及一个花苞。前文提到在响堂石窟第2窟中心柱右侧有"沙门统定禅师"的题记，和水浴寺的定禅师为同一人。虽然水浴寺西窟的建造已经没有北齐皇室和贵族的直接参与，但"昭玄大统定禅师"出现在礼佛图中，且形象最为高大，处于重要的地位，代表着昭玄寺对水浴寺西窟仍然有影响。很可能为当时作为大统的定禅师参与指导了民间邑社出资修建水浴寺西窟的佛事活动中。

　　从水浴寺西窟窟内的供养人浮雕中，可以看到既有鲜卑族的服饰又有汉族的传统服饰，呈现出北齐时期的时代特点。窟门前壁右侧礼佛图中第二组供养人像为一男供养人和三位男侍从。男供养人头部面向窟门，面相宽圆，弯眉深目高鼻，头戴风帽，穿着对襟窄袖翻领长袍，腰间有系束带，下身穿着收口的裤子，脚上踏靴子。这一男供养人身材高大，体型健硕，身体和脚部也为侧面，右手抬起拿着一朵盛放的莲花，左手自然地放在身体一侧，右脚向前迈出，似乎在向窟门方向前行。其身后紧跟着三个男侍从，体型略小于男供养人，三个侍从全都头戴方形帽，身着圆领窄袖袍，也有腰带与靴子。靠近男供养人的侍从回首望向后方，藏手于袖，肩背包袱。中间的男仆面向前方，怀抱长剑，右侧的男仆双手藏于袖，也肩背包袱。三者似乎在交谈。男供养人和侍从像的着装为北齐时期的典型服饰，在同时期的墓葬壁画、墓俑中多有发现。

分割第二组和第三组浮雕的莲柱下方有植物，与旁边的植物相似，五片叶片交错生长，但没有花朵，而是以莲柱的柱身替代。第二组浮雕像为一男供养人、一女供养人及三个侍女的形象。其中靠近窟门的男供养人与第一组的男供养人身高相似，但体形较瘦，着装服饰与动作姿势相似。在男女供养人之间雕刻一株植物，与僧人旁的植物相似但没有花朵。身后的女供养人梳高发髻（也有可能为头戴笼冠），依稀可见面部的眉眼，上身着广袖短襦，下穿曳地长裙，脚踏云头鞋。相较于略小的头部外，其身材修长。后方有穿窄袖裙的侍女为女主人托起长裙。另外两位侍女在后排，似乎在交谈。女供养人的着装为北朝时期常见的汉式裙装，在墓葬壁画与墓俑中也有发现。

水浴寺西窟面向前壁方向的窟门右侧礼佛图供养人浮雕下方雕刻也可由莲柱分割为三组，刘东光称这其中雕刻的为"宝相花和三个侏儒"[1]。除第二组和第三组人物间的莲柱下方有植物，其他都为由柱身和上方为覆莲瓣托起的宝珠组成。靠近窟门的一组雕刻的三株植物与其他植物一致，但上方开出了三朵花。中间一组雕刻为一个坐姿的男侍从，头戴方形风帽，脸侧向右方，根据视线来看这一侍从似乎在看着右方的莲柱。男侍从身穿圆领袍，腰间束带，穿小口长裤及长靴，左小腿支起左脚踏地，右腿盘起放于地面，左臂搭着左腿向前伸展，右臂支撑地面。被莲柱分割的第三组雕刻为两个坐着的人与中间的一株植物，人物的穿着相似，但姿势很不同，靠近窟门一侧的供养人面部朝向窟门一侧，左腿盘起，右腿支起右脚踏地，右手放在右膝上，左手放于地面。靠右侧墙壁的男侍从低头看向地面，双手交叠搭于膝盖上，双腿似乎跷着二郎腿。在这一侧墙壁上还雕刻有礼佛图旁边的两排男供养人像，共十五尊。礼佛图下方雕刻了三排由僧人、男女供养人组成的列像，第一排靠近窟门一侧为三个僧人、两个男供养人与十个女供养人，第二排相同，第三排有三个男供养人、

1　刘东光：《邯郸鼓山水浴寺石窟调查报告》，《文物》1987年第4期，第9页。

十一个女供养人。前壁窟门右侧除礼佛图外共有五十九个人物形象。

水浴寺西窟前壁窟门左侧的石刻与右侧分布相似，在明窗下方雕刻有四排的千佛像，据刘东光统计每排有十六尊，共六十四尊[2]。千佛像下方雕刻礼佛图，礼佛图左侧和下方雕刻僧人、男女供养人像，根据下方延伸而上的莲柱分割可划分为三组，第一组为二僧像与一男供养人和三个男侍从，第二组为一个男供养人和一个男侍从，第三组为一女供养人和三个侍女。

水浴寺西窟前壁窟门左侧礼佛图第一组雕刻了两个僧人的形象，面向窟门，僧人的头部、手部与足部为正侧面像，而身躯则为正面像。靠近窟门的僧人形象最为高大，留光头，弯眉细眼长鼻，下巴稍尖微抬，目视前方。这一僧人内着僧祇支，外穿双领下垂式袈裟，在袈裟的右臂衣袖处雕刻两道凹线代表手肘处衣服的折痕，袈裟上从左侧腰间到右侧衣袖处有一道线刻代表袈裟的衣褶，右手捧钵，左手向前摊开伸出。袈裟下摆处有两层，雕刻出波浪线呈现出衣服随着人体起伏的走势，下摆处露出僧鞋。后方的僧人形象比前方僧人略小，面部更为宽圆秀美，这一僧人双手合十于胸前。在僧人后方雕刻的第一组人物有一位男供养人像与三个男侍从像。男供养人像与前方第一位僧人像的大小相近，所穿衣饰与窟门右侧礼佛图第二组男供养人像一致，不同之处为左手抬起，掌心托物，似为一株有两个小叶片的植物。男供养人右脚跟抬起，正在向前行进中。三名男侍从与右侧礼佛图第二组的三名男侍从相似，但动作为相反方向，且中间侍从所持之物模糊不清。第二组雕刻一位男供养人一位男侍从，男供养人形象与右侧礼佛图一致，手藏于袖中。后方男侍从背包袱，也为手藏于袖中。值得注意的是，此处的莲柱与右侧礼佛图中出现了很大的变化，柱身变细，柱头没有覆莲瓣装饰，顶端不是宝珠而是莲蕾。在第二组与第三组人物之间雕刻有一株植物，与右侧礼佛图中经常出现的植物相似。第三组雕刻为一位女供养人和三个侍女，与右侧礼佛图的第三组人物姿势相对称。在三组人物像下方也分为三组雕刻，分别为四株植物，相比右侧礼佛图增加了一株叶片细长的植物；

2　刘东光：《邯郸鼓山水浴寺石窟调查报告》，《文物》1987年第4期，第8页。

中间的一株植物与坐姿男侍从像，其中有植物的莲柱叶片为交错生长的六片叶片；以及两个男侍从的坐姿像，男侍从的坐姿都与右侧礼佛图中的相对称分布。在这一侧墙壁上还雕刻有礼佛图旁边的两排男供养人像，每排五位共十位。礼佛图下方雕刻了三排由僧人、男女供养人组成的列像，第一排靠近窟门一侧为两个僧人、两个男供养人与十二个女供养人，共十六个供养人，第二排相同，第三排有一个僧人、一个男供养人、十三个女供养人。这一侧墙壁上除礼佛图外共有五十七个人物形象。

在水浴寺西窟右壁龛两侧雕刻有供养人的浅浮雕列像。龛右侧供养人像全为女子，穿着打扮与张元妃像相似，也为手捧长茎莲花面向佛龛，有五排共六十位女子像。在龛的左侧有坍塌，因此列像有部分损坏，据统计目前现存有包括一位侍从、一位男供养人、二侍女、五僧人和二十八个女供养人像，共有六十位供养人像的雕刻[3]。都为人物立像，面向佛龛前行。大小相似，均匀分布于壁面上。水浴寺西窟窟内后壁下方有三排结跏趺坐佛像，再下方有三排供养人像都为女子，上方一排有九人，第二排有十四人，第三排有十二人，共三十五人。水浴寺西窟左壁龛两侧雕刻有供养人的浅浮雕列像。龛右侧供养人像有三排，现存雕刻五个僧人、九个男供养人、十八个女供养人、二侍从和十三个侍女的形象[4]，其中第二排第一个男供养人身穿褒衣博带脚踏云头鞋，为这一窟唯一穿着了汉式服装的男供养人像。龛左侧供养人分两排，都为女供养人像。左壁龛两侧的供养人像共雕刻有七十七位，都为人物立像，面向佛龛前行。大小相似，均匀分布于壁面上。在供养人和上方千佛像中间开小龛，为后世破坏原供养人雕刻后所开龛。

总之，响堂石窟供养人像一般多出现于中心柱正壁、右壁、左壁下方基坛的小型龛中，或三壁三龛窟的内部正壁、右壁、左壁的小型龛中，与博山炉、狮子或神王像组成石刻组合。此外还有北响堂第3窟前廊《唐邕写经碑》3-2

3　刘东光：《邯郸鼓山水浴寺石窟调查报告》，《文物》1987年第4期，第12页。

4　刘东光：《邯郸鼓山水浴寺石窟调查报告》，《文物》1987年第4期，第12页。

号龛下方龛基③ a1 供养人；南响堂第 5 窟正壁与左壁上方角落双树龛中③ b1 供养人，正壁与右壁上方角落双树龛下方龛基。有面向博山炉方向跪拜的僧人形象，如北响堂第 4 窟后壁下方基坛① a1 和① a2 供养人，水浴寺西窟正壁下方基坛② d1 供养人；有手拿各种乐器的伎乐，如北响堂第 3 窟基坛② a3 伎乐、② a4 伎乐、② b2 击鼓伎乐、② b3 吹笙伎乐、② c3 弹箜篌伎乐。南响堂第 5 窟正壁与右壁上方角落双树龛下方龛基③ b1、③ b2、③ b3 和③ b4 供养人为贵族男女，右侧③ b1 和③ b2 女供养人头梳高髻，身着宽袖长裙，身着汉式服饰；左侧③ b3 和③ b4 男供养人像头戴方帽，身着窄袖长袍，身着胡服。更有特殊的供养人形象出现在北响堂第 9 窟左壁、右壁、后壁的十六个覆钵塔形龛下方，以减地平雕雕刻出了三十二个供养人的形象，目前只剩轮廓。

响堂石窟中北齐供养人像大多数在水浴寺西窟中，窟内四壁满刻供养人像，按照固定的程式化标准，雕刻出身着袈裟的僧人、身着胡服的男供养人和身着汉服长裙的女供养人形象，所穿服饰与礼佛图中不同身份的人物一致。人物形象极其相似，以统一的模板雕刻而成，且呈现有序的排列分布，雕刻技法则显得有些粗糙，使得人物形象刻板生硬。这种人物排序的分布方式也很像中国本土东汉时期画像石的雕刻分布方式。僧人双手合十，男供养人左手拿莲花，女供养人双手捧起长茎莲蕾，僧人、男女供养人像都在向窟门方向行进，代替现实中的人们进行绕塔礼佛，从而累积功德。从水浴寺西窟窟内的供养人浮雕中，可以看到既有鲜卑族的服饰又有汉族的传统服饰，手捧莲蕾礼佛的行为也反映出北齐社会上至皇室下到黎民百姓的崇佛之风。供养人像的穿着、姿势与手持物品都在反映着当时的社会风俗与真实的社会历史背景，呈现出北齐时期的时代特点。在西窟的供养人的浮雕形象旁边还刻有"邑主（邑子）＋姓名＋侍佛时"的字样，供养人像主要为北齐艺术的"赞助人"，包括僧尼、官员、邑子、平民等，有主持开凿这一窟的定禅师、张元妃、僧人慧远和那连提黎耶舍等人，表示这些人物形象具体指向的是当时真实存在的北齐时期人物。供养人兴建响堂石窟，为响堂石窟的石刻艺术提供支持与资金，其形象依据现实中真人刻画而成。在响堂石窟中的供养人像主要代替当时真实存在过的历史人物为亡者或生者、为后世子孙，为帝王或为国家等建功德与祈福愿。正如贾应逸、祁小山所说："供养人的形象、衣冠服饰都是历史的真实写照，是研究当时当地的物质文明和精神文明的珍贵形象资料，也是我们赖以断代的主要依据。"[5]

飞天像

响堂石窟中的飞天形象以浅浮雕的形式出现，保存较为完好的约有六十余尊（组）。响堂石窟的飞天形象出现在石窟外立面明窗或小型龛的上方：北响堂第 4 窟前廊明窗左右① a1 和① a2 飞天；南响堂第 1 窟窟门上方 1–14 号龛上方① b3、① b4、① b5、① b6 和① b7 飞天，南响堂第 1 窟 1–16 号龛窟门左侧明窗上方① b8 和① b9 飞天，窟门右侧上方 1–17 号龛明窗上方① b1 和① b2 飞天；南响堂第 2 窟窟门上方左右 1–17 明窗上方① c1 和① c2 飞天。有的飞天形象出现在石窟窟门的周围：北响堂第 3 窟前廊窟门门楣② a1—② a6 飞天；南响堂第 7 窟前廊窟门门楣② b1、② b2、② b3 和② b4 飞天；水浴寺西窟窟门内侧顶部② c1 和② c2 飞天。在石窟内部，飞天形象出现在窟顶：南响堂第 7 窟窟内顶部③ a1—③ a8 飞天，南响堂石窟第 5 窟窟顶③ b1—③ b12 飞天。石窟内的飞天形象也有在中心柱的龛额上，和主尊佛像的头光上方：水浴寺西窟中心柱正壁、右壁、左壁上方龛额，其中正壁保留部分飞天残像④ a1 和④ a2 飞天，南响堂第 1 窟中心柱正壁佛像头光上方④ b1—④ b8 飞天，南响堂第 2 窟中心柱正壁佛像头光上方④ c1—④ c8 飞天。还有出现在北响堂第 3 窟前廊《唐邕写经碑》的 3–1 号佛龛左侧幡铃旁的一身⑤ a1 飞天浮雕。

北响堂第 4 窟的飞天形象出现在石窟外立面明窗上方。在北响堂第 4 窟三开间中间为窟门，窟门上方开一圆拱形明窗，明窗周围装饰着火焰纹，明窗的左右两边雕刻着① a1 和① a2 飞天，但具体的形象已经损坏，剩下飞天的飘带以及其下的云纹，这些华丽的雕刻有满壁风动之感。

5　贾应逸，祁小山：《印度到中国新疆的佛教艺术》，兰州：甘肃教育出版社，2002 年，第 11 页。

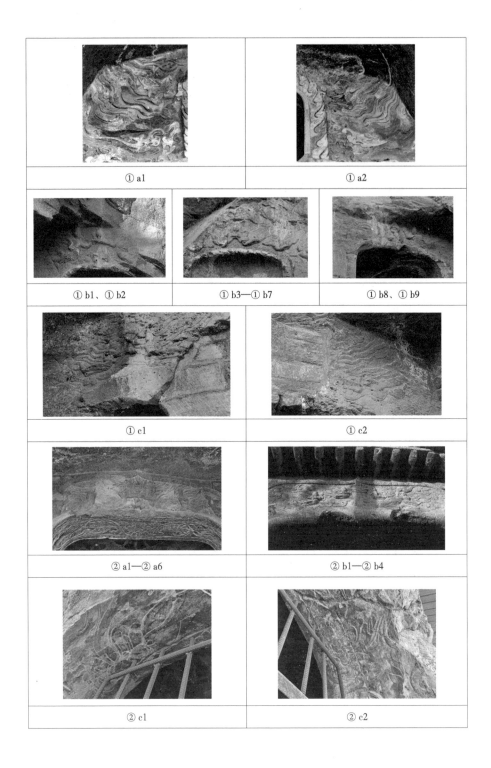

① a1

① a2

① b1、① b2

① b3—① b7

① b8、① b9

① c1

① c2

② a1—② a6

② b1—② b4

② c1

② c2

（续表）

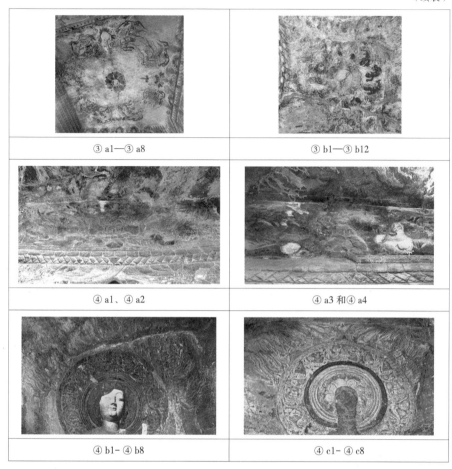

③ a1—③ a8	③ b1—③ b12
④ a1、④ a2	④ a3 和④ a4
④ b1-④ b8	④ c1-④ c8

表 3.15　飞天像图表

南响堂第 1 窟窟门上方 1–14 号龛上方有① b3、① b4、① b5、① b6 和
① b7 飞天。在窟门正上方的 1–14 号龛为圆拱形龛，龛上方现存有雕刻五身
飞天，右侧坍塌可能原为对称的左右各三身飞天共六身全都朝向中央。飞天
都呈 L 形，面部被破坏，中间的① b3 和① b4 飞天身体稍直，其后的① b5、
① b6 和① b7 飞天身体逐渐倾斜，腿部也从有一腿伸直一腿呈直角翘起，逐
渐伸直。中间① b3 和① b4 两身飞天各伸出一臂托举有覆莲座的博山炉，其他
① b5、① b6 和① b7 三身飞天分别有一手臂向前伸出，手中有宝珠，增加构

图的秩序感，向后纷飞的头冠飘带与披帛增加了画面的延续性，飞天身下雕刻的云纹烘托气氛。

1–16号龛上方有明窗，在明窗上方以浅浮雕的方式雕刻有两身① b8和① b9飞天呈L形。右侧飞天损毁严重，左侧① b8飞天有头冠，头部后方有五根飘带飞扬。其脸型方圆，左手托着桃形物体，右手举起，手腕戴有手镯，衣裙下有云纹，两身飞天中间有博山炉。1–17号龛上方开明窗，有部分明窗和1–17号长方形龛损毁，在明窗上方也有部分坍塌损毁，剩下浅浮雕① b1和① b2飞天。飞天头戴冠，脸型方圆，头冠与衣裙后有飞扬的飘带与披帛，手腕戴有手镯。飞天上身侧向中间，下身向两边展开，腿部略翘起，呈现L形，身下有云纹。与1–16号龛上方明窗之上的飞天捧桃形物体不同，这两身飞天捧博山炉。南响堂第2窟窟门上方左右明窗上方残存① c1和① c2飞天。

第3窟（刻经洞）的飞天形象出现在石窟前廊的窟门门楣上。这一窟的前廊门楣为圆拱尖楣形，在门楣中雕刻有左右各三身飞天② a1—② a6对称分布，共六身飞天的形象。飞天为L形，似墓葬中飞仙的形象。中间② a1和② a2两尊飞天共托一博山炉，博山炉周围有莲苞、莲叶与莲蓬装饰，在下方有一力士托起博山炉。博山炉右侧的② a1飞天面部残缺，左侧② a2飞天的面部模糊不清，都身着长裙，身有披帛，如有风使之飘举于空中，披帛与地面呈现约四十五度的倾斜度。在飞天的长裙下方雕刻有云纹，来衬托飞天飞舞于空中。其余四尊飞天中，左侧中间的② a3飞天形体保存相对完好，也有损毁的部分，头部被破坏得尤其严重，但能看到飞扬的宝缯，以及保存相对完好的右手，右手上举几乎与地面垂直，手臂处有披帛，有手镯，手握一莲花。另外三尊有不同程度的破损，几乎无法分辨形体。

南响堂第7窟在前廊中间开圆拱形尖楣窟门，两侧开圆拱尖楣龛。尖楣外层雕刻联珠纹，联珠纹由椭圆形双层圆珠与周围四颗小圆珠连续组合而成。尖楣的内部中间雕刻一个覆钵塔，塔的两边分别雕刻两身飞天的形象② b1—② b4，在塔两侧对称分布。博山炉左一② b3飞天双手捧物放在腹部，右一② b1飞天与左一动作相反，右二② b2飞天与右一动作一致，左二② b4飞天

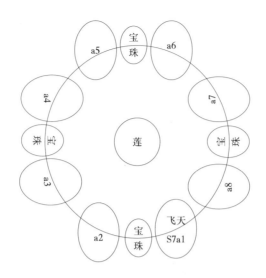

图 3.4　南响堂第 7 窟窟内顶部结构图，笔者绘制

右手抬起托物，左手放在腹部。这四身飞天头部损毁或风化模糊，腹部突出，披帛绕手臂在身体后方形成横向拉长的飘带，袒裸上身，身着长裙，头部上身与腿部形成 L 形，有云纹环绕。

在水浴寺西窟窟门内侧的两边雕刻卷草纹，顶部雕刻② c1 和② c2 飞天形象，飞天中间为宝珠。宝珠形与南响堂第 7 窟的宝珠形装饰很相似。在宝珠旁边的两身飞天像头部靠近宝珠，发型为汉式高髻，脸型为椭圆形，头上有宝缯冲天而飞，戴项圈，有披帛在身体后方形成 U 形并飘散在长裙之上，手腕处戴手镯，双手捧仰莲花于胸前，上身裸，身体呈 L 形，有云纹环绕。窟门右上方② c1 飞天着长裤，右腿向后提起靠近臀部，左腿向后微曲；左上方② c2 飞天下着长裙，露出脚部。两身飞天似乎都从天上飞来，正穿过窟门向着窟内飞去。

南响堂第 7 窟在石窟内部，窟顶上雕刻着八身飞天。窟内顶部中间以浅浮雕雕刻了一朵双层莲瓣的莲花，四壁每一壁对应的窟顶中间雕刻一宝珠，每一颗宝珠左右都有对称分布的飞天雕刻，也为浅浮雕，四颗宝珠与八身飞天形象围合成了一个圆圈，为乐舞飞天。《隋书·音乐志》中记载着北齐时期流行

图 3.5　③a2、③a1 飞天，笔者摄

图 3.6　③a4、③a3 飞天，笔者摄

图 3.7　③a6、③a5 飞天，笔者摄

图 3.8　③a8、③a7 飞天，笔者摄

的音乐及乐器，"杂乐有西凉鼙舞、清乐、龟兹等。然吹笛、弹琵琶、五弦及歌舞之伎，自文襄以来，皆所爱好。至河清以后，传习尤盛"[6]。北齐乐舞的影响反映在响堂石窟的石刻艺术中，在这一窟的窟顶雕刻中可见舞动以及吹奏乐器的飞天形象。

正壁对应的③a1 飞天形象头戴冠，有宝缯在头冠两侧向左壁方向斜向上飞扬起来，头发束在头冠中，脸型方圆，弯眉细眼，眼尾斜向上翘起，微微笑着。飞天像脖颈短粗，戴项圈，穿袒右肩式上装，腹部微凸，下身穿长裤。右侧大臂举到与肩膀齐平，小臂举过头顶，掌心向上五指张开；左侧大臂斜向下架起，小臂垂下，五指张开手掌向下。左腿向前伸，脚跟着地脚尖抬起，

6　［唐］魏徵：《隋书·志第九·音乐中》，北京：中华书局，2019 年，第 359 页。

右腿蹲坐于右脚上，脚跟抬起，脚尖着地。这尊飞天像头部朝向中间的宝珠，上身和腿部朝向相反的方向，似乎背靠宝珠在扭头回望，四肢的动作似在舞蹈，有披帛绕手臂，在身体周围向左侧横向飘扬，在飞天下方为云纹，似乎这尊飞天于石窟顶部腾云驾雾。从飞天的动作与飘带和云纹表现出了流动之感，横向的飘带代表飞天降落的速度缓慢。宝珠右侧的③a2飞天与左侧的③a1飞天姿势与穿着有相似性，不同之处在于右壁飞天姿势对称，右臂抬起扶头冠，且上身穿着的袒右上装左袖为半袖，下身穿长裙。

以窟顶仰视视角顺时针来看，正壁上方对应的飞天像旁边为右壁上方对应的两身对称分布的伎乐飞天形象，与③a1相似。宝珠左侧的飞天③a3头部戴冠，由尖拱形组成，双手在胸前捧着笙在吹奏，左腿弯折腿部抬起，脚掌向着上方，右腿伸展开脚尖向下，上身袒裸，下着长裙。宝珠右侧的飞天③a4与③a3几乎一致对称分布，怀抱箜篌，右手拿着拨片在弹奏。此处飞天的形象都呈现L形。

继续按照仰视顶部视角的顺时针方向来看，南响堂第7窟内前壁对应顶部飞天③a5和③a6。这两尊飞天的形象与③a3和③a4几乎一致，不同之处在于，③a5飞天形象头部转向宝珠所在的另一侧，似乎在回望，颈部戴项圈上有三叶装饰，双手在胸前捧仰莲。③a6飞天形象正面对着下方观者，眉毛不再是弯月形，而是斜向下，且鼻翼较小，嘴部也较小，嘴角向下。这尊飞天像双手也捧着仰莲。窟内左壁对应顶部飞天③a8和③a7。这两尊飞天的形象与③a5和③a6几乎一致，不同之处在于宝珠左侧的飞天③a7双手弹奏阮，回望向与宝珠相反方向，在秩序中增添了意趣，宝珠右侧的飞天③a8回望向与宝珠相反方向，双手拿着长笛正在吹奏。

南响堂第5窟窟内为三壁三龛的佛殿窟，在窟内上方雕刻一大型的莲花浮雕，有飞天形象③b1—③b12共十二身在莲花周围形成一圈。这些飞天形象大多已残损，从残存的轮廓中可见，飞天头戴宝冠，手在前方举起，身体与裙子和露出的脚部形成L形，头部的宝缯与身上的披帛飞扬于飞天身体的斜上方。整体来看，雕刻出的飞天，烘托出在莲花周围呈顺时针转动的动势。

水浴寺西窟内的飞天形象也出现在中心柱的龛额上。在中心柱正壁上方龛额有④ a1 和④ a2 飞天。中心柱正壁上方的龛额上雕刻有中间有覆莲塔基，方形塔身，四面开龛，塔顶有宝珠的覆钵塔，以及左右④ a1 和④ a2 飞天像，飞天像风化严重，大部分已经模糊不清，但还残存飞天的披帛、托举覆钵塔的双手，手部戴手镯，以及右侧飞天的脚部和云纹。中心柱右壁也开大型帷幕帐形龛，与正壁基本相同。在龛上方的龛额中残存火焰宝珠、左侧飞天头部、右侧飞天腿部、飞天的披帛，以及部分覆钵塔的雕刻。左壁雕刻盝顶帷幕帐形龛，这一龛的盝顶上方中间雕刻覆莲座的宝珠，下方雕刻幔帐，由细带悬挂在盝顶上，两侧系在龛柱上，帷幔右侧部分损毁或风化，依稀可见残存的忍冬纹和飞天的形象。

南响堂第 1 窟窟内中心柱正壁，主尊头光外围绕着④ b1—④ b8 飞八身飞天浮雕，左右各四身对称分布，中间两身飞天托一博山炉。飞天头戴宝冠，脸部方圆，身体与翘起的腿部呈 L 形，飞扬起来的飘带与披帛在头光上部形成了火焰纹。

南响堂第 2 窟中心柱正壁仅留有主尊佛像的头光部分。在主尊佛像的头光上方雕刻有④ c1—④ c8 八身飞天的形象，在中间为覆莲花托着的宝珠，下方有飘带飞扬而起。这八身飞天沿着头光分布，也根据在头光不同的角度所有动作不一。此处的飞天几乎都头戴宝冠，脸型宽圆，上身袒裸，下身着长裙，胯部较圆润，身体呈 L 形，腹部凸起，有纤细的腰身，大腿侧卧小腿向上翘起，大腿与小腿几乎呈直角，脚尖略向左上方翘起。头部上方、肩膀身体后方以及腿部斜上方都有飞扬而起的披帛，这些上下翻飞的披帛比飞天的身体还要长。这些飞天神态动作各异，手持物品有的也不同。从上到下从左到右来看这八身飞天形象，左一④ c1 飞天双手捧盘，盘上托一瓶，面向左侧但身体飞向右方，似在回首张望，胯部和腿部以夸张的曲线表示，小腿向上翘起，以表现人物动作的玲珑之感。在右一刻画的④ c5 飞天形象与左一④ c1 飞天相似，但双手托着的物品似乎为钵。左二④ c2 飞天抬眼望向右上方的宝珠，似乎双手托一朵莲花，脚尖部分几乎垂直向上翘起。右二④ c6 飞天与前者几乎一致但更加模糊。

左三④ c3 的飞天右腿膝盖着地，左腿屈起撑地，面向头光跪坐着。右三④ c7 的飞天形象也同样。左四④ c4 飞天面向头光，双手托物举在右侧，大腿侧卧小腿跷起。右四④ c8 飞天形象有很大的不同，头部背向头光，背靠着头光而坐，右手握着物体，左手托着物体的下方，右腿伸直，左腿屈起撑地。

　　总之，飞天形象在响堂石窟北齐石刻中主要为浅浮雕和线刻，出现在石窟外立面明窗或小型龛的上方，有的飞天形象出现在前廊窟门门楣、窟门内侧顶部。在石窟内部，飞天形象出现在窟顶围绕莲花雕刻为一圈，石窟内的飞天形象也有在中心柱的龛额上和主尊佛像的头光上方，分为两身飞天、六身飞天、八身飞天、十二身飞天相对称分布或按一定顺序呈圆圈状出现。大多数飞天像的面部被破坏或风化模糊不清，手捧覆钵塔、宝珠或博山炉。飞天身体呈 L 形，上身袒裸，下身着长裙，有多条头冠上的飘带和披帛，一腿伸直一腿呈直角翘起，所在位置不同，腿部的动作也有不同。飞天向后纷飞的头冠飘带与飞天身后飘飞的飘带与长裙，以及周围的火焰纹、云纹组合在一起，表现出了流动之态，飞天的动作与飘带和云纹横向的飘带代表着飞天降落的速度似乎并不快，尤其是围合成圆形的飞天烘托出在莲花周围呈顺时针转动的动势，形成"满壁风动"之感。

承柱兽

　　响堂石窟的承柱兽只出现在了北响堂石窟第 9 窟和北响堂第 4 窟中，保存情况相对较好的有十几尊，出现在中心柱大龛龛柱下方或是覆钵塔形龛的龛柱下方，为承托龛柱的高浮雕神兽形象。在中心柱龛柱下的承柱兽石刻有：北响堂第 9 窟中心柱正壁与右壁转角处① a1 承柱兽、中心柱左壁与后壁转角处① a2 承柱兽，北响堂第 4 窟中心柱正壁与右壁转角处① b1 承柱兽、中心柱正壁与左壁转角处① b2 承柱兽。在石窟四壁龛柱下的承柱兽石刻有：北响堂第 9 窟四壁十六覆钵塔形龛龛柱下方的十一尊② a1、② a2、② a3、② a6、② a11、② a12、② a13、② a14、② a16、② a20、② a21。

　　比较特殊的承柱兽形象位于北响堂第9窟中心柱正壁与右壁①a1以及中心柱左壁与后壁转角处①a2两尊，这两尊承柱兽在中心柱大龛雕刻出的龛柱下方以高浮雕的方式表现。由于刚好处在中心方柱的一角，以此基础上雕刻出的高浮雕更接近于圆雕。前方的①a1承柱兽头部缺失，左肩损坏，腿部有残损，后方的承柱兽①a2脸部和右臂有残损但大致保存完好。承柱兽头部有角，额头和眉弓鼓起，眼睛呈凹三角形，靠近鼻子处雕刻出凸起的圆形瞳孔，鼻子和嘴部有破损，但能看出嘴大张着，有獠牙但断裂。这两尊承柱兽都缩着脖子，头部几乎占据了胸腹的上部，肩膀几与额头同高，宽圆的肩膀处向上延伸出一根根羽翼，爪子似支撑起上身重量，尖爪搭在胯的两侧。前方①a1承柱兽胸部突出浑圆部分有女性化特点，胸部下方有三道凸起的线条代表肌肤的褶皱，腹部也是似球体般为浑圆的凸起，跪坐姿势膝盖并拢在一起，小腿向两侧呈外八字撇开。在手肘和膝盖以及脚踝处出现涡卷形代表关节部分。相较于头部和躯干部分，四肢略扁平化。在后方的①a2承柱兽与前方几乎一致，但区别在于胸部更加扁平，只有很小的起伏而不具有女性特点，腹部褶皱为两条线刻较为简单，且在腹部下方雕刻有衣服似围兜，身体两侧的爪子更小，膝盖分开跪于地面。

　　北响堂第4窟中心柱有两尊承柱兽，分别为正壁与右壁转角处的①b1承柱兽和中心柱正壁与左壁转角处①b2承柱兽。承柱兽在中心柱大龛前方左右各有一尊，①b1承柱兽头部大部分损毁，面向正壁的右前方，有隆起的胸部，在胸部下方刻两条阴线刻代表胸腹部连接处因腰部微弯而出现的褶皱，腹部向外突出，左臂大部分损毁，利爪扶在腰部，右臂有向上竖起的羽翼，手臂与左侧姿势相同。①b1承柱兽腿部呈现膝盖内扣的外八字跪姿，腿部有隆起的肌肉，膝盖处雕刻漩涡，小腿较细，爪子立在莲花座上。这尊承柱兽体形较为修长，肌肉隆起显示出强壮的身体，在手臂与身体、双腿之间、小腿和莲花座处石刻做镂空处理，但仍然没有脱离背后的墙壁，以转角处的浮雕接近于圆雕的造型，给观者以立体的视错觉观感。①b2承柱兽上下各有一双层仰莲花座，这一高浮雕接近于圆雕，似被莲花座夹在了中间。这尊承柱兽的保存状况较为完好，

① a1	① a2	① b1	① b2
② a1	② a2	② a6	/
② a11	② a16	/	/
② a3	② a13	② a20	② a21

表 3.16 承柱兽图表

其面部面向正壁的左前方，额头隆起分为两瓣，竖眉圆眼，不怒自威，鼻子和部分嘴部损坏，嘴大张且有獠牙，耳朵小而圆，有着野兽般的面部。身形与姿势和①b1承柱兽相似，但有披帛从肩膀处环绕头部，手臂处的羽翼刻画得更为细腻，身形较之更为宽圆，腹部的褶皱处更宽，腹部更圆更突出，肚子上有肚脐。

北响堂第9窟在四壁十六个覆钵塔形列龛的龛柱下方原有二十二尊石刻承柱兽，但大多损毁或流失海外，保留下来状况较好的约有十一尊，分别为②a1、②a2、②a3、②a6、②a11、②a12、②a13、②a14、②a16、②a20、②a21承柱兽。在覆钵塔形龛龛柱下雕刻的承柱兽，在龛的下方雕刻出浮雕，上方有莲座。圆眼怒睁，头上长角，大嘴咧开露出獠牙，有的吐出长长的舌头。在兽面之下为隆起肌肉的胸部及有横向线刻形成的腹部皮肤褶皱，以及凸起的圆肚。这十一尊可基本分为两种姿势，一种为②a1、②a2、②a6、②a11、②a12、②a14和②a16似中心柱承柱兽的跪姿，双腿内八字跪地，双爪搭在腿上，胸部雕刻得较浑圆精细，肩膀上有向上飞扬而起的羽翼。一种为②a3、②a13、②a20和②a21四尊承柱兽，一手抬起一手落下，一腿抬起一腿落下，似风车状的动势，以及四肢上雕刻的曲线和涡卷形线，表现出肌肉喷张以及孔武有力的动态。

这一兽形也出现在巩县石窟中，也见于墓葬中，与墓室壁画中的神仙系统有关。如北齐时期九原岗墓中壁画升天之"雷公"等神话形象也有鼓起的额头，圆瞪着的双目，青面獠，背后的羽翼，如风车状运动的四肢，以及鼓起的肚子和健壮有力的手臂，都与北响堂第9窟和第4窟中出现的承柱兽刻画得非常相似。此外，在茹茹公主墓的墓门上也画着这种神兽的形象。这种形象可能为"方相氏"或"獬豸"，在墓葬中护灵平安。

这种承柱兽石刻也见于北朝墓葬群中。响堂石窟中在龛柱下方承柱的承柱兽形象也出现在了北朝考古博物馆收藏的北朝石棺床上，在石棺床前挡右侧下方。这一承柱兽有凸起的兽角，圆瞪的双眼看向左侧，有宽大的鼻头、龇出獠牙的大嘴，身体胸腹部突出，左肩处有斜向上飞扬的羽翼，有披帛，上身袒

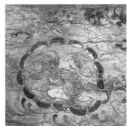
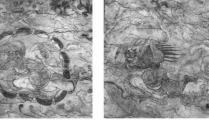

图 3.9　巩县石窟中的神兽形象，笔者摄　　图 3.10　山西九原岗北齐墓壁画中神兽形象，笔者摄

图 3.11　北朝石棺床（前挡）中神兽　　图 3.12　兽面瓦件，出土　　图 3.13　镇墓按盾武士俑，北朝考古
　　　　　 形象，北朝考古博物馆，笔　　　　　 于临漳邺城遗　　　　　　博物馆，笔者摄
　　　　　 者摄　　　　　　　　　　　　　　　 址东魏北齐宫
　　　　　　　　　　　　　　　　　　　　　　 城区，北朝考古
　　　　　　　　　　　　　　　　　　　　　　 博物馆，笔者摄

裸，下身着裤，裤腿挽起在膝盖处，露出有肌肉的腿部。手臂的肌肉也很明显，左手手肘抬起利爪向下按，右手手肘曲起手臂向上举起，似乎托起了石棺床的这一角，左脚向左前方伸出，右腿曲起，四肢像是风车状，与希腊神庙三角楣上的美杜莎的风车状姿势有相似的动势。神兽足踏云纹，以夸张变形的手法表现出了一个腾云驾雾、气势满满的神兽形象。但相较于响堂石窟中承柱兽在四壁和中心柱上以高浮雕表现来说，这里的雕刻方式为浅浮雕。

这种承柱兽的兽首形象也出现于东魏北齐宫城建筑的瓦件上，如临漳邺城遗址出土的兽面瓦件，尤其凸起的额头、圆睁的眼睛、塌鼻与大张的兽嘴和龇出的獠牙在造型上来看都非常相似。在北朝时期也流行在镇墓按盾武士俑的盾牌上雕刻兽面浮雕，有时为一大兽面在盾牌的正中，有时为盾牌中央并列两个小兽面，如湾漳壁画墓和东魏茹茹公主墓出土的镇墓按盾武士俑。北齐元良墓出土的镇墓按盾武士俑中央为兽面，但上方和下方共有四个乐舞人物雕刻。

总之，响堂石窟的承柱兽只出现在了北响堂石窟第9窟和北响堂第4窟中，在中心柱大龛龛柱下方或是覆钵塔形龛的龛柱下方，为承托龛柱的高浮雕神兽形象。中心柱的承柱兽由于刚好处在中心方柱的一角，以此基础上雕刻出的浮雕更接近于圆雕。北响堂第9窟在四壁十六个覆钵塔形列龛的龛柱下方都有雕刻承柱兽，更加扁平化。这一形象也见于北朝墓葬群中，面部还与东魏北齐宫城建筑的瓦件上兽面、北朝时期镇墓按盾武士俑的盾牌上雕刻的兽面浮雕相似。

覆钵塔

在响堂石窟中，覆钵塔有些特殊，一方面作为石窟建筑的一种窟外部的特殊形式——覆钵塔形窟出现；另一方面作为石窟内部介于建筑和浮雕之间的覆钵塔形龛出现，还作为石刻的题材之一出现在石窟的内外部依附于建筑之上。作为石窟建筑的形制出现的覆钵塔形窟在第一章已经作为石刻艺术的建筑生成语境进行过研究，在此不再赘述。这一节专注于对覆钵塔形龛和覆钵塔形石刻的统计与造型具体分析，共有覆钵塔形龛二十余个，较完整覆钵塔形浮雕六个。

1. 覆钵塔形龛

响堂石窟的北齐"塔"除了作为石窟建筑的一部分而言有单层覆钵塔形窟和双层覆钵塔形窟外，还有介于建筑与浮雕之间的覆钵塔形龛以及作为浮雕的覆钵塔。在响堂石窟中共有二十一个覆钵塔形龛，其中北响堂天宫路山腰塔形龛群有三个覆钵塔形龛，北响堂石窟第9窟（大佛洞）主室内雕刻的十六个大型覆钵塔形龛。南响堂第1窟左壁有一个覆钵塔形龛，在学者陈传席主编、赵立春的研究中认为后者为唐代时雕刻[7]，也可视为是对于北齐覆钵塔的承继和延续。还有北响堂第3窟前廊《唐邕写经碑》3–1号龛上的小型覆钵塔形有些模糊不清。

北响堂第3窟附一号塔龛群在北响堂天宫路山腰处有三个覆钵塔形龛。

7　陈传席等：《响堂山石窟（上）》，天津：天津人民美术出版社，2014年，第58页。

图 3.17　覆钵塔图表

　　两个塔形龛由塔刹、塔身与塔基组成，塔基雕刻成梯形，其上雕刻有龙纹或是狮子造型；方形塔身开凿有圆拱尖楣龛，似为塔门，龛两侧刻有莲柱，内部雕刻有佛像；塔檐有叠涩上方刻有山花蕉叶，中间雕刻火焰宝珠，有低矮的覆钵体，覆钵体顶部雕刻塔刹，上有六重相轮。稍小的覆钵塔形龛形式基本与两个大型的覆钵塔形龛相同，但没有塔基，塔身相同，在覆钵体上有三塔刹，每个上各有八重相轮。

　　北响堂石窟第9窟主室雕刻的十六个覆钵塔形龛，在前后左右壁相互对称，窟的前后壁与左右壁拐角处各雕刻一龛，左右壁各雕刻六龛。十六个龛的形制相同，分为底部的塔基，塔身的部分以及有华丽装饰的塔刹三部分共同构成。塔身部分为长方形，中间有圆拱形龛，有帷帐，两侧为莲花柱，柱下有仰莲瓣，下有承柱的承柱兽。龛内的佛像都为后世补刻。塔身上为覆钵体，在塔檐上有三颗火焰宝珠装饰。覆钵顶上有覆莲座，上有相轮叠放，宝相花叶从覆莲延伸到两边，相轮上有一个仰莲纹，仰莲纹上面伸展出来三枝花叶，形成三叉形的塔刹，塔刹顶端分别各有一个由覆莲花承托的火焰宝珠，极具装饰性。塔基上所开壶门内以减地平雕雕刻供养天人，两天人之间为博山炉。

南响堂石窟的第1窟左壁的覆钵塔形龛可能为唐代雕刻遗存，只有一个覆钵塔形龛位于列龛之下。塔基开三个正方形龛，中间小龛雕刻了一个博山炉，左右各雕刻一蹲坐狮子像。长方形塔身开圆拱尖楣龛，龛内雕刻一佛二弟子二菩萨一铺五身像。塔身上方有华丽的塔檐，由火焰宝珠等组成，塔檐上方有半圆形的覆钵体，在覆钵体顶端有宝珠纹样环绕着莲花纹。在莲花花心有一覆莲瓣的莲座托着塔刹。塔刹与塔檐两端翘起的部分由华绳连接，上面各系着三个铃铛，在翘起的尖角处也各有一铃铛，在上方有细而尖的塔刹。比起北响堂石窟的覆钵塔，到了唐代时期的覆钵塔已经不是主流，且塔顶的覆钵体更高，形状也更接近于半圆，有着华丽繁复的装饰物。洞窟的前壁和右壁在下方刻有《大方广佛华严经》，与石窟中石刻艺术的视觉程序一起，体现着《华严经》的佛学思想对于响堂石窟艺术的影响。

北响堂第3窟前廊《唐邕写经碑》上方刻有两龛，3-1号佛龛在写经碑的最上方，此龛为覆钵塔形龛，覆钵顶上有火焰宝珠，下方有仰莲雕刻，之下为塔檐，塔顶周围的空中雕刻有花纹，模糊不清。塔檐下方有帷幕垂下，两侧有幡铃悬挂，左侧幡铃旁有一身飞天的浮雕，右侧部分已被破坏。

2. 覆钵塔形石刻

在响堂石窟中的塔形雕刻根据所在位置，可以分为在石窟内部与外部两种类型。在石窟内部的有水浴寺西窟中心柱正壁上部龛额残存塔形雕刻。第二种类型的塔形雕刻在窟外，即出现在第7窟（千佛洞）门楣上的覆钵塔形雕刻。

这一塔形由飞天托举，或者是围绕着塔，功能与背屏式单体造像的顶部塔形雕刻相同。在第 7 窟的窟门的门楣中部刻有塔形浮雕，这一塔形为单层覆钵塔。塔基为覆莲座，塔身为方形，塔身四面开圆拱龛，其上为两层叠涩塔檐，檐上雕刻山花蕉叶，正中有火焰宝珠，在覆钵体上有三塔刹，分别有五重相轮，塔两边各有两身飞天环绕。这种塔的形象在北齐邺城地区出土的背屏式造像碑上也经常出现。如北齐法悇造像与北齐坐佛五尊像形制相似，在背屏的顶端雕刻飞天托方形覆钵塔，有叠涩基，方形四面开龛的塔身以及覆钵为顶上有塔刹。这种单层覆钵塔的小型实物见于邺城附近北吴庄出土的北齐覆钵塔，现收藏于北朝考古博物馆。邺城地区的覆钵塔在进入隋唐时期渐衰落，在形态上，也开始由覆钵顶变为中国传统的四角尖顶。[8] 石窟中佛像的背光处或是龛楣上的覆钵塔都有飞天托着，或者是围绕着塔，功能与背屏式单体造像的顶部塔形雕刻相同。

3. 覆钵塔的多重象征意义

1) 作为舍利塔——象征佛陀

"塔"之概念起源于印度，即为"窣堵坡"（Stūpa），出现在印度古代文献《吠陀》之一的《梨俱吠陀》中，《本生经》中也提到 Stūpa 是在亡者遗址建起的塔[9]。但学者王云指出，"窣堵波"一词的提出要早于佛教，因此其所涵盖的范畴也应大于特指的佛塔，相当于泛指的塔。[10] 在印度的早期佛教文化中，佛教思想反对偶像崇拜，认为佛陀于涅槃后就会脱离轮回而无所有形迹象，"佛塔"象征着佛陀本身。因此佛陀在早期的印度佛教中不具有人的形象，而是采用象征物来表现，如塔、法轮、菩提树等。《魏书·释老志》中记载：

佛既谢世，香木焚尸。灵骨分碎，大小如粒，击之不坏，焚亦不焦，或有

8　苏铉淑：《东魏北齐庄严纹样研究——以佛教造像及墓葬壁画为中心》，北京：文物出版社，2008 年，第 83 页。

9　［印］S.R. 戈耶尔：《印度佛教史》，黄宝生译，北京：中国社会科学出版社，2020 年，第 383—384 页。

10　王云：《关于印度早期佛塔象征含义的思考（一）》，《世界美术》2021 年第 1 期，第 57 页。

光明神验，胡言谓之"舍利"。弟子收奉，置之宝瓶，竭香花，致敬慕，建宫宇，谓为"塔"。塔亦胡言，犹宗庙也，故世称塔庙。[11]

塔与丧葬有关，是埋葬舍利的地方，更是佛的象征物以及崇拜的对象。释迦牟尼火化涅槃后，舍利（Śarīra）被分作八份建塔保存。"塔"也是埋葬圣者舍利、圣物或佛经的纪念性坟冢。多宝塔原为多宝佛的舍利塔，鸠摩罗什所译的《妙法莲华经》中多宝佛将七宝塔称为"我之塔庙"。《妙法莲华经》第十一《见宝塔品》中记载："我灭度后，欲供养我全身者，应起一大塔。"[12]塔作为舍利塔而出现，象征着佛陀本身，供养佛塔就是供养佛陀。

在北魏时期开凿的莫高窟第254窟《萨埵那太子舍身饲虎》的本生故事画中，舍利塔作为佛陀本身的意义也体现了出来。画面由十个情节组成，在一幅画中将不同时间和空间表现在一起。在壁画中有为太子所立的三重阁楼式塔，是王后与国王在王子舍身饲虎后将尸骨收敛供奉的舍利塔。这一阁楼式的塔身很像中国古代中原地区的木结构塔。塔基有三层，有楼梯连接。塔身有三层，每一层塔都有塔门，以瓦来分隔。在塔的最上方似为覆钵体，有三塔刹。这里的塔为存放王子舍利的舍利塔，即塔依然象征着佛陀本身。若按照《资治通鉴》中所说高欢的棺椁放置在响堂石窟中，则北响堂石窟第9窟（大佛洞）很可能就作为丧葬之用，那么石窟形制为覆钵塔形窟，以及四壁有十六个覆钵塔形龛，就可能具有舍利塔的功用，从而象征着佛陀本身。

2）作为轮王——象征权力

从丘就却时期建立了转轮王转世的理论系统，到迦腻色迦以转轮王的形象屡屡出现，每个君主统治级转轮王的形象都有所不同，都加入了统治者自己的面部特征，所以早期的犍陀罗和秣菟罗的佛陀造像特征就是佛与王的混合。[13]阿育王对于北齐的影响不仅在于他所建的阿育王古塔，还在于他作为转轮王转

11　［齐］魏收：《魏书·释老志》，北京：中华书局，2017年，第3290页。

12　鸠摩罗什译：《妙法莲华经·见宝塔品第十一》，北京：中国社会科学出版社，2018年，第465页。

13　李惠东：《佛陀的容颜》，桂林：漓江出版社，2020年，第9页。

世的身份。"轮"（chakra）起源于太阳符号，具有双重象征意味，既代表印度传说中征服世界的转轮圣王（Cakravartirāja）的轮宝，又代表象征着达摩或佛法的法轮（Dharmacakra）。[14] 阿育王石柱的代表之一《萨尔纳特狮子柱头》（Lion Capital at Sarnath），其浮雕带的动物之间雕刻转轮以作为间隔，也体现出阿育王的转轮思想。同样作为一个王朝的至高统治者，文宣帝高洋也强调着自己的轮王身份。

北齐文宣帝天保八年（557），《赵郡王高叡定国寺碑》的碑刻中记载"属大齐之驭九有……击玉鼓，转金轮"[15]。北齐大宁二年（562），彭城王高浟修寺碑歌颂北齐皇室"乘宝殿以飞空，驾金轮而傍转"[16]。武平三年（572），《唐邕刻经碑》明确将北齐帝王称为轮王："我大齐之君……家传天帝之尊、世祚轮王之贵。"[17] 文宣帝高洋被称作轮王，建造规模宏大的覆钵塔形窟像，也很符合一个王朝开创者的身份，响堂石窟的覆钵塔形窟象征着北齐皇室的轮王思想。北齐的统治者将皇帝视为转轮圣王，用阿育王舍利塔像的故事来进行统治，覆钵塔的象征意义还和北齐时期统治者的信仰相关。美国学者蒋仁和（Katherine R. Tsiang）在与王平先合写的论文中提出"覆钵顶塔在该时期的流行，暗示或反映了那时官方对此佛塔的推崇……在北齐时期，这类佛塔也有可能与阿育王相关联"[18]。北齐统治者以轮王思想来对民众进行统治，以缓和胡汉矛盾，彰显权力地位，反映了当时政治和信仰的复杂与交融，覆钵塔是一种权力的象征。

3) 作为多宝塔——象征《法华经》思想

塔的象征意义也和北齐时期在邺城流行的佛教信仰相关。李静杰认为

14　王镛：《印度美术》，北京：中国人民大学出版社，2010 年，第 28 页。

15　颜娟英：《北朝佛教石刻拓片百品》第 1 册，台北：台湾"中研院"历史语言研究所，2008 年，第 152 页。

16　颜娟英：《北朝佛教石刻拓片百品》第 1 册，台北：台湾"中研院"历史语言研究所，2008 年，第 180 页。

17　张林堂等：《响堂石窟碑刻题记总录（二）》，北京：外文出版社，2007 年，第 118 页。

18　蒋仁和、王平先：《阿育王式塔所具有的多种意义》，《敦煌研究》2017 年第 2 期，第 28 页。

"《法华经》对北朝佛教物质文化的支配力，超过其他任何经典"[19]。《法华经》卷四《见宝塔品》中有云：

> 尔时佛前有七宝塔，高五百由旬，纵广二百五十由旬，从地涌出，住在空中，种种宝物而庄严校之⋯⋯尔时四众见大宝塔住在空中，⋯⋯尔时佛告大乐说菩萨，此宝塔中有如来全身⋯⋯彼中有佛，号曰多宝。其佛行菩萨道时，作大誓愿：若我成佛，灭度之后，于十方国土，有说法华经处，我之塔庙，为听是经故，涌现其前，为作证明，赞言善哉。彼佛成道已，临灭度时，于天人大众中告诸比丘：我灭度后，欲供养我全身者，应起一大塔⋯⋯若有说法华经者，彼之宝塔，皆涌出其前。全身在于塔中，赞言善哉善哉。大乐说，今多宝如来塔闻说法华经故，从地涌出。[20]

北响堂第1窟（双佛洞）中主尊造像为二佛并坐，结合其外的单层覆钵塔形窟有着特殊的意义，在此从地涌出，后浮上空中的塔就是多宝佛的宝塔，故可知释迦和多宝塔的关系很密切。如塔内雕刻有一尊结跏趺坐佛，或释迦、多宝二佛并坐，则出现在石窟门楣顶端以及背屏顶端的塔形雕刻，很可能象征的是释迦牟尼讲《法华经》时出现的多宝塔。北齐时开凿的北响堂山石窟第3窟（刻经洞）与上方的第1窟（双佛洞）共同组成双层覆钵塔形窟，在上部第1窟（双佛洞）的覆钵体内正壁雕刻有释迦、多宝二佛并坐像。侯旭东经数据统计分析后指出："多宝造像流行于470—569年⋯⋯其所占比例北朝末年跌至0.7%。"[21] 在北朝末年北齐时期的二佛并坐像较少，较前代数量大幅下降。北响堂第1窟的二佛并坐像是北齐保存下来比较大型的一处。且这一佛像的组合出现在覆钵体中，象征着"多宝如来塔"，代表《法华经》仍在此时期继续影响着佛教艺术。

---

19 李静杰：《佛教物质文化》，《清华大学美术学院课程讲义》，2021年，第75页。

20 鸠摩罗什译：《妙法莲华经·见宝塔品第十一》，北京：中国社会科学出版社，2018年，第463页。

21 侯旭东：《五、六世纪北方民众佛教信仰》，北京：中国社会科学出版社，1998年，第138页。

在其他石窟如炳灵寺、云冈石窟、龙门石窟中也能找到二佛并坐多宝塔的例子，有西域式的覆钵塔，也有覆钵顶的单层方塔。比如在炳灵寺第 169 窟里有三座形制统一的多宝塔，其中北壁外侧壁画中第 13 号和第 11 号宝塔有榜题，分别为"多宝佛驻地""释迦牟尼佛多宝佛"[22]。第 169 窟第 11 号宝塔所在的壁画为中国最早的法华经变画，壁画中的多宝塔也是中国现存最早的多宝塔，有"释迦牟尼佛多宝佛"的榜题[23]，在这幅壁画所描绘的多宝塔中有释迦、多宝二佛并坐说法。龙门石窟 55 号塔在 1387 窟前壁，其中也有释迦、多宝并坐的浮雕雕刻，多宝塔也属于西域式的覆钵塔。云冈石窟第 11 窟内明窗东壁有太和十九年（495）造像龛，圆拱尖楣龛两侧各有一覆钵单层方塔，内有二佛并坐雕刻，为多宝塔。在北齐小南海石窟东窟外壁所刻的释迦多宝塔内有二佛并坐，塔基有释迦多宝的题字，代表着《法华经》思想中的释迦、多宝二佛并坐于多宝塔中。

到了初唐时期，在莫高窟中仍能看到作为多宝塔的图像出现，此时不再作为建筑雕刻的一部分或是浮雕装饰出现，而是多出现于壁画中，且多宝塔的形式有多种。莫高窟第 68 窟为初唐时期开凿，其中壁画中绘制了一个窣堵坡式的多宝塔，塔基是由叠涩构成的，塔身为方形，其中有释迦与多宝二佛并坐在榻上。莫高窟第 331 窟也是初唐时期开凿的，其中的壁画有二佛并坐像神王多宝塔。这一塔的塔基是叠涩形，前有供养人。其上有覆钵体，中间开尖拱龛，内画二佛并坐，龛两侧有装饰纹样在覆钵体上，再上有三层叠涩塔檐，角坠有塔铃，再之上有小的覆钵体、伞盖与宝珠。整座塔装饰得非常华丽，颜色鲜艳又丰富。

总之，响堂山石窟中覆钵塔不仅作为石窟中心柱龛楣与窟门门楣雕刻出现，并发展出了独特的塔形窟与塔形龛，成为其石窟建筑的重要组成部分，也

---

22 张宝玺：《炳灵寺的西秦石窟》，见于《中国石窟——永靖炳灵寺》，北京：文物出版社，1989 年，第 188 页。

23 甘肃炳灵寺文物保护研究所：《中国石窟艺术——炳灵寺石窟》，南京：江苏凤凰美术出版社，2020 年，第 177 页。

逐渐演化出了包括莲座塔基、方形四面开圆拱龛塔身、叠涩塔檐、覆钵体、山花蕉叶、三塔刹与多层相轮组成的独具特色的佛塔系统。早期印度覆钵塔的象征意义随着北朝时期佛教思想的变化，在响堂石窟中覆钵塔出现的位置不同、形式不同、观看角度不同、功用不同，所代表的意义是不同的，呈现出了舍利之于佛陀、轮王之于权力、多宝塔之于《法华经》思想等多重象征意义。

综上所述，经过对于响堂石窟的北齐石刻艺术进行分类统计和具体的造型分析，石刻艺术虽有不同的题材和造型，但指向了一些相同的特征，且这些特征可以视为是北魏石窟艺术转向隋唐之间的一种过渡风格，多位学者在研究响堂石窟的石刻艺术时也提到了这种风格的过渡性，并提出了北齐时期的一种重要的艺术风格——"响堂样式"。

第四章

北齐石刻的"响堂样式"与

"入塔观像"的整体观看方式

　　作为响堂石窟北齐石刻艺术的风格，"响堂样式"的形成受到了哪些方面的影响，又是怎样形成的？"响堂样式"中的石刻艺术又有怎样的特征？基于第三章对于不同题材石刻的造型分析，本章第一节从响堂石窟石刻艺术受到"胡化""汉化"和"鲜卑化"三方面的影响中，尝试对"响堂样式"进行归纳。

　　这些"响堂样式"的石刻艺术有着不同的题材，处于石窟所在的同一空间中，由高浮雕、浅浮雕、线刻、平雕和减地平雕等按照一定的视觉秩序排列组合，共同构成了具有"响堂样式"的佛教石刻艺术系统。以往研究美术史中的绘画或雕塑作品时，学者将艺术作品作为单独的研究对象来看待，而在石窟艺术中则"不但包括洞窟中的壁画和雕塑，而且也涉及石窟建筑或整个石窟群，以及这些视觉和物质构成的礼仪功能和隐含的'宗教视觉性'（religious visuality）"[1]。因此在研究响堂石窟中的石刻艺术时，本书从学者提出的"艺术整体"出发来进行观看，而不是割裂地考察和研究。第二节从"假想观者"的观看视角出发，以响堂石窟中的代表洞窟为例再次进入石窟空间中，由石窟外到石窟内，由中心辐射向四周，以及顺时针"绕塔礼拜"三种行进路线，从移动的视角和空间的角度观看响堂石窟保存较好的石刻艺术，从而达到对响堂石窟北齐石刻艺术的整体观看目的。

1　巫鸿：《"石窟研究"美术史方法论提案——以敦煌莫高窟为例》，《文艺研究》2020 年第 12 期，第 139 页。

第一节 "响堂样式"的形成

　　美术史也可以看作艺术风格流变的历史。王宏建和袁宝林认为"风格"将作品的内容和形式统一，也将整体的各部分关联在一起，"风格"就是作品艺术学范畴下的总体倾向。[1] 周积寅认为"风格"是艺术作品的形象、表现手法和运用语言等表现出的特色。[2] 艺术风格即艺术作品的特点，和民族与地域特色，与时代大背景下的政治、经济、文化和社会风尚密切相关。在中国古代已经有了关于作品风格，尤其是对于绘画艺术风格的讨论。清代郑绩在《梦幻居画学简明》中提到"笔简必求气壮，气壮则神力雄厚而风格高"[3]。唐代李嗣真在《续画品录》中总结郑法士为"气韵标举，风格遒俊"[4]。唐代张怀瑾在《画断》中更是把南北朝时期的代表画家张僧繇、陆探微、顾恺之的绘画风格加以总结概括为"张得其肉，陆得其骨，顾得其神"[5]。这些南北朝时期代表画家的艺术风格对于当时的佛教石窟石刻产生了重要的影响。在西方理论体系下，风格学也是研究美术史的重要方法。沃尔夫林认为"美术史把风格主要理解为表现，是一个时代的表现，一个民族气质的表现，也是个人性情的表现"[6]。对北齐响堂石窟不同题材的石刻进行艺术风格的研究，有利于具体观察与分析归纳，也有

1　王宏建，袁宝林：《美术概论》，北京：高等教育出版社，1994年，第230页。

2　周积寅：《中国画论辑要》，南京：江苏美术出版社，2005年，第273页。

3　周积寅：《中国画论辑要》，南京：江苏美术出版社，2005年，第276页。

4　周积寅：《中国画论辑要》，南京：江苏美术出版社，2005年，第277页。

5　周积寅：《中国画论辑要》，南京：江苏美术出版社，2005年，第278页。

6　海因里希·沃尔夫林：《美术史的基本概念·后期艺术风格发展的问题》，洪天富、范景中译，杭州：中国美术学院出版社，2015年，第25页。

助于进一步了解北齐时期佛教艺术特点、审美理想以及民族和时代精神。

　　在第一章对于响堂石窟北齐石刻艺术生成语境的研究中，分析了高氏统治下北齐政治、经济、文化等方面出现的新变化。这些新变化也反映在了北齐石刻形成的新风格中。响堂石窟的北齐石刻艺术对于北魏的佛教造像传统并没有完全继承和模仿，而是在"鲜卑化"的基础上，一方面受到上层崇尚鲜卑文化以及"胡化"的影响，另一方面继续受到"汉化"的影响，从而创造出了石窟造像的全新样式、题材、风格与发展方向，影响了北齐以降的石窟石刻艺术。

　　北齐石刻艺术的新风格在不同的地域表现出了彼此紧密联系却又有所不同的特点。目前学界较认同的有"青州样式"与"邺城样式"，这是由学者们基于山东青州出土的龙兴寺窖藏佛像以及邺城与附近地区出土的石刻进行研究总结出的样式风格。何利群以北吴庄发现的佛教石刻来研究"邺城样式"[7]，刘凤君、费泳、罗世平、邱忠鸣等学者均将青州造像称之为"青州风格"或"青州样式"，并进行了不同方面的研究与思考。[8]而相较于邺城地区或是青州地区而言，响堂石窟位于北齐陪都晋阳与都城邺城之间的交通要塞之地，其石窟中石刻艺术的重要程度不言而喻。再则响堂石窟作为北齐的皇家石窟，由北齐统治者及重臣出资或主持开凿洞窟，也彰显出响堂石窟相较于青州或邺城地区而言更加重要的地位。就目前所发现的现存石刻来看，邺城地区多为小型的造像碑或小型石刻，偶有大型单体造像，青州地区的石刻规模也远不及响堂石窟，响堂石窟的多个北齐时期开凿的洞窟更是形成了石刻之间彼此紧密联系、多层次布局的大型石刻视觉体系。因此作者认为响堂石窟的"响堂样式"与北齐时的"邺城样式"和"青州样式"既彼此关联又相互区别，尤其是"响堂样式"代表了北齐时期石刻风格的主流。

7　何利群：《从北吴庄佛像埋葬坑论邺城造像的发展阶段与"邺城样式"》，《考古》2014 年第 5 期。

8　"青州样式"研究见于，刘凤君：《论青州地区北朝晚期石佛像艺术风格》，《山东大学学报（哲社版）》1998 年第 3 期。费泳：《"青州样式"造像的源流》，《东南文化》2000 年第 3 期。罗世平：《青州北方造像及其样式问题》，《美术研究》2000 年第 3 期。邱忠鸣：《北朝晚期青齐区域佛教美术研究——以"青州样式"为中心》，中央美术学院 2005 年博士学位论文。

　　"响堂样式"的概念在马世长与丁明夷合写的《巩县天龙响堂安阳数处石窟寺》一书中提出，他们总结出了响堂石窟北齐石刻艺术的基本特点，即"造像出现的一种新样式和风格"[9]，认为"响堂山作为由皇室或皇室显要开凿的大石窟，在许多方面代表了北齐的时代特点，形成所谓北齐样式"[10]。在陈明达主编的石窟雕刻专著中写道"北齐风格……这种形式是与前期（北魏）迥然不同的新形式"，并强调"北齐石窟雕刻艺术，是自北魏向隋唐过渡的形式"[11]。张惠明在响堂石窟和驼山石窟的对比研究中也强调了石窟风格的过渡性特征。[12]后有学者唐仲明在《论"响堂样式"的特征及形成》一文中明确提出北齐响堂石窟的风格为"响堂样式"。[13]唐仲明在研究中着重分析了窟形、佛像与菩萨像，对于响堂石窟的其他题材仅略有提及，认为"响堂样式"融合了汉魏的传统和东魏以来的崇胡思想带来的"西域新风"。[14]作者从以上学者的研究中得出"响堂样式"的主要特征为其"过渡性"。不同于从"凉州样式""平城样式"到"洛阳样式"石窟造像艺术一路中国化的过程，"响堂样式"是对印度中亚佛教艺术风格的"复兴"，并受到"胡化"影响，与汉文化融合，传承鲜卑文化。"响堂样式"的范畴可以扩大化为一种响堂石窟石刻艺术的整体艺术风格，具体体现在响堂石窟的石窟形制与龛形、石刻组合形式与题材、造型、宗教与世俗服饰。

"响堂样式"中的石窟形制与龛形

　　在"响堂样式"中，如果把石窟艺术看作一个整体来进行观察，则石窟

9　马世长、丁明夷：《中国佛教石窟考古概要》，北京：文物出版社，2009年，第260页。

10　马世长、丁明夷：《中国佛教石窟考古概要》，北京：文物出版社，2009年，第258页。

11　陈明达、丁明夷：《中国美术全集·雕塑编13·巩县天龙山响堂山安阳石窟雕刻》，北京：文物出版社，1989年，第4页。

12　张惠明：《响堂山和驼山石窟造像风格的过渡特征》，《敦煌研究》1989年第2期，第21页。《响堂山和驼山石窟造像风格的过渡特征（续）》，《敦煌研究》1989年第3期，第30页。

13　唐仲明：《论"响堂样式"的特征及形成》，《敦煌研究》2015年第5期，第62页。

14　唐仲明：《论"响堂样式"的特征及形成》，《敦煌研究》2015年第5期，第62—63页。

形制与龛形也可以作为石刻艺术的一部分。若将整个石窟视为一个艺术欣赏的雕塑整体，则石窟形制与龛形就是支撑起整个空间的骨骼，多个题材的石刻为血肉，欣赏石刻艺术与之引发的精神共鸣则为灵魂之所在。"响堂样式"中的石窟形制一方面有北朝前期流行的中心柱窟和在北魏开始产生发展的三壁三龛（坛）窟，对于这两种石窟形制，作者对其发展变化已进行了较为简略的脉络梳理。另一方面，"响堂样式"中还有独特的单层覆钵塔形窟和双层覆钵塔形窟。"响堂样式"在外建造塔形窟，在内建造中心柱窟和三壁三龛（坛）窟，在继承北朝早期石窟形制的基础上，发展出了新的石窟形制，并将几种石窟形制结合在了一起。在本节，梳理了在"胡化"与"汉化"共同作用下，"响堂样式"中较为特殊的石窟形制与龛形之形成过程。

"胡化"一词来源于陈寅恪的研究。[15] 冉令江阐释这一词为接受了少数民族文化的汉人逐渐被同化，"北朝汉人的'胡化'更主要的表现为'鲜卑化'"[16]。冉令江其实把汉人作为了主体，其历史视野可能在于南朝。而对于北朝多为北方民族鲜卑、匈奴、羌等，如果把北齐的统治者作为受到文化影响的主体，那么在此基础上去谈"胡化"，则"胡"的概念扩大到了少数民族之外的西域及外来文化。从东魏时期开始，高欢虽为汉族血统，但在文化上认同自己是鲜卑人，是"具有浓厚鲜卑习俗的'鲜卑化'汉人"[17]。则"胡"无法再指代鲜卑人等少数民族，反而应该扩大到包括西域三十六国和天竺等地的范畴，即"广义的西域概念"[18]。更准确地来说，这种影响了响堂石窟石刻艺术的"胡化"为陈寅恪所提出的"西胡化"，即那些鲜卑或鲜卑化贵族沉溺于西域的歌舞、游戏与玩物[19]，从而受到的西域文化影响。高氏虽为汉族血统，但为鲜卑化的汉人，研习鲜卑人的习俗，反对北魏后期完全汉化、实行汉制的政策，从文化、思想

---

15 万绳楠：《陈寅恪魏晋南北朝史讲演录》，贵阳：贵州人民出版社，2007年，第248页。

16 冉令江：《民族融合视域下的北朝艺术风格演变研究》，东南大学2021年博士学位论文，第5页。

17 万绳楠：《陈寅恪魏晋南北朝史讲演录》，贵阳：贵州人民出版社，2007年，第249页。

18 王嵘：《西域艺术史（导言）》，昆明：云南人民出版社，2006年，第1页。

19 万绳楠：《陈寅恪魏晋南北朝史讲演录》，贵阳：贵州人民出版社，2007年，第252页。

到生活习俗，都承袭前朝的"胡制"。[20] 在政治上高氏依靠鲜卑六镇将士夺得政权，推行"胡汉分治"，使鲜卑族与汉族冲突矛盾不断，宗教作为缓和这一社会矛盾的重要手段，在石窟艺术中吸纳了多元文化与思想。"响堂样式"中覆钵塔形窟就是在受到西域"胡风"和"汉文化"的影响从而成为的"胡汉结合"的产物。

覆钵塔无论是作为响堂石窟的石窟建筑还是作为石刻艺术，都具有鲜明的时代与地域特点。在前文第一章第三节中，已经将覆钵塔作为石窟建筑的一种独特的窟形进行了研究。在第三章的第四节，将覆钵塔作为一种重要的龛形和一种石刻艺术题材进行了研究，并阐述了覆钵塔在响堂石窟中具有重要的多种象征意义。在本章研究"响堂样式"的形成中，将对覆钵塔进行溯源，找寻响堂石窟中覆钵的雕刻风格以及其形象的形成因素。响堂石窟中覆钵塔的"胡化"因素可以追溯到孔雀王朝阿育王时代，在印度桑奇窣堵坡遗址中的窣堵坡1号（Stūpa No.1）被称为"桑奇大塔"（Great Stūpa at Sanchi），这一覆钵体是印度式佛塔的雏形，其形态为半球体很像覆钵，桑奇大塔最初修建的覆钵塔被视为阿育王塔形制的代表。[21] 塔作为礼拜的中心，信徒在覆钵塔周围顺时针绕塔礼拜。后来在石窟中的覆钵塔也延续了作为礼拜对象的功用。

在石窟中，覆钵塔也作为石窟建筑的重要组成部分，从桑奇大塔外部泥土夯实的覆钵体转为在石窟内部设置覆钵塔，依然作为礼拜的核心对象。公元前3世纪至前2世纪的贡塔帕里石窟（Guntupalli Caves）是印度现存较早的塔堂窟，在窟内已经出现了覆钵塔，塔的顶端有装饰的残留。建造于公元前3世纪到前2世纪的巴贾石窟（Bhājā Caves），第12窟的覆钵塔塔身穹隆形的覆钵体所占塔整体的比重更大，塔顶还保存有平头部分，但这两座石窟中的覆钵塔在塔基和覆钵塔身的部分都没有装饰物出现。阿旃陀石窟（Ajanta Caves）的覆钵塔下方稍向内收束，依然为素面无装饰，但在塔顶的平头处出现了叠涩装饰。阿

---

20 李惠东：《佛陀的容颜》，桂林：漓江出版社，2020年，第156页。

21 王镛：《印度美术》，北京：中国人民大学出版社，2010年，第57—59页。

旃陀石窟的第 19 窟建造较晚，也为塔堂窟，在塔堂窟的中心建有覆钵塔。此时的覆钵塔出现了显著的变化，塔基由以往的朴素无装饰变为有雕刻装饰，且变为双层塔基。覆钵部分更加接近于完整的球体，虽然仍为素面，但在上层塔基和覆钵部分开圆拱龛，龛内有立佛像浮雕。塔顶有叠涩装饰和三重相轮，顶部似为宝珠。

建造于公元前 60 年至公元 100 年左右，卡尔利石窟（Kārli Caves）第 8 窟覆钵塔的塔基要比覆钵体部分略高，覆钵体顶端有多层叠涩。这一覆钵塔的形制很接近于阿旃陀石窟第 9 窟的佛塔，塔基部分有些区别，且卡尔利第 8 窟的覆钵塔塔身的覆钵形较为扁平。贵霜王朝犍陀罗时期（1 世纪—3 世纪）覆钵塔的形制改变了，覆钵体虽然没有完全开放内部的空间结构，但不像以往完全封闭与外界阻隔。塔整体显著变高，伞盖约七层，塔顶还有多重的相轮。大塔周围多见有与大塔形制相同的奉献塔。大塔与奉献小塔的覆钵外围和祭坛侧面装饰着佛教故事浮雕嵌板，壁龛内供奉着佛像与菩萨像。在 4 世纪或 5 世纪呾叉始罗莫赫拉·莫拉杜寺院（Mohra Muradu）遗址出土的奉献塔中可以看到类似的形制，此时覆钵体在塔中所占比例显著减少，反而塔基与塔顶的相轮增长，且塔基也为多层雕刻有佛像以及华丽的装饰。在响堂石窟中出现的覆钵塔形窟的覆钵体与叠涩基和古印度一带出现的覆钵塔密切相关，其叠涩层从古印度时位于覆钵体的顶端平台上，变为了出现于覆钵体之下、石窟窟檐之上。

响堂石窟中的覆钵塔不仅作为建筑出现，有时也是浮雕的一部分，起到装饰以及补充造像含义的作用。在印度的桑奇大塔中就已经出现了这一功用的塔形雕刻。在桑奇大塔北门第二和第三道横梁之间立柱右边的浮雕，雕刻了一座覆钵式窣堵坡，信徒正在塔前礼拜。佛传故事浮雕中没有出现佛陀本人的形象，而是用象征符号来暗示佛陀的存在，以塔与转轮等象征符号来暗示。在这里出现的塔形雕刻就是作为浮雕的塔，既起到建筑装饰作用，又作为补充佛法思想的作用。

德拉斯政府博物馆收藏的一块石灰石浮雕窣堵坡图样中的塔形浮雕也是如此。这一浮雕嵌板约创作于 150 年至 200 年间，出土于阿马拉瓦蒂大塔遗址[22]，属于南印度窣堵坡形制的代表，即阿马拉瓦蒂大塔（Great Stūpa at Amaravati）的一部分。这块浮雕嵌板详细刻画了阿马拉瓦蒂大塔的形状，基坛四方的露台上各自竖立着一排五根石柱，中央是大塔的半球形覆钵。和桑奇大塔中的塔形雕刻相比，突出的特点是嵌板上方中间直接刻画出了人形的佛陀坐像。覆钵基坛和围栏内侧均有详细的佛传故事或本生故事，浮雕塔顶两角成群飞天在奏乐、舞蹈和礼拜。在印度窣堵坡图样中的佛像与塔的主次位置改变了。从印度佛教早期如桑奇大塔中没有佛像只有覆钵塔雕刻，到窣堵坡图样覆钵塔占浮雕构图的主要位置，佛像雕刻在嵌板上方尺寸远小于佛塔，下方飞天环绕塔分布，代表着佛教思想中小乘佛教向大乘佛教的转化。从阿育王塔、桑奇大塔到阿旃陀石窟以及阿马拉瓦蒂大塔遗址，有覆钵体的塔即覆钵塔逐渐在印度发展成为佛教建筑中的重要组成部分，为响堂石窟中出现的覆钵塔提供了蓝本。这种作为印度重要佛教艺术的塔从西域传入中国后，还带有鲜明的印度式覆钵塔特点，新疆境内至今遗存的塔，如疏勒的莫尔、于阗的热瓦克、龟兹的巴什河东寺塔都带有覆钵式的顶。[23]

　　早在十六国西秦时期的甘肃地区就已经出现了印度式覆钵塔对于中国石窟的影响。在炳灵寺石窟第169窟23号龛上方的壁画中，绘制的两座佛塔就为印度早期覆钵塔[24]，现存有画面左侧的大部分塔身及塔顶，以及右侧的小部分塔身、塔顶与塔基。在塔顶部分壁画损毁，但依稀能分辨出有三叉形的塔刹，塔刹上有相轮和宝珠，可能是后来发展到响堂石窟中华丽而精美的三塔刹和火焰宝珠的雏形。第23号龛的印度式覆钵体塔身在底部也有损毁，从现存画面中能看出至少有八层连珠纹，由椭圆形、两绳缠绕、联珠纹、锯齿形纹饰呈均匀连续排布装饰。这些分布呈现几何规律性的覆钵装饰并没有被响堂石窟继承下来，作为雕刻和建筑的覆钵塔在覆钵体上没有这样的条纹状装饰，而是如阿

22　王镛：《印度美术》，北京：中国人民大学出版社，2010年，第138—140页。

23　贾应逸、祁小山：《印度到中国新疆的佛教艺术》，兰州：甘肃教育出版社，2002年，第3页。

24　甘肃炳灵寺文物保护研究所：《中国石窟艺术——炳灵寺石窟》，南京：江苏凤凰美术出版社，2020年，第176页。

旃陀第 19 窟一般开龛在其中造像，有的覆钵部分则大部分为素面，再装饰以山花蕉叶、火焰宝珠、金翅鸟等以两侧对称的方式安排石刻的画面。

覆钵塔从印度传入中国，其覆钵体的造型到了唐代依然有一定的影响力。如在龙门石窟西山宾阳洞附近出土了一件唐代的幢塔[25]，其石灰岩雕刻的佛塔，外形依然延续着印度早期覆钵塔的形制。在玄奘撰写的《大唐西域记》中记载，印度阿育王塔"崇基已陷，覆钵犹存"，据学者考证为萨尔纳特的达摩拉吉卡窣堵坡（Dharmarajika Stūpa）遗址。[26] 阿育王塔即具有鲜明印度式特点的塔，多为半球形的覆钵体。北齐天保五年（554）魏收所撰的《魏书·释老志》中叙述了阿育王造塔的事迹，"于后百年，有王阿育，以神力分佛舍利，于诸鬼神，造八万四千塔，布于世界，皆同日而就。今洛阳、彭城、姑臧、临淄皆有阿育王寺，盖成其遗迹焉"[27]。在中国古代文献中对于阿育王塔的记载，以及佛塔所处位置在于中国境内，都代表着阿育王古塔对于中国佛教艺术中"塔"的影响。到 6 世纪，阿育王所造的八万四千塔中十九座建造在中国境内的传说已在中国流布。[28]

邺城的塔形雕刻很可能也受到了临淄的阿育王塔的影响。虽然没有文献能直接证明邺城地区建有阿育王塔古塔，但在《高僧传（卷九）·佛图澄传》的记录增添了几分可能性：

（石）虎于临漳修治旧塔，少承露盘。澄曰："临淄城内有古阿育王塔，地中有承露盘及佛像，其上林木茂盛，可掘取之。"即图画予使，依言掘取，果得盘像。[29]

25 龙门石窟研究院：《龙门石窟院藏文物精品图册》，第 45 页。

26 王镛：《印度美术》，北京：中国人民大学出版社，2010 年，第 27 页。

27 ［齐］魏收：《魏书·释老志》，北京：中华书局，2017 年，第 3290 页。

28 《法苑珠林·经塔篇卷 37》，北京：中华书局，2003 年，第 1209 页。

29 慧皎：《四朝高僧传·高僧传》，北京：中国书店，2018 年，第 141 页。

桑奇大塔	贡塔帕里石窟覆钵塔	巴贾石窟覆钵塔
阿卡利石窟第 8 窟覆钵塔	阿旃陀石窟第 19 窟覆钵塔	奉献塔
桑奇大塔北门背面浮雕（局部）	阿马拉瓦蒂大塔窣堵坡图样	炳灵寺第 169 窟 23 号 龛上方覆钵塔
三层楼阁式佛塔，四川 什邡东汉画像砖	东汉石棺画像石中的传统木构 建筑，徐州汉画像石艺术馆	东汉石棺画像石中的传统木构 建筑，徐州汉画像石艺术馆

（续表）

三层红釉陶望楼，东汉晚期，河南博物院收藏	河南洛阳出土宁懋石棺，北魏	李小孩墓石棺，隋大业四年（608），西安西郊梁家庄出土
云冈石窟第9窟前室北壁仿木构建筑窟门	莫高窟第257窟南壁的说法图中殿阙式的塔	龙门石窟第1387窟前壁第55号覆钵塔，北朝
龙门石窟第726龛第21号覆钵塔，北朝	龙门石窟第1034窟右壁第37号覆钵塔，北朝	河南安阳灵泉寺北齐石塔

表4.1　覆钵塔溯源图表

　　《高僧传·佛图澄传》记录了佛图澄在邺下一带的佛教活动，他有门徒近万人。佛图澄于东晋永和四年（348）十二月八日于邺都圆寂，其在世时的佛活动为邺城东魏、北齐时期佛教的第二次兴盛创造了条件。慧皎在《高僧传·佛图澄传》中描述了石虎在临漳修塔时，佛图澄使其前往临淄取得了古阿育王塔的承露盘的事迹。这一事迹反映出，邺城的佛塔很可能受到了阿育王塔的影响从而建造出了覆钵体的部分。阿育王塔对北齐时期邺城地区的影响很可能为后来北齐响堂石窟中对于覆钵塔的大量运用起到了一定的作用。

阿育王塔影响范围在北齐之后也不再只限于《魏书·释老志》中记载的洛阳、彭城、姑臧、临淄地区。在浙江台州博物馆中保存有五代吴越国的阿育王塔铁塔和阿育王塔石雕山花蕉叶的部分。五代吴越国阿育王铁塔出土于灵石寺塔四层北天宫，为吴越国王钱俶于公元965年所造，铁塔涂金，有须弥座，塔体开四圆拱门，门楣有璎珞装饰，铸造有飞天、菩提树、佛像的形象。塔刹部分残缺，塔顶装饰有覆莲花，塔基有铭文："吴越国王俶敬造宝塔八万四千所永充供养，时乙丑岁记。"可知在五代时期，阿育王塔还持续发挥着影响，且影响范围向南方拓展。无论是关于我国最早佛塔的记载，还是记述阿育王塔对于中国本土的影响，《魏书·释老志》都表明了在南北朝时期印度式覆钵塔对中国佛教艺术的"胡化"影响。

随着印度佛教沿着丝绸之路东传，印度文化、中亚文化和中原文化逐渐相互交融，也体现在了佛教建筑形制和雕刻的变化中，除了印度式塔形象中覆钵体的"胡化"影响，"响堂样式"的覆钵塔也受到了中国古代木构建筑楼阁（重楼）或阙的"汉化"影响，从而使得从印度东传到响堂石窟中的覆钵塔形窟、覆钵塔形龛与覆钵塔形雕刻出现了本土化的特点。在《后汉书·刘虞公孙瓒陶谦列传》中已经有关于楼阁式塔的记载，汉末三国时期丹阳人笮融"大起浮屠寺，上累金盘，下为重楼，又堂阁周回，可容三千许人，作黄金涂像，衣以锦彩"。虽然丹阳人笮融所建的佛塔，实物已不得见，汉代的木构建筑实物也没有留存，但在墓葬中的画像石、建筑及明器中还留有其具体的形象。在四川什邡东汉画像砖上还雕刻有三层楼阁式佛塔，或与《后汉书》记载的佛塔形制相近，这是关于我国佛塔的较早的图像资料。"殿阙"是汉代时出现的一种建筑形式，在汉代的画像石中可见。四川简阳鬼头山东汉石棺画像上，阙门旁的铭文将其确认为天门，即死者灵魂进入死后世界的通路。[30] 在乾陵内还保留有唐代的阙楼，正是殿阙的下部梯形的部分。

东汉晚期的三层红釉陶望楼是典型的汉代木构楼阁建筑。这种仿中国传统

---

30 巫鸿：《黄泉下的美术——宏观中国古代墓葬》，施杰译，北京：三联书店，2010年，第63页。

图 4.1 五代吴越国阿育王铁塔，965 年，台
州博物馆收藏，笔者摄

木结构的建筑形式也出现在了石刻艺术中，如河南洛阳出土的北魏时期的宁懋
石棺，其上屋顶以及后壁的石刻线条组成了一个木构建筑，形制与汉代的祠堂
一致，包括立柱、横梁、斗拱、瓦垄、瓦当、鸱尾、屋檐等建筑结构。在西安
西郊梁家庄出土的隋大业四年（608）李小孩墓石棺上也以屋顶及石棺上的石
刻组成了仿木构建筑。这些建筑结构也出现在了响堂石窟的石窟形制中，成为
重要的"汉化"因素。

　　中式木构建筑楼阁或阙也影响着中国的石窟艺术。在敦煌壁画中，塔形龛
的雏形已经出现。如在莫高窟第 257 窟中，这一开凿于莫高窟北朝第二期的洞
窟中，在南壁后方中央说法图中描绘了殿阙式的塔。在这一塔上出现了很小的
覆钵体及塔刹装饰。这是汉代的殿阙和印度覆钵塔组合而成的殿阙式的塔。这
种新的建筑形式可以称之为"塔寺"。"塔寺"的名称来自《魏书·释老志》，
其中写到"敦煌地接西域……多有塔寺"。这种殿阙式的塔为早期汉传佛教的
建筑艺术，也从侧面印证了响堂山石窟中塔形窟的塔身部分受到了中国古代木
构建筑的深远影响。

图 4.2　麦积山石窟第 30 窟仿木构窟檐，北魏晚期，笔者摄　　图 4.3　麦积山石窟第 4 窟仿木构窟檐，北周，笔者摄　　图 4.4　麦积山石窟第 3 窟仿木构窟檐，北周，笔者摄

　　在云冈石窟第 6 窟东壁"出南门遇病人"石刻中已有仿木构建筑的宫殿。第 9 窟主室南壁下层的"鬼子母失子缘龛"中有仿木构建筑屋檐，前室北壁有仿木构建筑窟门。云冈石窟第二期开凿的第 12 窟中，东、西两壁雕刻有三开间的仿木结构屋形龛，也出现了仿木构屋檐。在麦积山北魏晚期开凿的石窟如第 28 窟和第 30 窟，以及北周时期开凿的第 3 窟"千佛廊"和第 4 窟中都有相似的仿木质结构，可以看作是云冈石窟的延续。从云冈石窟到龙门石窟、庆阳北石窟寺、麦积山石窟、天龙山再到响堂山石窟中都可见仿木构造的建筑形式。响堂山石窟中北齐时期的覆钵塔形窟、覆钵塔形龛以及覆钵塔形浮雕，在覆钵体下的塔身部分多采用仿木制建筑的结构，正是来自中国古代木构建筑的影响。且在北响堂第 3 窟（刻经洞）前廊《唐邕写经碑》的 3-2 号佛龛在写经碑碑文的上方，此龛帷幕之上已经出现了中式传统仿木结构建筑的屋顶浮雕。3-1、3-2 号龛共同组成了一个上有覆钵顶，下有中式仿木结构建筑的双层覆钵塔形龛。

　　中式木构建筑也影响着中国的佛塔建筑形制。梁思成在绘制历代佛塔型类演变图的时候以中土"重楼"和印度窣堵坡为先型，演化出了五种塔的类型。王南提出，在东汉末年传入中国的佛塔样式以塔克西拉奉献塔为基本原型，这种三重塔基层层缩进的造型，每层各面均由壁柱分为三开间，其间的三座佛龛包括马蹄形拱和梯形拱两种造型，影响了云冈石窟的中式佛塔。[31] 在印度奉献塔中佛龛在层层缩进的塔基间，而在云冈石窟第 5 窟和第 6 窟南壁的佛塔中可以看出，此时佛龛在中式木结构建筑楼阁式塔中，而覆钵顶缩小，与塔基、平台、相轮一同构成了塔刹。在楼阁塔中相比于多层高耸的塔身，覆钵顶所在的塔刹所占的比例很小，有时甚至覆钵的部分被去除。作者认为在印度覆钵塔传入中国后，与中式木构建筑结合，使得印度的覆钵塔产生了本土化的演变，发展为两种大的佛塔类型，一种为楼阁式塔的塔刹，一种为中式覆钵塔。

在北魏时期，高层的楼阁式塔比较流行，单层覆钵塔不是主流。北齐依然流行多层楼阁式塔的建筑，如相州的定国寺塔、兴和二年（540）修建的禅静寺七层塔、法喜寺七层浮屠砖塔以及青州龙兴寺（南阳寺）塔等。和北齐流行的多层楼阁式塔的建筑非常不同，在形制方面，在北齐响堂石窟中流行的为单层覆钵塔形窟和双层覆钵塔形窟，而塔形龛和塔形雕刻则是覆钵顶单层方塔。在其他南北朝早期和中期的石窟中覆钵塔也并不流行。据统计，云冈石窟的一百二十余座佛塔中，覆钵单层方塔有十三座，仅占全部佛塔的 10.8%[32]；龙门石窟十七座塔中覆钵塔有四座，仅占全部佛塔的 23.5%[33]。单层覆钵塔雕刻直到南北朝末期的东魏北齐时期才增多，出现在单体造像的背光和造像碑的顶部。[34] 韩国学者苏铉淑在研究中统计了超过八十件单层塔形雕刻，其中二十三件有铭文，纪年范围为从天保二年（551）到武平七年（576），地域分布在河北、河南、山西、山东，几乎在北齐的整个统治领域都有发现。[35] 而在邺城的石窟中塔形雕刻超过了三十件，并且在北齐时期出现了独特的塔形窟和塔形龛。北

31 王南：《塔窟东来》，北京：新星出版社，2020 年，第 11 页，第 44 页。

32 苏铉淑：《东魏北齐庄严纹样研究——以佛教石头造像及墓葬壁画为中心》，北京：文物出版社，2008 年，第 106 页。

33 杨超杰，严辉：《龙门石窟雕刻粹编——佛塔》，北京：中国大百科全书出版社，2002 年，第 18 页。

34 苏铉淑：《东魏北齐庄严纹样研究——以佛教石头造像及墓葬壁画为中心》，北京：文物出版社，2008 年，第 82 页。

35 苏铉淑：《东魏北齐庄严纹样研究——以佛教石头造像及墓葬壁画为中心》，北京：文物出版社，2008 年，第 90 页。

朝时期的覆钵塔不再只具有像西秦时期印度式的覆钵塔，而是融合了仿木构建筑的方形亭台，在覆钵下方增加了方形的塔身，覆钵在方形塔身之上作为塔顶部分而出现。

东魏北齐时期"邺城样式"流行在单体造像和背屏造像上雕刻覆钵塔形，一般出现在背光的顶部由飞天托举。在美国弗利尔·赛克勒博物馆收藏的佛教石雕造像中，也有几尊在背屏上有覆钵塔的雕刻。如北齐河清四年（565）曲阳容城诸刘村邑人等造白玉双思惟菩萨像上，在镂空的双树背屏上雕刻出有两个侧面的覆钵塔，塔基处有覆莲瓣，其上为三层叠涩，塔身为四面开尖拱龛的方形亭阁，每一侧都有龛柱，内雕刻有结跏趺坐佛，再之上为三层叠涩塔檐，其上为覆钵体，周围装饰山花蕉叶，覆钵体的平台上塔尖为三塔刹，中间有三重相轮，两侧为五重相轮。这一收藏于美国弗利尔·赛克勒博物馆中的汉白玉造像上部的中间部分，有覆钵塔由力士在塔之下承托，下方有圆拱尖楣龛，龛内有释迦多宝二佛并坐像，由二力士承托。两侧双树造型中依次排序着双龙以及左右共八个飞天形象，双龙口衔花带，飞天分别手托花带。主尊为二思惟菩萨并坐，这也是经常出现在北齐曲阳白石造像中的形象。北齐佛像与二弟子二菩萨石雕像上在背屏顶部雕刻出一个正面的覆钵塔，塔下由脚踏莲花的力士承托仰莲，塔基为两层叠涩，塔身为方形中间开圆拱，龛内刻结跏趺坐佛像，塔檐也为双层叠涩，其上为覆钵形塔顶，覆钵周围有山花蕉叶装饰，顶端有五重相轮组成的塔刹。北周时期的白石造像塔，依然为单层覆钵塔，有方形塔基，四面开方形龛的塔身，叠涩与覆钵组成塔顶，覆钵周围有山花蕉叶装饰，覆钵上有相轮，塔刹损毁。

在东魏北齐都城所在地邺城（今河北临漳），在背屏上雕刻覆钵塔的背屏式造像至少有七件，还有一件四面覆钵塔，为背屏雕刻覆钵塔的实物参照。一般在这种背屏造像中的覆钵塔雕刻在背屏顶端中间，由飞天托举。北朝时期的单层覆钵塔融合了仿木构建筑的方形亭台，在覆钵下方增加了一层方形的塔身，覆钵在方形塔身之上作为塔顶部分出现，比楼阁塔塔刹部分占比极少甚至于消失的覆钵体部分，单层的覆钵塔中覆钵体仍然占有重要的地位。这种邺城地区

| 法悦造像，北齐天宝元年（550） | 坐佛五尊像，北齐 | 白石背屏造像残件，东魏、北齐 | 王仲礼与王元景造像，东魏、北齐 | 东魏北齐造像覆钵塔，北齐 |

表4.2 邺城地区覆钵塔石刻与覆钵塔图表

| 云冈石窟第11窟东壁，北魏 | 龙门石窟古阳洞左壁，北魏 | 巩县石窟正壁，北魏 |
| 北响堂第3窟右壁，北齐 | 南响堂第7窟正壁，北齐 | 水浴寺西窟左壁，北齐 |

表4.3 盝形帷幕龛统计表

出现的覆钵塔造像和背屏造像上所刻覆钵塔与响堂石窟中出现的覆钵塔雕刻保持了高度的一致性。

除单体佛像和造像碑中出现塔形雕刻外，在石窟中也出现了以"塔"为题材的雕刻。龙门石窟位于北魏都城洛阳城附近，这里的塔的形式反映了一种皇家流行的样式。龙门石窟北朝时期的单层塔有四座。在1387窟的前壁有55号塔，712窟北壁有20号塔，726窟有21号塔，1034窟的南壁有37号塔。其中20号塔雕刻于建义元年，即528年。除55号塔的塔身为覆钵体之外，三座塔都是由方形塔身、覆钵顶、山花蕉叶和塔刹构成的，三座塔的覆钵体都比较突出。

可以说龙门石窟出现的覆钵塔石刻为响堂石窟中出现覆钵塔形龛提供了样式的范本。尤其是龙门石窟 712 窟北壁 20 号塔和 726 窟 21 号塔，与北响堂第 3 窟附一号塔龛群有四个塔形龛非常相似。

除了覆钵塔形龛受到楼阁式塔和中式传统的木结构影响，盝形龛也接受汉文化的影响，促成了响堂石窟中又一"汉化"的契机。响堂石窟中南响堂石窟第 7 窟有帐形龛和盝顶，形成盝形帷幕帐形龛。盝形龛是石窟寺中模仿中国木结构建筑盝形顶的龛形，平面呈矩形，顶部多为平面浅浮雕，龛楣分数格，格内一般雕刻雕佛、飞天、供养及装饰性图案，盝楣下施帷帐。北响堂石窟第 3 窟北齐三壁三龛式石窟右壁的龛做成帐形龛，有一排莲花瓣的装饰、垂角装饰和帷幔的装饰，和当时人们的生活习惯息息相关。此外在水浴寺西窟的左右壁上分别各开一盝形龛，损毁较为严重，还有残余的帷幔可见。盝形龛较早出现于云冈中期，盛行于北朝，唐以后逐渐消失。云冈石窟从早期到晚期均运用了大量盝形龛来装饰交脚菩萨像或其他佛教造像。云冈石窟第 11 窟东壁上层和巩县石窟第 1 窟中心柱的左壁也出现了盝形帷幕帐形龛。在北魏云冈石窟和龙门石窟的盝形龛中帷幕较小，龛也通常为在侧壁的小型龛，装饰性极强，有极其繁复的雕刻，且在盝形中除了飞天外还会雕刻佛传故事，到了巩县石窟，已经出现大型龛为盝形帷幕帐形龛，但还处于侧壁的位置。到了北齐时期山西徐显秀墓壁画中画的墓主人坐在宝帐中，有覆斗顶的盝顶。北齐时在响堂石窟中已经把盝形帷幕帐形龛作为石窟中的大型主龛来使用，成为礼佛的中心。

"响堂样式"中的石刻组合形式与题材

在"响堂样式"中，石刻艺术的组合方式包括一佛二弟子一铺三身像、一佛二菩萨一铺三身像、一佛二弟子二菩萨一铺五身像、一佛二弟子四菩萨一铺七身像、一佛四弟子二菩萨一铺七身像，此外还有一些小龛特殊的组合形式。飞天分为两身飞天、六身飞天、八身飞天、十二身飞天相对称或按一定顺序呈圆圈状出现。以题材可分为主要石刻佛像、弟子像与菩萨像，次要石刻如力士、神王、飞天、供养人、承柱兽、覆钵塔。其中佛像的题材涵盖释迦牟尼、定光佛、二佛并坐、三世佛、七佛、十佛、"涅槃""说法""西方净土变"与千佛。响堂石窟中的力士像一种为在窟门或主龛两侧成对出现，单独雕刻在一龛之内的大型力士像；一种为承托起博山炉或者承托龛柱的小型力士像。大型力士像在前廊窟门的左右两侧大龛中，在窟门两侧守护佛法；小型力士像出现在窟内正壁两侧龛柱下方角落，为承柱力士像。供养人像多出现于中心柱正壁、右壁、左壁下方基坛的小型龛中，或三壁三龛窟的内部正壁、右壁和左壁的小型龛中，与博山炉、狮子或神王像组成石刻组合。更有特殊的供养人形象出现于窟内左壁、右壁和后壁的覆钵塔形龛下方，以减地平雕雕刻出供养人的轮廓。相同或不同的题材组合在一起，按照一定的程式顺序排列，处于石窟的不同空间位置。

响堂石窟的石刻布局并不像以往云冈石窟或龙门石窟中将所有的墙壁空白处全部占满，形成非常复杂的视觉系统，响堂石窟中的石刻组合非常清晰，布局也有一定的规律性，以龛为单位形成石刻的组合。在窟外前廊四柱开三间，为窟门与两侧的力士像所在龛。进入石窟后，主要的石刻雕刻在中心柱的三壁或者三壁三龛窟的正壁、左壁和右壁，以大型龛内雕刻佛像、弟子像和菩萨像为主。石刻组合以佛像为中心，且佛的形象比其他从属高大，以示尊卑之序。且在石刻不同的组合形式中，佛总是居于中间的，佛像造型本身也呈左右对称。这种对于对称感的追求也体现在菩萨像、弟子像上，弟子像为迦叶与阿南，菩萨像有观世音菩萨与大势至菩萨，经常以对称的方式成对出现在佛像两侧。在主龛的上方有龛额，下方有基坛，龛额有飞天和覆钵塔或宝珠，基坛中有博山炉、供养人、神王、狮子的组合石刻，在四周墙壁上雕刻列龛，有覆钵塔形龛也有普通的方形龛，龛内有小型一佛二菩萨像。承柱兽不仅只出现于前壁，还出现在了中心柱的大龛下方，且在四壁出现多个，四壁和中心柱上方还以千佛像填充空间，飞天出现在石窟内外也用于烘托氛围，还有一些成组的雕刻"定光佛并三童子""说法图""净土变""涅槃变"作为个例出现。无论是成组石刻的对称布局，还是龛内石刻像的组合上以中间对称的雕刻布局，都体现出佛教石窟艺术的秩序感和庄严感。不同题材的石刻围绕在主视觉石刻的周围，营造

图 4.5　常乐寺三世佛，金代，笔者摄

疏密有度的佛国氛围。

　　响堂石窟中很多石刻题材的组合形式在以往的石窟艺术中已经出现，是响堂石窟对于石窟艺术传统的继承与发扬。如由三尊形象相似的佛像组成的三世佛题材，从北魏中期开始到北魏晚期都有出现，是常见的中国石窟题材。三世佛题材有明确纪年的，最早可追溯到西秦建弘元年（420），永靖炳灵寺169窟中的保存较为完好的三世佛题材为第9龛。三尊立佛像身着袒右肩式袈裟，袈裟轻薄贴体，衣纹抽象，衬托出身体的轮廓与外形，受笈多秣菟罗风格影响，以阴线刻雕刻出 U 形衣纹，袈裟的宽大衣袖边缘呈现波浪形。云冈石窟的三世佛题材在昙曜五窟中第 18、19 和 20 窟中都有所体现。麦积山北魏第78 窟是最早的一批麦积山洞窟之一，窟中佛像题材为三世佛，窟龛不大而佛像三尊的体量相近，虽然经过隋代重修，但依然显得挺拔雄健且威严庄重，尤其佛像的袈裟覆右肩的袒右式袈裟，受到云冈石窟第一期的影响，袈裟有着更加细密的衣纹。龙门石窟宾阳中洞的三世佛题材受到了云冈石窟影响，布局与云冈石窟第一期很像，中间为一佛二弟子二菩萨，继承南朝样式，坐佛为褒衣博带悬裳坐，衣服下摆垂下三层到四层。两侧分别为一佛二菩萨作胁侍，衣服和人物形象都有汉式的特点。甘肃陇东庆阳北石窟寺第 240 窟是北石窟寺北周时期的代表洞窟，其三世佛造像敦实厚重，既继承了北魏以来秀骨清像的余韵，又是隋唐丰满富丽风格的先声，是北石窟寺佛教艺术从北魏向隋唐过渡转折阶段的造型风貌。延续到隋代的三世佛题材也出现在灵泉寺大住圣窟，窟门上方有隋开皇九年（589）铭刻，记录窟内三壁三龛分别雕刻阿弥陀佛、卢舍那佛、弥勒佛三世佛。

　　"以《法华经》为主要经典依据，以释迦佛为主的三世佛石窟体系……窟主为北齐皇室、朝中权贵以及由下层官吏眷属、民众组成的邑子社团，以世俗为主流，可以响堂系石窟为代表。"[36] 响堂石窟早期佛像主流为三世佛，共有五组，且占据重要位置，在石窟中的中心柱三壁或三壁三龛的三面墙壁。北响堂第 9 窟中心柱三龛① a1、① a2 和① a3 佛像，北响堂第 3 窟三壁三龛中的② a1、② a2 和② a3 佛像，与水浴寺西窟中心柱三龛① c1、① c2 和① c3 佛像，南响堂第 5 窟三壁三龛中的② b1、② b2 和② b3 佛像，南响堂第 7 窟三壁三龛② c1、② c2 和② c3 佛像题材都为三世佛。在缺少榜题的情况下，王振国以佛像的坐姿尤其是"未来佛的坐姿为半跏坐或倚坐"[37] 为依据，判断响堂石窟中三世佛的题材。在北响堂山脚下有金代常乐寺，其中也塑造了三世佛的形象，目前大部分损毁。在常乐寺三世佛殿遗址中间后方的部分《重修三世佛殿之记》中提到了确切的开始塑造以及完工的时间为"贞元二年正月癸亥始立塑像……去年九月丁卯成以工毕"，即公元 1154 年到 1158 年用了四年的时间塑造完成。根据碑刻所记载，当时"又于其中塑三世佛像，中尊释迦，当见在贤劫；弥勒居左，当未来星宿劫；迦叶居右，当过去庄严劫"。此处三世佛的题材分别为

---

36 王振国：《试论响堂系石窟与地论系石窟的异同》，李治国主编：《2005 年云冈国际学术研讨会论文集（研究卷）》，北京：文物出版社，2006 年，第 130 页。

37 王振国：《试论响堂系石窟与地论系石窟的异同》，李治国主编：《2005 年云冈国际学术研讨会论文集（研究卷）》，北京：文物出版社，2006 年，第 132 页。

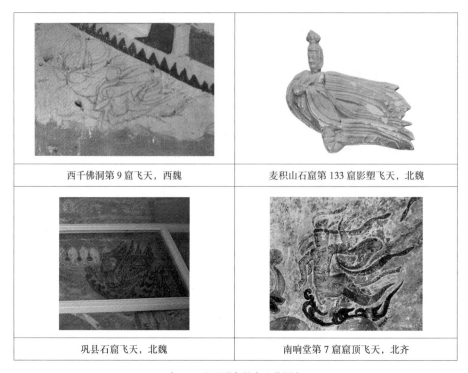

西千佛洞第9窟飞天，西魏	麦积山石窟第133窟影塑飞天，北魏
巩县石窟飞天，北魏	南响堂第7窟窟顶飞天，北齐

表4.4　飞天形象的本土化图表

居中的释迦牟尼、左边的弥勒佛以及右边的迦叶。

　　"响堂样式"中的艺术题材一方面来自印度佛教艺术，一方面也有基于中国传统文化土壤生成的题材如承柱兽与神王，和产生变化的题材如飞天。飞天形象在响堂石窟北齐石刻中主要以浅浮雕和线刻的形式出现，在石窟外立面明窗或小型龛的上方，有的飞天形象出现在前廊窟门门楣、窟门内侧顶部。在石窟内部，飞天形象出现在窟顶围绕莲花雕刻为一圈，石窟内的飞天形象也有在中心柱的龛额上和主尊佛像的头光上方，其形象为中国本土化的飞天。在南北朝时期莫高窟和西千佛洞等石窟中的飞天形象还带有西域传入的特点，光头且祖露上身，西千佛洞第9窟西魏时期的飞天为V字形。飞天形象的中国化从北魏的麦积山石窟127窟已经开始。这一石刻佛像背光上雕刻一圈飞天，供养飞天腿为跪姿，飘带飘向一侧，穿着汉式衣裙。麦积山133窟中飞天形象梳汉式

| 克孜尔石窟第 38 窟主室前壁　弥勒菩萨兜率天宫说法图，4 世纪 | 莫高窟第 275 窟西壁　交脚弥勒菩萨，北凉 |

| 云冈石窟第 16 窟南壁　交脚弥勒菩萨，北魏 | 云冈石窟第 17 窟北壁　交脚弥勒菩萨，北魏 |

表 4.5　交脚弥勒像图表

发髻，同样着汉式广袖裙，与墓葬壁画上飞仙形象相关，源自于对于天界的想象。飞仙与羽人有关，"羽人是身上长有羽毛，能飞翔的仙人，是古代汉族神话中的飞仙"[38]，在南阳汉画像石中多出现。佛教信徒把这种形象照搬入石窟艺术中成为飞天形象的原型，这种形象在印度的石窟中并没有出现，而是一种中国特有的飞天造型。在巩县石窟中心柱龛楣的飞天也为飞仙的形象。在响堂石窟中的飞天形象主要呈现 L 形，其飘飞的披帛在身体一侧呈总体横向的动态趋势，表现徐徐飞之。

　　响堂石窟中出现的承柱兽的形象，也出现在巩县石窟四壁最下方雕刻中。在北齐响堂石窟的承柱兽只出现在了北响堂石窟第 9 窟和北响堂第 4 窟中，出

---

38 牛天伟等主编：《南阳汉画之祥瑞升仙》，郑州：海燕出版社，2020 年，第 326 页。

现在中心柱大龛龛柱下方或是覆钵塔形龛的龛柱下方，来源于中国本土神话体系中出现的"雷公"形象，与墓葬中的"方相氏""孙笏"有关，这一题材出现在响堂石窟中也是受到了"汉化"的影响。石刻题材的"汉化"还体现在神王题材中，神王像不见于印度佛教中，是佛教传入中国后，与中国本土传统神话题材结合而产生出的新的佛教题材。神王属于护卫佛法的善神，与在北朝末期流行的佛教末法思想相关。何利群认为在北朝晚期末法思想甚嚣尘上，与北齐那连提离耶舍翻译的《大集经·月藏分》有关，多位僧人以此经典来讲述末法思想。[39] 神王像较早出现于北魏正光四年（523），龙门石窟的宾阳中洞窟门两侧，雕刻有龙、树、风、火狮、象、珠、鸟、山等十神王的石刻题材。在东魏武定元年（543）的骆子宽造像基座上也有十神王像。李裕群提到这是现存唯一有完整题名的神王像，十神王分别为珠神王、风神王、龙神王、河神王、山神王、树神王、火神王、狮神王、鸟神王与象神王，大体上解决了石窟和单体造像中所见神王像的定名问题。[40] 东魏武定四年（546）道凭法师建的安阳灵泉寺大留圣窟基坛雕刻有河神王、山神王、风神王、火神王、树神王与象神王等八尊神王像。神王题材在北魏末期的巩县石窟寺，东魏北齐时的安阳小南海石窟、太原天龙山石窟都有出现，在南北朝石窟中流行[41]。神王的位置也从宾阳中洞的窟门两侧，转而固定在石窟中心柱或者三壁三龛大型佛龛的基坛上。

除巩县石窟寺的神王造像在数量上超出了十神王，其他石窟的一个洞窟中多为六尊或八尊，内容也没有超出骆子宽造像的十神王范围。"响堂样式"中的神王位于石窟中心柱下方的基坛或三壁三龛的基坛上，在大型龛的下方，与中间的博山炉、两侧的狮子像或供养人像组合在一起。响堂石窟的神王像以浮雕形式出现，神王像的雕刻较为粗糙，可能与在基坛下方处于视觉观看的次要位置有关。神王像的题材通常由其所拿物品或身体部分表现出的特点所标示出，响堂石窟北齐神王像中目前保留下来的石刻中，有树神王、风神王，火神王、

39 何利群：《邺城遗址出土北齐石塔及相关图像的探讨》，《考古》2021 年第 5 期，第 9 页表一。

40 李裕群：《神王浮雕石佛座拓本考释》，《考古》2010 年第 7 期，第 68 页。

41 刘东光：《邯郸鼓山水浴寺石窟调查报告》，《文物》1987 年第 4 期，第 23 页。

河神王、象神王、山神王等，其组合与所处方位并没有固定的程式和顺序。隋代仍可见到这类造像，如河南宝山开皇九年窟的佛坛上即刻有神王像。在唐代以后，神王像不再出现。

北齐时期的佛教思想的变化不仅影响着石刻艺术的题材，也与石刻组合以及位置的变化息息相关。值得注意的是，最早出现在克孜尔石窟门上方，并曾经一度在北魏时期流行的"交脚弥勒"，如云冈石窟17窟与北凉石塔都有交脚弥勒的石刻，以及莫高窟第254窟的交脚弥勒佛像，在响堂石窟不再出现，甚至连弥勒的题材到了唐代才在响堂石窟重新出现，但坐姿也从交脚改为了倚坐。此外释迦、多宝二佛并坐的佛像题材在北魏也很流行，但在响堂石窟中几乎销声匿迹，只有一处大型龛在北响堂第1窟正壁的②d1二佛并坐像，小型二佛并坐像出现在南响堂石窟第1窟窟门上方的阿弥陀净土变浮雕的左侧和南响堂第2窟窟门上方阿弥陀净土变浮雕的两旁；定光佛只在水浴寺西窟出现了一处"定光佛并三童子"的浮雕。

响堂石窟"阿弥陀净土变"与说法图首先以石刻艺术表现，影响了在莫高窟等地流行的唐代净土图像。这些石刻题材的出现以及位置的变化根因是由于北齐佛教思想产生了变化。南响堂第1窟（华严洞）中心柱正壁最上方浮雕带右侧"白马舐足"的场景最早描绘于《太子瑞应本起经》，大同云冈石窟、莫高窟等石窟中，与邺城背屏造像中都有表现"白马舐足"的石刻，表现太子悉达多得道成佛，与中间的说法图相辅相成。在南响堂石窟第1窟（华严洞）中心柱上方对面，即主室前壁上方刻有北齐时期的西方净土变浮雕（"阿弥陀净土变"），主尊阿弥陀佛下方雕刻有七宝池，有莲花化生。北响堂第6窟6-18下层雕刻莲花化生，十佛对应的下排有十个莲花化生的形象，或许代表的就是《观无量寿经》"九品往生"。用不同的雕刻处理方式，以童子坐莲座、莲花和莲叶来表现出"上辈观""中辈观""下辈观"三种往生净土的差异，也表现出西方净土思想在东魏北齐的流行。

正如李静杰所认为，《法华经》思想支配着北魏到西魏时期的佛教图像，而到了北齐时期乃至隋代则法华经思想逐渐被西方净土思想所取代，并且在邺城地区还出现了《华严经》思想影响下的佛教图像。在南响堂石窟的第1窟（华严洞）主室前壁与右壁下方刻《大方广佛华严经》。"在邺都等局部地方，《华严经》思想成为支配佛教图像的另一股重要力量。北齐以来西方净土信仰对佛教图像的影响力日益加强。在《法华经》《华严经》图像之中孕育的西方净土因素，开启唐代净土图像大发展之先声。"[42] 且在响堂石窟之外，根据左右两壁分别刻画弥勒与阿弥陀净土图像，结合石窟题记所记载的佛像题材，李静杰推测北齐天保六年（555）年僧稠所建安阳小南海石窟中窟正壁主尊，以及隋代开皇九年灵裕所建安阳灵泉寺大住圣窟正壁，这两处的主尊为《华严经》的教主卢舍那佛。[43] 北齐石刻题材的转变反映出北齐佛教思想的转变，曾经一度在北魏流行的《法华经》思想到了北齐逐渐让位于《华严经》思想和净土思想。

"响堂样式"中的身姿

以往考古学的研究着重分析佛像袈裟的衣纹从而进行断代，在考古学前辈的研究成果基础上，此部分聚焦于研究石刻造型本身的特点，从头光、体形、手部动作、腿部动作、姿势、所拿物品等方面对不同题材的石窟分别做总体归纳总结，以试图分析把握"响堂样式"中的身姿特征。

响堂石窟石刻大部分头部缺失，身躯、手臂、手部、腿部、脚部等身体部分也有不同程度的损坏。依然保留在响堂石窟中的北齐石刻头部，有南响堂第1窟主尊佛像，南响堂第7窟② b5弟子像还有北齐时的头部，水浴寺西窟左壁右侧① d8菩萨像和左侧① d9菩萨像头部尚存，南响堂第7窟② b1力士像和② b2力士像头部尚留但风化严重。响堂石窟保留下北齐的头部有南响堂第1窟主尊佛像，从这一尊的面部来看，响堂石窟石刻佛像吸收了犍陀罗艺术长圆的脸型，但面颊更加丰腴圆润，眼眶深陷，颧骨突出，鼻梁与眉骨相接，但眼

---

42 李静杰：《佛教物质文化》，见于《清华大学美术学院课程讲义》，2021年，第73页。

43 李静杰：《佛教物质文化》，见于《清华大学美术学院课程讲义》，2021年，第79页。

响堂石窟保存北齐石刻头像					
/	南响堂第1窟（华严洞）中心柱右壁、正壁与左壁龛佛像	水浴寺西窟左壁佛像	南响堂第7窟左壁弟子像	水浴寺西窟左壁菩萨像	水浴寺西窟左壁左侧菩萨像
其他北齐石刻头像			/		/
/	北齐佛头像，龙兴寺出土，青州博物馆藏	北齐石雕释迦头像，太原华塔村出土，山西博物院藏	/	北齐彩绘佛立像，龙兴寺出土，青州博物馆藏	/

表 4.6 北齐石刻头部图表

睛半睁，眼睑微垂，嘴角微微向上扬起，表现沉思冥想的精神气质则来自印度秣菟罗的佛像艺术。有华丽的圆形头光，头光中的卷草纹样式也受到了笈多艺术的影响。

佛像、弟子像、菩萨像、力士像的头光一般在同一石窟中有一致的头光，有固定的纹样组合形式。舟形背光出现在北响堂第9窟①a1佛像、水浴寺西窟①c佛像、南响堂第7窟②c1佛像、北响堂第6窟③a佛像、北响堂第4窟③b佛像、北响堂第8窟③c佛像身后墙壁上，在舟形内雕刻出火焰纹，尤以北响堂第9窟①a1佛像的最为华丽，且其中有龙形浮雕穿插于背光中。佛像、弟子像和菩萨像大型佛像头光一般为圆形，由多层雕刻组合而成，从外到内依次为联珠纹、卷草纹或缠枝莲花纹、联珠纹、多重素圈、莲花浮雕等组成，有时会在头光原形的上方加入火焰纹和飞天，还有圆形头光的卷草纹中上方位置雕刻出宝珠，在北响堂第6窟③a佛像头光中还出现了七佛坐像，这属于个例。中小型佛像、弟子像和菩萨像的头光可能曾为彩绘或彩绘和雕刻的圆形与桃形相结合，现有的头光已缺失，有的只剩下圆形或桃形的线刻。头光中内容的组合、纹样和雕刻的深浅有所不同，但都在石刻像的身后表现宗教人物散发出的佛光，能够标记出重要石刻并使之突显，且起到烘托宗教气氛的作用。

响堂石窟主要石刻像的姿势因石刻的残缺并不好判断其动作与姿势，作者以相关资料配合现存石刻进行补充研究。佛像、弟子像、菩萨像的姿势与手印遵循《大般若经》中的三十二相、八十种好的量度和仪轨。佛像多为结跏趺坐，大多为右腿盘于左腿之上的坐姿，有的左腿盘在右腿之上，也有佛像为半跏倚坐、倚坐、直立或仰卧的姿势。佛像的手印有的一手施无畏印，一手施与愿印，有的为说法印。弟子像和菩萨像多以直立的姿势出现在响堂石窟中，有一尊在南响堂第5窟上壁角落的菩萨像较特殊，为在双树龛中的思惟菩萨像，为半跏倚坐。弟子像有时双手在胸前合十，有时双手捧莲、钵或宝匣。菩萨像一手抬起，一手拿莲花、香囊或者净瓶。力士像也为直立，有时一腿向旁边迈开，一腿屈腿，手中可能曾拿金刚杵。神王像一腿盘起，一腿屈起脚踏地面，手部拿着象征其身份的风袋、净瓶、火焰、树、山、鱼、珠等。供养人呈跪拜、行进或坐三种姿势，双手合十或手拿莲花与莲蕾。飞天于虚空中飞起，手捧莲蕾、宝珠或承托博山炉与覆钵塔，也有伎乐飞天手拿笙、箜篌、横笛等乐器演奏。承柱兽作为龛柱的一部分承托柱身，有双腿内八字跪地，双爪搭在腿上，有的双臂双腿呈现风车状的姿势。

在佛像的身形上，响堂石窟北齐早期佛像雕刻得如印度笈多秣菟罗风格一般肩膀宽圆，以显示身材的雄健，但胸腹部则没有像秣菟罗风格的佛像一般表现出真实的宽厚胸膛，而是如早期犍陀罗艺术中一样隐藏在厚重的袈裟下，显得身体部分宽大却扁平化。在佛像石刻中突出表现上半身的体量感，忽视了身体下半部分，不符合人体的自然比例，并没有像笈多秣菟罗风格的佛像那样表现匀称的身材。响堂石窟北齐中后期的佛像石刻则更接近笈多萨尔纳特风格，如南响堂第7窟、南响堂第5窟和水浴寺西窟中心柱三壁佛像与菩萨像，表面磨光，袈裟或菩萨装的衣纹简疏，身形比北响堂第9窟和北响堂第4窟要单薄一些。上大下小，其实在佛像上来讲，作者认为指的是一种上身所占比重多，肩宽膀圆胸厚，敦实健硕；下身尤其是结跏趺坐的佛像腿部表现得较为消瘦，脚部有时足部很尖，所占体量较小这样一种身形。观看方式，从下仰望，上大

南响堂第 1 窟① b1 结跏趺坐佛像	北响堂第 9 窟① a2 北响堂第 9 窟① a2	北响堂第 9 窟① a3 倚坐佛像	水浴寺西窟⑥ f 立佛像
南响堂第 5 窟⑧ c 卧佛像	南响堂第 1 窟① a2 弟子立像	北响堂第 6 窟③ a2 弟子立像	水浴寺西窟① b1 弟子立像
旃陀罗药叉女 公元前 2 世纪 加尔各答印度博物馆	北响堂第 9 窟① a5 菩萨立像	北响堂第 4 窟① b4 菩萨立像	北响堂第 4 窟① b1 菩萨立像
水浴寺西窟① d2 菩萨立像	南响堂第 5 窟⑦ a1 菩萨半跏倚思惟坐像	弟子像与菩萨立 像身姿示意图	/

表 4.7　响堂石窟中石刻佛像、弟子像与菩萨像身姿图表

下小的身体结构就显得较为合理。

　　"响堂样式"中除了受到以印度笈多秣菟罗风格的"胡化"影响外，也受到了"平城样式"中"鲜卑化"的影响。佛像传承自"平城样式"，有云冈昙曜五窟的雄健的体态，但与其细腰收腹不同，雕刻出腹部隆起之态，以此突出腹部。此时的佛像改北魏的平刀法为圆刀法，注意身体的造型为隆起的弧形，尤其是胸腹部的肌肉隆起，使得身体表现得更加的丰壮，以增加石刻的体量感。陈明达认为在佛教艺术从西域经鄯善、于阗、龟兹等地汇入河西走廊后，从印

度式的风格进行了本土化的改造，出现了有胡化特征的凉州风格。[44] 带有浓郁犍陀罗风格的凉州佛教艺术影响最为深远，北魏击溃北凉使其退却至高昌后，北魏已经接受了凉州样式的影响，从武威天梯山第 1 窟和第 4 窟，金塔寺中可以看到流行于北凉的释迦牟尼佛、交脚弥勒和思惟佛。这些造像面相浑圆，眼睛细长，高鼻深目，体形健壮。受到凉州样式影响的平城样式则可见于云冈石窟的昙曜五窟三世佛中，这些石刻像宏伟矫健，容貌方圆，也有着北凉似的高鼻深目，肩宽胸厚。

北魏末期的巩县第 1 窟、第 3 窟和第 4 窟的造像，身肢短粗朴实，面相圆而丰长，呈现了一种与云冈昙曜五窟浑厚质朴，及龙门石窟北魏窟秀骨清像完全不同的风貌。这种圆胖的造型率先出现于巩县石窟，具有一定的典型意义。以后的北齐响堂石窟和北周敦煌莫高窟都受到了其影响。[45] 东魏北齐石刻艺术继承了云冈石窟、龙门石窟、巩县石窟的北魏传统。虽然姿势各不相同，但响堂石窟石刻中的人物形象具有一些相趋同的特点。石刻以浑圆的头像和圆柱体形态强调佛像的体积感，面含微笑、神态自若，既有佛教超凡脱俗的神秘感，又有浓厚的世俗趣味，凸显出鲜明的世俗化。

作为宗教艺术，响堂石窟中的石刻艺术是理想化的，不像西方雕塑注重以写实的技法表现人体的结构。尤其是中国本土化的佛教造像不会像古印度佛教中萨尔纳特风格几乎薄衣透体，而是在儒家的礼义廉耻思想之下以含蓄的方式表现体态。响堂石窟中的石刻像以衣物遮盖住大部分的身体，不直接表现身体本身的结构。在佛像中或是厚重或是轻薄的袈裟下的身躯，经常以衣纹的线条来表现，虽然没有具体地表现出真实的肌肉结构，但可以看到在袈裟之下起伏的体量。但隐藏在袈裟下的身躯与四肢通常也是由袈裟连接在一起，使得四肢与身躯之间没有雕刻出分离的空间关系。结合了印度笈多风格、鲜卑文化以及汉文化影响的响堂石窟佛像呈现出了圆融壮美、静穆雍容、简练华贵的风格面貌。

---

44 李惠东：《佛陀的容颜》，桂林：漓江出版社，2020 年，第 248 页。

45 陈明达、丁明夷：《中国美术全集·雕塑编 13·巩县天龙山响堂山安阳石窟雕刻》，北京：文物出版社，1989 年，第 29 页。

　　"响堂样式"与"青州样式"有一些相似之处，都为袈裟覆体将身形隐藏在衣服之下，比起响堂石窟中尚有线刻表现衣纹的情况，青州石刻中有的袈裟磨光处理，几乎紧贴身体表现出身体的轮廓，有薄衣透体之感，更接近笈多萨尔纳特注重表现身体接近裸体状态的透体佛衣。但青州石刻"更加中国化而不是倾向梵式，尤其是人体轮廓表现不是更清楚，而是更加含糊不清，对于人体表现有明显的顾忌"[46]，这与中国儒家思想中的道德观念相关，即使表现的佛像透体但袈裟仍然会模糊掉身体的具体结构，并不会产生如古希腊一般或者萨尔纳特风格对于裸体直接表现的造型。山东青州的驼山石窟和龙兴寺出土的石刻艺术很可能是受到了响堂石窟这一北齐皇室石窟的影响。山东青州驼山石窟第3窟有隋代一佛二菩萨像，身体丰壮，大衣很薄，紧贴身体，几乎没有衣纹，衣纹抽象，身体呈茧状。驼山石窟第3窟隋代造像一方面吸收了北周佛教艺术中浑厚与强壮的特点，另一方面在造型上对光滑简洁表现的追求又明显带有响堂石窟北齐造像影响的痕迹，从中可以看到北齐风格对隋代风格的影响。[47]此外，还有大量佛像身着右袒式袈裟，这在笈多造像中也是不常见的。

　　"响堂样式"与晋阳的天龙山石窟和南涅水石刻造像也有一致性。天龙山北齐造像身姿优美，躯体转圆，衣纹重整体韵律感。头部增大，胸高肩润，衣纹处理较深，强调身躯的凹凸起伏。"这种雕刻技法在从北魏造像向隋唐造像的过渡中，迈出了重要的一步。"[48]天龙山隋开皇四年（584）的第8窟躯体破坏严重，躯体轮廓大体仍如北齐的管形，但已不是直管，并开始考虑到人体的结构，所以外观不是简单地突出体积感，而是消除了管形的垂直感和笨拙感，稍显活泼。衣纹仍贴身简练。[49]南涅水像胸部相对平坦，但在腹部也似"响堂样式"

46　罗文华：《笈多艺术及其对中国佛造像的影响》，《紫禁城》2016年第10期，第64页。

47　张惠明：《响堂山和驼山石窟造像风格的过渡特征》，《敦煌研究》1989年第2期，第41页。

48　陈明达、丁明夷：《中国美术全集·雕塑编13·巩县天龙山响堂山安阳石窟雕刻》，北京：文物出版社，1989年，第33页。

49　陈明达、丁明夷：《中国美术全集·雕塑编13·巩县天龙山响堂山安阳石窟雕刻》，北京：文物出版社，1989年，第23页。

一般鼓起。相对于响堂石窟的石刻而言，南涅水的造像全身都有压缩，身体厚度不足真实人体的一半。正如张玮所说"晋阳地区是北魏样式向北齐样式过渡的区域，其造像也会出现两个时期的特征"[50]。在晋阳地区发现的南涅水造像虽与"响堂样式"中身姿特征有所不同，但也出现了相似之处。

弟子像的身材一般为筒状，不显露腰身，身躯隐藏在袈裟之下，四肢与身体没有空间分离关系，只在贴体的袈裟下显露出大致的轮廓，但起伏不明显。"响堂样式"下的弟子像和菩萨像的总体特点，梁思成认为是"从程式化的线形的渐入于立体的物体表形法，躯体渐圆……神气则较前近人多矣"[51]。北齐石刻"全身各部以管形为主……与北魏相较，则北魏上小下大，肩窄头小。北齐则上大下小，其韵律迟钝，手足笨重。轮廓无曲线，上下直垂"[52]。

学者所说的筒形或管状的菩萨像和弟子像，其实是以往只从石刻的正面进行观察，而忽略了侧面和背面的结构而得出的，通过响堂石窟的扫描来看，这种形状其实更接近于半个蚕茧形，这种造型的腹部最为突出，逐渐向两头变平缓，上比下大。如芝加哥大学扫描的北齐弟子像传为出自响堂石窟，这尊弟子像从扫描来看更加直观。这一弟子像向下倾斜，呈一定倾斜角度，增强了视觉上的立体感，不再是秀骨清像中扁平化的造型，蚕茧状让观者的视线无法停留，而滑向弟子像的头部，使得高浮雕接近于圆雕的自然体量感，和中国传统俑塑一样突出一种向上的气韵。

菩萨像肩膀宽圆，胸腔部分饱满宽阔，身体比例匀称，有的身材敦实且略显强壮，手臂和脚部刻画得宽且厚，有的在腰身处雕刻出身体与手臂之间的凹陷部分，来体现手臂与身体有空间分离关系，整体的菩萨装华丽而又繁复。长袍贴身，有"曹衣出水"之姿，显露出其浑厚壮阔体形，胸腹部隆起，有腰身曲线。且腰胯部有扭转，早期如北响堂第 9 窟①a3 菩萨像、①a4 菩萨像、①a5 菩萨像，北响堂第 4 窟①b3 菩萨像、①b4 菩萨像，都为跣足立于宝座之上，

---

50 张玮：《晋阳北齐造像的过渡性特征》，《晋阳学刊》2019 年第 5 期，第 134 页。

51 梁思成：《佛像的历史》，北京：中国青年出版社，2010 年，第 64 页。

52 梁思成：《佛像的历史》，北京：中国青年出版社，2010 年，第 68 页。

一腿直立，一腿稍屈起，足部踮起脚尖着地，但在脚下方可能受当时的雕刻技艺限制没有做镂空处理，只是将脚下抬起部分的石头处理得比脚部轮廓略小，但脚部仍然连着地面，似乎有印度早期药叉女"三屈"的神韵，整体身姿有 S 形的动势。陈明达也强调响堂石窟菩萨像具有的动态，"已稍有活泼姿态，为盛唐菩萨像之先导"[53]。

"响堂样式"中石刻的身姿为何呈现"胡化"的特征？早在汉明帝时期就已有经由使者带回中原地区的西域绘画和雕塑作品，如"蔡愔取天竺国优瑱王画释迦倚像"[54]，以及（蔡）"愔又得……释迦立像"[55]。在东晋安帝司马德宗义熙年，狮子国（即僧伽罗，今斯里兰卡）进献了一尊玉质佛像，后收藏在了瓦棺寺。在《历代名画记》中有记载："《梁书·外域传》，狮子国晋义熙初献一玉像，高四尺二寸，玉色特异，制作非人工力。历晋、宋朝，在瓦棺木寺。"[56]有胡人画家和雕塑家在魏晋南北朝时期进入中原地区生活和任职，如胡人画家康昕在东晋临沂一带任职官员，张彦远记载其为"外国胡人……画类子敬"[57]；来自天竺的僧迦佛陀"初在魏，魏帝重之"[58]，后在隋代于嵩山少林寺作画，传房门上有其真迹。

在北齐时，来自中亚曹国（今乌兹别克斯坦撒马尔罕一带）的画家曹仲达善画佛像，也擅长泥塑。张彦远在《历代名画记》中称其为"北齐最称工，能画梵像，官至朝散大夫"（国朝宣律师撰《三宝感通记》，具载仲达画佛之妙，颇有灵感）。[59]曹仲达的"曹家样"作为唐代"四家样"之一，"唐人把其特

53 陈明达、丁明夷：《中国美术全集·雕塑编13·巩县天龙山响堂山安阳石窟雕刻》，北京：文物出版社，1989年，第20页。

54 ［唐］张彦远：《历代名画记》，北京：人民美术出版社，2016年，第126页。

55 魏道儒、李利安：《世界佛教通史·第三卷中国汉传佛教（从佛教传入至公元6世纪）》，北京：中国社会科学出版社，2015年，第18页。

56 ［唐］张彦远：《历代名画记》第5卷，北京：人民美术出版社，2016年，第115页。

57 ［唐］张彦远：《历代名画记》第5卷，北京：人民美术出版社，2016年，第111页。

58 ［唐］张彦远：《历代名画记》第7卷，北京：人民美术出版社，2016年，第152页。

59 ［唐］张彦远：《历代名画记》第8卷，北京：人民美术出版社，2016年，第158页。

点概括为'曹衣出水'"[60]。金维诺认为曹仲达的"曹家样"，"是在笈多艺术的基础上，在南朝文化的氛围中，将中国绘画和西域绘画融会贯通而形成的一种新样式，是中西文化艺术融合的具体体现。他所画的'梵像'不是完全照搬外来样式，而是在适应中原地区的具体审美影响下，并有自己的创造"[61]。在响堂石窟的石刻艺术中也可见"其体稠叠，而衣服紧窄"[62]的"曹家样"特点。耿杉认为"曹家样"反映在北响堂第9窟、北响堂第4窟、南响堂第1窟、南响堂第7窟中的佛像与菩萨像上，表现为"平滑光洁的体面与舒缓下垂的线条，使形象在疏简平淡中透露出内在的情绪"[63]，并认为"这种样式受笈多艺术影响很大"[64]。王振国在形容北响堂第9窟的菩萨像时认为其"裙装紧贴腿部，纹饰细密，状如'曹衣出水'，具有印度秣冤罗艺术风格特点"[65]。王振国所说的"印度秣冤罗艺术风格"指的应该也是耿杉所认为的"笈多艺术"，即笈多艺术的秣菟罗风格。美国学者亚历山大·索珀（Alexander Soper）在20世纪60年代研究响堂石窟，并认为造像风格受到了印度或东南亚佛教艺术的影响。[66]

"响堂样式"中的宗教与世俗服饰

"响堂样式"中石刻像的服饰可分为两个大类来研究，一类是宗教服饰，包括受到佛教仪轨约束，融合了南朝士大夫常服的佛像袈裟、弟子像的袈裟或

60　杨仁恺：《中国书画》，上海：上海古籍出版社，2001年，第26—27页。

61　金维诺：《简论青州出土造像的艺术风范》，《雕塑》1999年第4期，第28页。

62　［宋］郭若虚：《图画见闻志》，南京：凤凰出版社，2018年，第12页。

63　耿杉：《北齐艺术形象中的外来特征——曹家样的时代价值》，《时代文学（上）》2010年第5期，第242页。

64　耿杉：《北齐艺术形象中的外来特征——曹家样的时代价值》，《时代文学（上）》2010年第5期，第241页。

65　王振国：《试论响堂系石窟与地论系石窟的异同》，《2005年云冈国际学术研讨会论文集（研究卷）》，北京：文物出版社，2006年，第140页。

66　Alexander Soper, "South Chinese Influence on the Buddhist Art of the Six Dynasties Period", *The Bulletin of the Museum of the Eastern Antiquities*, No.32, 1960. pp.94–95.

僧服，以及菩萨像的菩萨装；一类是世俗服饰，包括受到鲜卑文化与汉文化共同影响的供养人服饰以及力士像与神王像的铠甲。

响堂石窟北齐前期的北响堂第9窟中心柱正壁①a1佛像、中心柱右壁①a2佛像与北响堂第4窟③b佛像都穿着通肩式袈裟，袈裟上具有笈多秣菟罗风格的U形"湿衣"衣纹，如秣菟罗佛陀立像中的衣纹，这些衣纹雕刻成中线凸起两面分别斜向上下的凸棱形，形成向下扩散开的涟漪状衣服褶皱，贴体的袈裟根据佛像胸腔、手臂与腹部的身体起伏构成衣纹的走向。笈多秣菟罗风格的佛像袈裟强调半透明的贴体质感且手臂与身体之间有明显的分离，而响堂石窟中的通肩式袈裟衣纹密集又厚重，且手臂隐藏在袈裟下方，身体与四肢粘连在一起，没有空间分离关系，更像印度犍陀罗风格的佛像，如犍陀罗佛陀立像中佛像所穿着的袈裟有着厚重的质感且四肢与身体隐藏在袈裟之下，尤其是衣纹部分有着厚重的褶皱部分，和轻盈纤细的笈多秣菟罗风格的袈裟很不一样。由此显得响堂石窟的这三尊佛像整体含蓄内敛，并没有体现出印度佛像那样写实的身体肉感。

北齐响堂石窟的早期佛像身穿通肩式袈裟，袈裟上的U形纹似涟漪，似笈多秣菟罗风格的湿衣纹等特点，似有北齐画家曹仲达所画"曹家样"的佛像。北齐的佛像已经不再出现北魏孝文帝太和改制后的"秀骨清像"与"褒衣博带"的风格，但不可否认在响堂石窟出现的双领下垂式袈裟，或者更加细分出的敷搭右肩式袈裟中也有"褒衣博带"的特点，如内有僧祇支，外穿双领下垂式袈裟，袈裟的袖子仍然有垂到腿部的广袖，僧祇支已经没有了中间的系带，但有些佛像上系带的勒痕还在。

这是因为北齐响堂石窟石刻的袈裟一方面受到了笈多秣菟罗样式的影响，在通肩式的袈裟上有着细密稠叠的衣纹；另一方面受到了南朝的影响，出现独特的袈裟样式。北齐在重视鲜卑族文化之外也因要笼络汉人，于是引进萧梁和陈的汉族文化，与南朝梁、陈交往密切。[67]南朝的绘画与雕塑名家为推动南朝

---

67 陈明达、丁明夷：《中国美术全集·雕塑编13·巩县天龙山响堂山安阳石窟雕刻》，北京：文物出版社，1989年，第38页。

图 4.6　犍陀罗佛立像，片岩，1—2 世纪，白沙
瓦博物馆收藏，笔者摄

的佛教艺术起到了很大的作用。东晋戴逵"又善铸佛像及雕刻。曾造无量寿木像，高丈六，并菩萨。逵以古制朴拙……（今亦有逵手铸铜佛并二菩萨，在故洛阳城白马寺。隋文帝自荆南兴皇寺取来）"[68]，在佛像方面贡献为"改梵为夏"，将来自印度的佛教造像进行了本土化的改造。南朝宋的画家陆探微，其佛像画"动与神会，笔迹劲利如锥刀焉，秀骨清像，似觉生动，令人懔懔若对神明"[69]，秀骨清像不只是代表人物形象上的清瘦，而更在于其形神的刻画。这种起自江南风物的审美趣味，一旦注入佛教造像，迅速成为人们心中超越尘俗的典范。梁代画家张僧繇，"武帝崇饰佛寺，多命僧繇画之。又画天竺二胡僧，因侯景乱，散坏为二，后一僧为唐右常侍陆坚所宝"[70]。他的佛教人物面部以圆润丰满见长，"面短而艳"的"张家样"的画风一直延续到唐代，后周昉以"周家样"加以承继。

68　张彦远：《历代名画记》卷 5，北京：人民美术出版社，2016 年，第 123—124 页。

69　张彦远：《历代名画记》卷 6，北京：人民美术出版社，2016 年，第 127—128 页。

70　张彦远：《历代名画记》卷 7，北京：人民美术出版社，2016 年，第 147—148 页。

栖霞寺佛坐像南朝	北魏石雕佛像，沁县南涅水出土，南涅水石刻艺术博物馆藏	南响堂第1窟主尊佛像	南响堂第1窟主尊佛像僧祇支上勒痕	南响堂第1窟主尊佛像脚部垂下系带与铺开在宝座上的下摆

表 4.8　佛像服饰变化图表

东晋到宋齐梁"魏晋风度"的社会审美观影响了佛像的造型。南朝士大夫所穿常服注重飘逸之感，在佛教艺术中影响了佛的袈裟，出现了褒衣博带式佛装。这种袈裟的样式在梁朝四川和南京栖霞山石窟造像中都有多有发现。南齐永明无量寿佛造像碑于 1921 年四川省茂县县城东门外校场坝中村寨出土，在右侧有题记"齐永明元年岁次癸亥七月十五日，西凉曹僧人释玄嵩，为帝主臣王累世师长父母兄弟六亲眷属及一切众生，敬造无量寿、当来弥勒成佛二世尊像"。为南朝永明元年（483）所造。在造像碑的正面为身着褒衣博带佛装的弥勒坐佛像，是中国目前有最早纪年的褒衣博带式袈裟石刻像。汉式的褒衣博带式佛装胸前系带子，带子垂下来，有宽大的衣袖，佛衣的下摆分成多层雕刻，衣褶显得很繁杂，称为"悬裳坐"。佛像很消瘦，胸腹部扁平，有陆探微笔下佛像的"秀骨清像"。在栖霞寺所见佛像也身着褒衣博带式佛装，但其佛装上未见系带，"悬裳"的衣纹也不似南齐造像碑上的立体，仅以线刻来表现。出土于成都万佛寺的佛立像所着褒衣博带式佛装没有似坐像一般堆叠而下的"悬裳"，而有长长的系带垂下，且衣服有广袖和向外扩的衣摆，表现出潇洒清秀与飘逸灵动之感。

北魏孝文帝在太和十三年（489）改制，推行汉化改革，全面学习南朝汉文化，其中就有鲜卑人着汉装的服饰改革，并引进了南朝新的造像样式，即"褒衣博带"式佛装。此时的云冈后期以及龙门石窟的"洛阳样式"与北魏云冈石窟第一期"平城样式"健壮的身材很不一样，流行符合南朝审美观的"秀骨清像"与"褒衣博带"装。云冈石窟第6窟，太和十三年后立佛穿褒衣博带装，旁边菩萨像有汉装披帛从两边垂下在腹前交叉成 X 状，这一样式不见于在印度式的菩萨像中，佛与菩萨的形象汉化了。北魏引进南朝佛教样式的初期阶段，此时造像还很丰满健壮，只是衣饰变为了汉式。引进汉族文化用以造像时有所取舍，没有接受秀骨清像，体型和面相没有变。接受秀骨清像，体型和面相也变为南朝审美样式，在云冈石窟第三期和龙门石窟时期可见。北魏太和十七年（493），孝文帝迁都洛阳在伊阙建造龙门石窟。龙门石窟古阳洞主像为孝文帝的化身像，佛像清瘦，身着褒衣博带佛装，衣服胸前残缺。菩萨像的菩萨装也为汉式，披帛垂下在腹前交叉穿环呈 X 形。龙门石窟皇甫公窟的主佛释迦牟尼身穿褒衣博带式的袈裟呈悬裳坐，为孝明帝的化身佛像。

以洛阳为中心，"洛阳样式"的影响西到敦煌，东到山东，北到云冈石窟第三期、辽宁义县万佛堂，南到四川北部等地区。甘肃陇东庆阳北石窟寺第165窟为七佛窟，身形略瘦但不消瘦，丰满的面部和健壮的身体受云冈石窟第一、二期的影响，而服装为"洛阳样式"下的汉式褒衣博带装。窟门内两侧所刻交脚弥勒像全盘接受了褒衣博带与秀骨清像。麦积山石窟121窟到北魏晚期受到了洛阳的影响，在主龛内有佛像，外有窃窃私语的一菩萨一弟子像，菩萨像上有垂下的披帛在腿部交叉，衣服和中原地区的菩萨像不同，更像汉族的交领服装，为当地的风格特点。到北魏晚期，炳灵寺石窟第132窟佛像、敦煌第248窟佛和菩萨，山东地区青州龙兴寺佛像都受到了"洛阳样式"的影响，或是有"秀骨清像"，或是身着汉式服饰。麦积山石窟西魏127窟，继承北魏晚期风格泥塑像，丰满得恰到好处，既有肉感但比例又合理匀称，面相很有人情味，面带微笑，是普度众生的慈悲相，引入南朝以丰满为美的审美。与北魏石雕佛衣显得较为不同的是显得比较厚重，传承了北魏悬裳层层波浪状起伏雕刻的特点。敦煌莫高窟285窟有西魏纪年，正壁三龛的中间大龛雕佛像，穿褒衣薄带装有北魏特点，旁边两个小龛雕弟子像保守继承北魏秀骨清像。

在响堂石窟的北齐佛像石刻中，有褒衣博带悬裳的佛像只有北响堂第6窟主尊佛像，且此时的悬裳如东魏流行的风格一样变得较短，这也是黄文智认为此佛像为东魏建造的缘由之一。灵泉寺大住圣窟窟门上方有隋开皇九年（589）

佛像，承袭北齐形态，但衣纹雕刻较深，坐像又采用下裳垂覆座外"悬裳座"，但下摆垂落的长度很短，很像北响堂第 6 窟的主尊佛像袈裟下摆的处理方式。[71] 除了北响堂第 6 窟主尊佛像之外，大部分响堂石窟的佛像袈裟下摆都没有超过宝座，基本雕刻在宝座之上呈现平铺的效果，没有垂落下来。北齐时响堂石窟的石刻艺术已经不再出现北魏孝文帝太和改制后的"秀骨清像"与"褒衣博带"的风格，但不可否认在响堂石窟出现的双领下垂式袈裟中也有"褒衣博带"的特点，如内有僧祇支，外穿双领下垂式袈裟，袈裟的袖子仍然有垂到腿部的广袖，但袈裟的样式中已经没有了中间的系带。僧祇支上的收束部分很像由系带造成的勒痕，下垂到脚踝的带子找不到由何处垂下，这两处很可能都是曾经褒衣博带式袈裟上的系带留下的痕迹，北齐的双领下垂式袈裟由北魏、东魏的褒衣博带式袈裟去掉系带和悬裳等元素变化而来。

在佛像、弟子像和菩萨像的服饰雕刻中，以高浮雕、浅浮雕与线刻的方式组合雕刻而成，衣纹的线条处理纳阴纳光。梁思成认为北齐石刻"在衣褶上仍保持前期遗风，其轮廓仍整一，衣纹仍极有律韵"[72]。这是在中国雕刻的发展中，由强调线的造型，到对物体自然形态的立体描摹的一大进步。衣纹的刻画简洁而流畅，着衣多薄而短，坐佛两腿间衣褶以半圆形披覆于宝座，趋于自然，克服了北魏造像衣纹两翼尖长，披覆整个佛座的程式化手法。[73] 越到后期，响堂石窟中佛像和弟子像的袈裟表现得越轻薄，衣纹也由双阴线刻、双凹凸棱、中间凸起的弧线和两侧弧面组成的凸棱呈 U 形均匀排布组成。阶梯状衣纹，变为表面磨光几乎无衣纹，可能更多受到了萨尔纳特风格的影响。

弟子像一般内着僧祇支，外穿双领下垂式袈裟，有的不见僧祇支而着袒右肩式袈裟，这一样式较少。袈裟有广袖也有类似胡服的束口袖，一侧袈裟垂到

71　陈明达、丁明夷：《中国美术全集·雕塑编 13·巩县天龙山响堂山安阳石窟雕刻》，北京：文物出版社，1989 年，第 23 页。

72　梁思成：《佛像的历史》，北京：中国青年出版社，2010 年，第 64 页。

73　陈明达、丁明夷：《中国美术全集·雕塑编 13·巩县天龙山响堂山安阳石窟雕刻》，北京：文物出版社，1989 年，第 38 页。

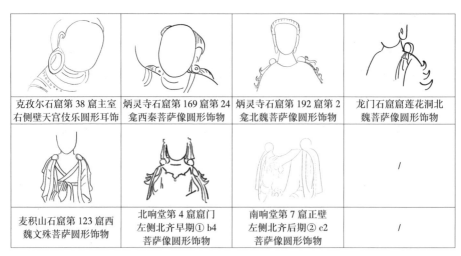

表 4.9　菩萨像圆形装饰物图表

大腿处，一侧袈裟搭在手臂上。袈裟的衣纹有阴线刻、也有三道衣纹由中间凸起的一条线和两边凹陷的两条线组成，其中凸起部分组成两个斜坡平面形成棱状。弟子像脚部特殊，有的跣足立于宝座，有的穿了僧鞋。所穿着的袈裟在北齐时期有过重大的变革。根据《续高僧传》卷八《法上传》记载：

> 释法上，姓刘氏，朝歌人也……年阶四十，游化怀卫，为魏大将军高澄奏入在邺……自上未任已前，仪服通混，一知纲统，制样别行，使夫道俗两异，上有功焉……故帝之特遇，事之如佛，凡所吐言，无不承用。[74]

　　法上提倡改革袈裟，因为高齐上层深染了胡俗，并提倡鲜卑化，反对孝文帝改革的褒衣博带汉装，接受多种薄衣叠褶的印度服制。[75]作为昭玄寺大统的法上将高氏赋予的权力用以进行袈裟的改革，以此复兴印度正统佛教礼仪及规制。法上改制对于响堂石窟中的弟子像袈裟的样式产生了一定的影响。

74　[唐]道宣：《四朝高僧传·续高僧传（上）》，北京：中国书店，2018年，第119—120页。

75　宿白：《青州龙兴寺窖藏所处佛像的几个问题》，《文物》1999年第10期，第54页。

　　响堂石窟的菩萨像有的残余头部轮廓或部分头冠，有宝缯垂下，戴项圈、璎珞、臂钏、手镯，多个菩萨像在肩膀处有圆形的装饰物。这种肩膀处的圆形装饰在克孜尔石窟中并没有出现，而是在耳垂处有圆环形装饰物，在天人和伎乐的耳垂处有很大的孔洞，有作为耳饰的圆环状镶嵌其中，如公元 4 世纪的第38 窟主室左右壁天宫伎乐以及前壁的闻法天人像壁画。类似响堂石窟中肩膀处的圆形装饰在西秦炳灵寺 169 窟的壁画菩萨像中已经可见，如这一洞窟的第 11龛"说法图"中的菩萨像以及飞天像，和第 24 龛的菩萨像，在这些菩萨像的耳垂与肩膀之间的部分有圆环形的装饰物，因为与耳垂、肩膀和发辫都有接触，在平面上无法确定其与身体的哪些部分在空间关系中是相连的，因此在此处尚且无法判断是耳环、发饰还是肩饰。

　　而到了北魏时期，炳灵寺石窟中的菩萨像圆形饰物已经离开了耳垂的部分，与肩膀相连接，如北魏第 192 窟第 4 龛壁画佛像左侧的菩萨像圆形装饰物已经在肩膀上，而离耳朵很远，因此可以判断响堂石窟中这种类似的装饰物不是耳环。菩萨像肩膀处向两侧沿着大臂各向外撇出的三股发辫很有特点，为具有拓跋鲜卑民族特色的发型，可能为李智敏所提到的"被发左衽"，又记为"辫发"，即头发编为多股发辫垂在背部。[76] 同一洞窟的第 2 龛壁画菩萨像也为北魏时期绘制，其圆形装饰物在肩膀稍后的位置，圆形装饰的旁边似乎连接着披帛与发辫，在此无法判断其为发饰还是肩饰。在石窟雕塑中，这种圆形装饰物也出现在了麦积山石窟和龙门石窟的菩萨像肩部，有时位于肩膀稍后方与石窟后壁相连，有时贴合在菩萨像的肩膀上。发展到响堂石窟时，圆形的装饰物依然存在于大多的北齐石刻菩萨像上。在响堂石窟的早期北齐石刻菩萨像上，圆形装饰物贴合在石窟墙壁上，与之相连的有披帛与辫发，如北响堂第 4 窟窟门两侧菩萨像。随着时间的推移，响堂石窟的菩萨像披在背部的鲜卑传统辫发消失，圆形饰物仍然雕刻于肩膀上，可能其作用并不是固定头发的发饰，而是固定肩膀披帛的肩饰。

　　璎珞也是菩萨装的重要组成部分。响堂石窟中有的菩萨像有双璎珞在胸腹

---

76 李智敏：《"索头"为既辫且髡发式说辨误》，《民族研究》2005 年第 4 期，第 52 页。

龙门石窟莲花洞 北魏菩萨立像	巩县石窟北魏菩萨立像	安阳小南海石窟 北齐菩萨立像	北响堂第3窟右壁 北齐菩萨立像

表 4.10　菩萨像服饰变化图表

部 X 形交叉，如北响堂第 9 窟① a1 菩萨像、北响堂第 4 窟① b3 菩萨像、① b4 菩萨像；北响堂第 4 窟① b1 菩萨像、① b2 菩萨像有双璎珞和披帛一起在胸腹部 X 形交叉，北响堂第 3 窟② b1、② b3 菩萨像上为 X 交叉的披帛下为 X 交叉的双璎珞，南响堂第 7 窟② c1 菩萨像、② c2 菩萨像有 X 交叉的披帛，交叉处都有六瓣宝相花纹及联珠纹宝珠装饰，璎珞与披帛叠加作为菩萨装出现为胡汉相结合的产物；北响堂第 9 窟① a5 菩萨像、南响堂第 7 窟② c3 菩萨像、左侧② c4 菩萨像有单璎珞装饰，到了北齐后期菩萨像上多为无璎珞。有披帛自肩膀处系带，在腹部前交叉，在腿部各呈 U 形绕于腰后，也有披帛披于肩膀和大臂，再绕小臂垂下落于莲座上。响堂石窟北齐的菩萨装在早期为袒裸上身，有披帛，下穿羊肠裙紧裹身体，在长裙中央有细带绕结再垂下，垂下部分在下方由连续 S 形转折表现散开的状态，以阴刻线刻疏简衣纹。

　　在"汉化"与"胡化"结合后，菩萨装有汉式的长裙，在上身系带，下身长裙有繁复的裙摆，有的在 U 形披帛下方垂下带子，裙子上层从中间分左右两片，裙褶层层叠叠垂下似裤子，有连续 S 形曲线形成衣褶，在下层有素面长裙摆，露出脚踝部分与脚部，如响堂第 4 窟① b1 菩萨像、① b2 菩萨像下身所穿着的长裙层层叠叠显得有些厚重，裙摆外扩而不似其他菩萨像的长裙为紧身贴体；还有一类特殊的菩萨装加入僧祇支，如北响堂第 3 窟② b7 菩萨像、② b8 菩萨像；另一类特殊的菩萨装与同一龛的弟子像所穿袈裟样式一致，如水浴寺西窟① d5

响堂石窟第 4 窟窟门甬道力士像肩甲	身着两当铠的武士俑，北朝考古博物馆收藏	湾漳壁画墓（M106）门吏俑，北朝考古博物馆收藏	北朝持盾武士俑，北朝考古博物馆收藏	天王立像，唐朝，四川成都万佛寺

表 4.11　墓葬俑铠甲图表

菩萨像和① d6 菩萨像内着僧祇支，外穿与旁边弟子像无二的袈裟。

"洛阳样式"持续在北魏末期与东西魏时期影响中原地区的佛教艺术造型。巩县北魏末期的第 1 窟中心柱四壁所造菩萨像也有汉式秀骨清像。在北魏末年洛阳龙门石窟（520—530）有一批小型洞窟中的菩萨像开始逐渐不再清瘦而是逐渐"胖"起来，此时也受到南朝梁中晚期审美变化的影响，开始欣赏张僧繇笔下"张得其肉"的以丰满有肉感为美的人物风格。东魏时天龙山石窟第 3 窟菩萨像也为汉式，披帛垂下在腹前交叉延续了北魏的影响，但此时的菩萨造型已经不再具有北魏时期清瘦的特点，开始变得丰满强壮起来，这一影响延续到了北齐时期。隋窟已开始注意艺术美的修饰，以消除笨拙、活跃形体、注重结构、趋向于新风格的开创。[77]

至于"响堂样式"中的世俗服饰包括力士像和神王像所穿着的盔甲以及男女供养人所穿着的服装皆来源于北齐时期真实的传统服饰。力士像还有部分除面部外的残留痕迹，能看出戴冠，有的留有胡须，有冲天而起的飘带。北响堂第 4 窟① a1 力士像和① a2 力士像身着两当铠，有披帛，手部曾可能拿金刚杵，目前已不见。此种力士穿着的铠甲和身形与北朝墓葬出土的武士俑有相似之处。北响堂第 3 窟② a1 力士像和② a2 力士像、南响堂第 7 窟② b1 力士像和② b2 力士像都袒裸上身，有飘起的披帛，穿着长裙，赤足直立于莲花座上。北响堂

77 陈明达，丁明夷：《中国美术全集·雕塑编13·巩县天龙山响堂山安阳石窟雕刻》，北京：文物出版社，1989 年，第 24 页。

第 3 窟②a1 力士像和②a2 力士像有披帛在胸腹部呈 X 形交叉，似菩萨像上交叉的披帛。神王像穿着的铠甲更像是南北朝时期流行的明光铠，在前胸有两片圆护，在北朝墓葬中也有武士俑穿着明光铠的实例，下身穿束口长裤，足蹬长靴。

响堂石窟中力士像与神王像的穿着在东魏北齐的墓葬彩塑俑上也有类似铠甲。有的似铁制筒袖铠，这种筒袖铠与西汉的铁铠在外形上很相似，为从头上套下进行穿着，质地坚硬能起到保护将士的作用，且有双层肩甲，但从肩膀处留存的系扣又很像两当铠。两当铠出现较早，是较为古老的铠甲样式，一般以背带扣起一前一后的两片铠甲，将铠甲似背心一样挎在肩上。古代将背心称为"裲裆"（两当），这种似背心式的铠甲被称为两当铠。在魏晋南北朝时期关于两当铠的记录有《北堂书钞》卷一二一引三国魏曹植《上先帝赐铠表》："先帝赐臣……两当铠一领。"《初学记》卷二二引晋庾翼《与慕容皝铠书》："邓百川昔送此犀皮两当铠一领，虽不能精好，复是异物，故复致之。"

在北朝的墓葬出土武士俑中类似的铠甲多有发现。如传为文宣帝高洋武宁陵的湾漳壁画墓（M106）陶俑中，在墓门两侧的门吏俑以及兵马仪仗中的多个武士俑都穿着两当铠，下身可能穿着的为袍子和裤褶服结合体。此外元祜墓和湾漳壁画墓的按盾武士俑，以及茹茹公主墓的执盾武士俑都身着头盔和铠甲，东魏到北齐早期着头盔和铠甲的武士俑在邺城及附近地区流行。唐代的一尊石刻天王立像的形象与之非常相似。这尊天王立像出土于四川成都万佛寺，其身穿的铠甲有高护领，肩甲处不相似。从第 4 窟力士像的腹部来看，与这尊天王像很相似，尤其是浑圆似圆柱体的腹部，以及腹部中间系腰带。但到了唐代时期，人物的体态刻画得更为自然，隆起的腹部相对于北齐时期相对僵硬的雕刻手法，此时对于形体和衣纹的雕刻更为立体，包括纹饰在内也更加精细和华丽。

南响堂第 5 窟正壁与右壁上方角落双树龛下方龛基③b1、③b2、③b3、③b4 供养人为贵族男女，右侧③b1、③b2 女供养人头梳高髻，身着宽袖长裙，身着汉式服饰；左侧③b3、③b4 男供养人像头戴方帽，身着窄袖长袍，身着胡服。水浴寺西窟窟内的供养人浮雕中，僧人身着双领下垂式袈裟，内着僧祇支，部分袈裟搭于左臂，脚穿僧鞋。男供养人头戴风帽，身穿对襟窄袖翻领

龙门石窟皇甫公窟南壁下方礼佛图	男立俑,北朝考古博物馆收藏	鞍马游骑图壁画,北齐武平元年(570),太原娄睿墓出土,山西博物院收藏
侍女俑,磁县北齐周墓出土,北朝考古博物馆收藏	侍女俑,磁县东魏赵胡仁墓出土,北朝考古博物馆收藏	

表 4.12 供养人服饰图表

长袍,腰间束带,下穿收口裤,足踏靴子。男侍从头戴方形帽,身着圆领窄袖袍,也有腰带与靴子。女供养人梳高发髻,上身着广袖短襦,下穿长裙,脚踏云头鞋。可以看到既有僧服改制后的袈裟,也有男供养人穿着的鲜卑族的服饰,又有女供养人穿着的传统汉族服饰,呈现出北齐时期民族融合的时代特点。

综上所述,响堂石窟将"胡化""汉化"与"鲜卑化"的风格融会贯通,在上承北魏,下启隋唐石刻艺术的过渡时期创造了北齐独特的艺术风格——"响堂样式"。"响堂样式"经过印度笈多样式、凉州样式、北魏"平城样式"与"洛阳样式"的影响,与邺城地区的"邺城样式"和青州地区的"青州样式"有所不同,将多个石刻题材容纳于独特的塔形窟中,按照《华严经》与净土思想布局,组合成一整个艺术观照体系,在北齐时期形成了极具代表性的石刻艺术风格。

第二节 响堂石窟的整体观看方式

　　过去古人进入石窟"绕塔观像"与现代人的"观看"是不同的，不同的视角也对于理解石刻的位置、角度、造型手法有很大的影响。在巩县石窟的石刻研究中，陈明达就已经将石窟中的圆雕、高浮雕、浅浮雕、减地平雕、线雕综合在一起，使石窟成为一件极为庞大、整体的雕刻作品。[1] 在本书中也将响堂石窟的石刻艺术作为一个整体进行观看，按照石刻艺术在石窟空间中的组合与位置来研究响堂石窟的北齐石刻艺术。这样一来，以往只从历史角度纵向观看或是从不同地域进行横向比较等等这些方式有了一定的局限性，基于"响堂样式"需要一种新的观看方式来介入研究中。在这一节中，作者尝试探索这样一种新的观看方式。

　　在 19 世纪，随着维也纳学派的兴起，艺术史领域出现以观者为中心的艺术书写浪潮。从将观者视角引入艺术史写作的李格尔、沃尔夫林，到聚焦观看行为的阿恩海姆、贡布里希，再到从不同角度切入观看问题的阿尔珀斯、巴克森德尔、布列逊等人，这种书写方式逐渐被建构、完善与开拓。[2] 法国的现象学家莫里斯·梅洛-庞蒂在知觉的世界里，也强调观看的重要性，"每一次观察都严格地系于观察者的位置，都和观察者的处境密不可分……我们此论只是在

1　陈明达、丁明夷：《中国美术全集·雕塑编 13·巩县天龙山响堂山安阳石窟雕刻》，北京：文物出版社，1989 年，第 6—8 页。

2　陈韵祺：《以观者为中心的"艺术整体"的建构》，《南京艺术学院学报（美术与设计）》2021 年第 4 期，第 163 页。

为人的种种经验正名——尤其是在为我们的感性知觉正名"[3]。阿尔珀斯和巴克森德尔曾以多个"观看"的角度进入对于蒂耶波洛《四大陆》天顶画的美术史研究中。他们在通常的经验中，"以眼睛和思维面对各种光值的阵列要在这个阵列中辨识出物体，思维必须要对引起光强度之间的差异及断裂的原因进行一番复杂的分析。它必须用光源、物体的颜色与质感、表面角，特别是边沿等事实，来解析这些差异和断裂"[4]。陈韵祺博士基于对阿尔珀斯和巴克森德尔的研究，通过采用艺术整体的观念，从"假想观者"出发，将诸多元素纳入观看实践，从而将自身经验融入作品[5]。

巫鸿在研究莫高窟时引用了引鲁道夫·阿恩海姆对于时空的理解："时间维度不具有自身的感官触媒，空间则直接体现于视觉世界之中。"[6]强调了视觉对于空间的感知。莫里斯·梅洛–庞蒂提出视角和空间的关系："空间只是依照某个有限的视角呈现出来的，也就是说只是依照我们的视角呈现出来的，我们明白了这空间也是我们的居所，我们通过身体和这空间关联一处。"[7]从空间视角介入美术史，巫鸿提出了"石窟空间分析"[8]这一研究石窟艺术的新方法，将单个洞窟看作是石窟艺术中的"作品"。这样一来，单个洞窟就成为研究的基本单位，在单个洞窟中的石窟建筑、碑刻题记以及其中的所有石刻都自然而然由空间联结成了一个"观看的整体"，多个洞窟又可以组成一个更大的观看整体。因此本书在这一节研究响堂石窟中的石刻艺术时，从"假想观者"视角

3　莫里斯·梅洛–庞蒂：《知觉的世界——论哲学、文学与艺术》，南京：江苏人民出版社，2019年，第10页。

4　斯维特兰娜·阿尔珀斯，迈克尔·巴克森德尔：《蒂耶波洛的图画智慧》，南京：江苏美术出版社，2014年，第112页。

5　陈韵祺：《以观者为中心的"艺术整体"的建构》，《南京艺术学院学报（美术与设计）》2021年第4期，第163—167页。

6　Rudolf Arnheim, "A Stricture on Space and Time", *Critical Inquiry*, Vol. 4, No. 4,1978: 653, 649.

7　莫里斯·梅洛–庞蒂：《知觉的世界——论哲学、文学与艺术》，南京：江苏人民出版社，2019年，第41页。

8　巫鸿：《空间的敦煌——走近莫高窟》，北京：生活·读书·新知三联书店，2022年，第284页。

出发，以每一个洞窟作为观看基本单位，由石窟外到石窟内，由中心辐射向四周，以及顺时针"绕塔礼拜"三种行进路线，从移动的视角和空间的角度观看响堂石窟保存较完好的石刻艺术，再由北齐的所有洞窟形成一个观看整体，从而达到对响堂石窟北齐石刻艺术的整体观看目的。

"假想观者"

观者在进入石窟中后，主尊佛像已经将石窟的中心或是中轴线确定了位置，而在进行礼佛活动的时候，观者并不是保持不动的，而是在进入空间后，随着礼佛活动按照既定的路线如绕塔礼佛而进行移动。那么在石窟中所看到的石刻艺术也会随着观者的移动而有不同的观看角度和变化。在响堂石窟中多为高浮雕，很少有圆雕出现，且位于视觉中心的主尊佛像眼睑下垂，但在跪拜者的角度则正好能注视着信徒，给人以宗教的神秘肃穆之感。很多石刻看起来结构不合理或者过于扁平化，正是由于观看的视角以及光线不同的因素而造成的。在以往石窟中的光线通常来自明窗或烛火，大部分石窟内昏暗不清，有一些石刻的设置更出于对宗教氛围烘托的目的。

北齐时观看石刻的主体为特殊人群，如僧人、皇室、贵族或其他供养人与信徒。石窟属于皇家、贵族或社邑开凿和礼佛的特殊地点，等级森严且有特殊的观看角度和方式，礼佛者与石刻有一定的距离，且在进行观看和瞻仰石刻时所获取的光源条件也受到限制，一般来自明窗或者窟门照射进入洞口的光线或者是烛光的光线。通常观者视线的焦点在于主尊佛像的正面，因此在工匠创造石刻的时候，实际往往只需要完成石刻的一个固定视角下的最佳形态，塑造的过程与现代雕塑理念很不相同。即使在进行绕塔礼拜的时候，手持的光源随着人们的移动而转变，所能照射到的石刻可视角度有限，石刻的很多细节不容易被注意到，因此很多佛像从侧面看，实际的形态和结构有不自然和不合理之处。观看的角度对于欣赏石刻艺术来说也至关重要。在当下看来很多不合理的雕刻其实往往需要在特定的角度进行观看。如古人跪拜时的视线很低，在很多看似雕刻比例不协调的地方也就变得自然合理了，一些似乎是视觉死角的地方也变得很重要。比如在跪姿抬头正好能看到的顶部浮雕，在站着观看时需要用力抬起头，因跪姿时视线更低与窟顶距离更远视角更好；再比如在地面的装饰纹样可能会被忽视，但在呈现礼佛仪式时跪拜磕头的姿势时，视线可能正好会触及地面的浮雕。

　　无论是以旅行、写生临摹、考察研究等为目的，现在每一个前往石窟的观者都可以行走在石窟中，在更加明亮的照明环境下，有相对更加自由的时间，在石窟中找到相对自由的角度去对石刻艺术进行观看。响堂石窟北齐时期作为宗教场所的功能性消隐了，而成为旅游景点或博物馆出现，此时的观看出现了更多的视觉干扰因素。如石刻由于灭佛运动、盗窃或保存不当产生的遗失或残损；不同功用的空间，不同朝代的石刻叠加在一起产生的空间叠层；出于对石窟的保护而采取的封闭措施导致关键洞窟无法观看或进行图像采集；作为旅游景区过于成功而导致的同一空间中饱和的游客量，密集的人群产生的拥挤以及对于石刻艺术的遮挡等等。宗教场所、博物馆、旅行地点等空间叠加在了一起，由于干扰因素过多，作为石窟研究者的观者无法进入洞窟中进行整体观看。

　　想要对石窟进行整体观看，首先需要先将其中的复杂视觉元素一一拆解归纳总结，再将主要元素组合在一起进行观看。在现实的观者被种种干扰因素阻挡在石窟研究的大门之外时，设定"假想观者"的概念对于响堂石窟北齐石刻艺术的整体研究就显得非常有必要了。这一"假想观者"既是"北齐的工匠"，也是"北齐的礼佛者"，又具有"现代的目光"。这一观者在观看石窟时，面对的是经过破坏后保留下来的洞窟，但这些洞窟中北齐之外的石刻可以被屏蔽，之前经过造型分析的不同题材石刻艺术在此一一还原到原本存在的石窟空间位置中。假想观者面对的空间，是北齐的，是现代的，是宗教的，是艺术的，也是娱乐的。留下北齐时期的石刻艺术后，"假想观者"获得了三个具有代表性的行进路线进入洞窟空间，在移动中可以进行多角度的观看。这三种行进路线分别为：其一，由石窟的外部走入内部，从石窟周围的环境、石窟的外立面、前廊、窟门两侧、窟门内侧；其二，由石窟的中心看向上下，中心柱或正壁的石刻，随着跪拜的视角看到佛像正面、下方的基坛、地面，抬头看向龛额与窟顶；其三，顺时针"绕塔礼拜"，对于中心柱窟有内圈和外圈的视角。这一整体观看视角下的响堂石窟艺术不再是割裂的，相互之间互相补充、互相影响，视觉元素之间也有关联，雕刻的大小、浅浮雕、高浮雕、线条之间都有关系。

"假想观者"其实是以一个最为理想的状态"从每个洞窟的内部体验雕塑、绘画和建筑共同构成的空间综合体。这个空间综合体决定了行为和观看经验……下意识地以身体测量空间和图像的尺度"[9]。"假想观者"在这三条行进路线上能由视觉感受到石窟内部石刻空间的浓郁宗教氛围感，使人一进洞内首先从视觉感官上产生一种宗教心理，"由感官的刺激而达到思维的觉悟"[10]。并且自身处于石窟空间中，能"从参观者的实际经验出发去理解洞窟的存在和历史意义"[11]。

以"假想观者"进入石窟空间

北响堂石窟第9窟保存情况较好，是北齐石窟中规模最大、雕刻最为精美的一个洞窟。以"假想观者"的身份再次进入石窟，可以在石窟空间分析法的逻辑下以第9窟为例进行整体观看。[12] 在进入洞窟之前，在停车场就可远眺位于鼓山上的北响堂石窟，随后需要先在鼓山山路向上攀爬（去年刚刚开通摆渡车，可直接到达九条洞下方的连续台阶处）。北响堂石窟位于鼓山的半山腰处，

9　巫鸿：《"石窟研究"美术史方法论提案——以敦煌莫高窟为例》，《文艺研究》2020年第12期，第141页。

10　刘慧达：《北魏石窟与禅》，《考古学报》1978年第3期。

11　巫鸿：《"石窟研究"美术史方法论提案——以敦煌莫高窟为例》，《文艺研究》2020年第12期，第140页。

12　本书因篇幅限制，此节仅以简述方式呈现对于第9窟的整体观看，文章详情参见笔者拙作《入塔观像——以"假想观者"进入响堂山石窟第九窟》，《麦积山雕塑论坛·瓜州对话文集2022》，敦煌：敦煌文艺出版社，2023年，第48—79页。

图 4.7 登上北响堂石窟的过程 作者拍摄

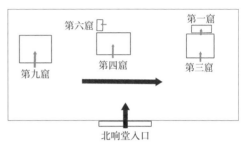

图 4.8 北响堂石窟北齐洞窟位置及示意图，笔者摄及绘制

爬山约半小时后可到达有 1961 年公布响堂山石窟为全国重点文物保护单位的纪念碑处，共用时约一小时到达北响堂石窟。南响堂石窟和水浴寺西窟所处位置较低，但也在较低矮的山上，前方有树木遮挡。窟门和明窗作为石窟建筑的重要组成部分，是自然光线照射进入石窟内部空间的重要路径。

在进入洞窟前，"假想观者"抬头看到石窟窟门的上方残存的石刻，想象在石灰石上"斩山为窟"，原本雕刻有仿木构的窟檐，窟檐上方有火焰宝珠、山花蕉叶、覆钵体与三塔刹，将印度的覆钵体嫁接在了中式的楼阁式木质建筑上。在窟门上方有三个明窗，这三个明窗与窟门正是石窟内光源的通道。石窟中的光线与周围所处环境有关，并随着一天中的不同时间段而产生变化，在不同的季节光照也会产生不同的变化，采光条件的不同影响着对石刻的观看。石窟中的石刻所处位置和排布必然与实际的采光有非常密切的关系。正如蒂耶波洛根据维罗纳卡诺萨大厅平面图，在创作油画草稿时已经对窗户的排列位置有

图 4.9　北响堂九条洞，笔者摄

图 4.10　北响堂第 9 窟外立面重构示意图，笔者建模

图 4.11　北响堂石窟第 9 窟外立面，笔者摄

所了解，并在实地对采光特点做下记录，将其纳入创作油画草稿时的考量[13]，采光对于艺术作品的创作至关重要。北齐的工匠通过对于不同季节和一天中不同时间段石窟内光线的变化总结出采光的特点，从而寻找石窟中石刻艺术的具体雕刻位置。

---

13 斯维特兰娜·阿尔珀斯，迈克尔·巴克森德尔：《蒂耶波洛的图画智慧》，南京：江苏美术出版社，
　　2014 年，第 145—147 页。

图 4.12　真实空间中观者的视线

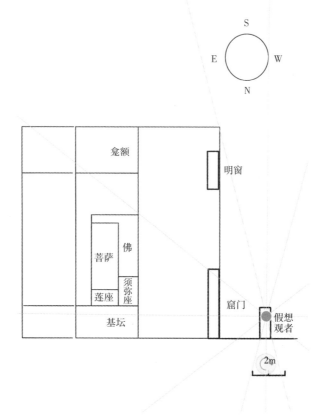

图 4.13　"假想观者"的视线

图 4.14　顺时针绕北响堂第 9 窟

　　窟门的来光将在昏暗的石窟内部空间的主尊佛像突出表现了出来，使之不仅从位置上来看处于石窟的中心位置，经过光线的加持也成为视觉的中心。如在四月中旬下午五点左右的阳光会正好照射在南响堂第 1 窟（华严洞）主尊佛像的头部，这一尊佛像为南响堂中唯一保留在原地点的北齐时期佛像头部。另一个较为明显的光照影响佛像头部的例子出现在莫高窟北魏开凿的第 259 窟，北壁东起第一龛禅定佛像，佛像的嘴唇塑造得较为立体，因此在光线不同时，嘴角会根据光线产生不同角度的微笑和神韵。这一佛像的面部，为太和改制后由西域式转向中原的风格，开始追求中原较为内敛含蓄的特点，但还没有完全转化为南朝的秀骨清像。

　　接下来观者走向内部空间，在进入石窟后，眼睛会有一时陷入黑暗环境中的不适应感。一会儿之后，就能借着明窗与窟门照射进来的光线看清一些石窟的局部环境。首先"观者"的目光一定会为占据石窟中心位置的巨大石柱而吸

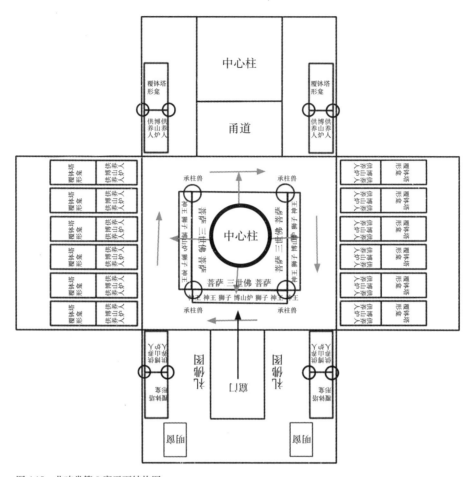

图 4.15　北响堂第 9 窟平面结构图

引。这是从地面直通向窟顶的中心柱，连接着石窟中的天与地，占据着石窟中很大一部分空间。中心柱的正面就是主龛，主龛的采光条件是最好的，帷幕帐形龛是以鼓山的石灰石来雕刻而成两边有柱子支撑着的大龛，龛的上方和两侧有模仿布料的帷幔。石刻帷幕的帘子永远是垂坠整齐的状态，不用担心会轻易破损或是落灰，也不怕香火的熏染，不会被点燃，不需要去进行定期清洗和整理。在这一大龛中有石窟的视觉中心，释迦牟尼佛。站在此处，"假想观者"的平视视线与佛像的须弥座平齐，观者需要抬头仰视佛像，结跏趺坐在须弥座上的佛像高大而庄严。这一尊佛像背后的舟形背光倾斜，佛像也有一定角度的

图 4.16　北响堂石窟外的周边环境

倾斜，似乎自上而下俯视着众生。观者的视线就算站立时也只能平视巨大的须弥座，再往上需要抬头仰视佛像本身，突出于佛像的高大与庄严。背光中有着绚丽的色彩，像是从佛像身上散发出的光芒，有半隐半露的龙翻腾于火焰之中，与佛像的宁静产生了一动一静的强烈对比。在背光里，还有来自波斯的联珠纹，以及笈多秣菟罗式繁复的华丽头光。

　　假设这时"观者"跟着礼佛的队伍进行礼佛仪式需要在中心柱跪拜，这里的视角由站立到跪拜的姿势有一个自上而下的转换。跪拜时观者先面向中心柱龛基上雕刻的博山炉、神王与狮子像，再将视线转向地面的莲花浮雕（如在水浴寺西窟中）。这时的佛像腿部不再显得那么纤细了，本来看起来有些宽的肩膀显得比例自然了，石刻的身体比例一切合理了起来，构成了一个稳定的三角结构。佛像的身躯好像要往下压过来，充满压迫感，让人产生无尽的敬畏之心。视线顺着大佛再往上移动，则能看到帷幔与龛额间的一圈十三个火焰宝珠，似乎在上方照亮了整个佛国世界。宝珠之上则为龛额上的小佛龛，在方柱上每一面有四个，在后方甬道的上面也各有两个，供奉着小型的佛像和菩萨像。

跪拜结束后，"假想观者"继续跟随队伍进行礼佛仪式，此时进行顺时针的绕中心柱礼拜。走过转角，有承托着柱子的石兽，跪坐在斜对墙角的四角，狰狞的面部，与凸起的圆润的肚子有鲜明的对比，身上长出的羽翼在背后向上张开。转过方柱来到右侧，这一佛像闲适自在地坐着，似有盈盈笑意，在佛像的华丽头光中有向上蒸腾而起的火焰。通过低矮的通道，在其中地面上有一个凹槽，可能为地宫也可能为水池。来到石窟的左侧。这里在佛像右手的上方对应的小型圆拱尖楣龛开门洞，传说中曾经存放着高欢的石棺。

中心柱左侧帷幕形龛中的菩萨像和刚才看到的右侧菩萨似乎出自同一批工匠，如果说佛像代表着庄严与雄浑，在雕刻时大开大合，那么这几尊菩萨像的工匠在雕刻时则是细腻而精心的。菩萨像以更加放松的姿势呈丁字步站立，或许有工匠曾经看到过古希腊古罗马时那些经典雕像的姿势学习了过来，把重心自然而然地放在一只脚上，尽力去捕捉身体放松的一瞬间，优美的 S 形曲线就在这一扭一转中表现了出来。与菩萨站姿同样新颖的，还有此处换了新装的佛像。这尊佛像没有承袭另外两尊从胡人工匠处学来的袈裟样式，其袈裟样式或许与洛阳的流行款式有关。这种款式有些像北魏皇帝改革服饰后南朝汉人爱穿的褒衣博带，但又是不同的，匠人把"博带"的"带"去除了，原来应该有系带的地方不见了带子，而带子的勒痕还在，还有在脚上的带子垂坠下来，却不见带子的出处。新的袈裟保留了衣服垂下的领子以及宽大的袖子。以前总雕刻的那种一层层垂下来的悬裳不再流行，高氏沾染了鲜卑族草原人的习气，或许那些繁琐的衣摆对于经常骑马的人来说过于累赘，于是新的袈裟下摆平铺在宝座上。

行进的队伍里僧人在前引领，那是昭玄寺的大统，帝王钦定的国师，后方的皇帝穿着窄袖翻领的胡服，脚踏长靴，身材魁梧，有男侍从拿着礼佛的物品紧随其后，皇后穿着汉式的曳地长裙，身姿窈窕，有侍女托起长长的裙摆。无数善男信女手捧莲花或是莲蕾跟随着他们，在一圈圈的绕行中，礼敬十方诸佛，一步步走过佛前积累世代功德。绕行中心柱时，礼拜的对象还有周围墙壁上的一圈十六个覆钵塔形龛，里面有一佛二菩萨像，在每一个塔形龛下对应两个承柱兽与一组减地平雕的一博山炉二供养人像。在行走中，这些图像像连环画一般动了起来，似乎是在周围护佑着佛法，有青烟自博山炉腾起。有大莲花出现在半空中伴随着诵经的梵音与梵乐，有飞天环绕莲花奏乐起舞，"假想观者"进入响堂石窟第9窟仿佛置身于西方佛国净土世界。在结束礼拜后，"观者"继续向外走去，从一个虔诚的充满宗教色彩的氛围中，再次回到现实的世俗世界。

结　论

　　响堂石窟北齐石刻艺术在时间和空间范畴来看，都处于一个关键的节点和位置。在时间范畴中，响堂石窟往上追溯承继北魏，往下前进则开启了隋唐艺术之盛；在空间范畴中，响堂石窟位于中原腹地，往西可达西域诸国，往东可接沿海各处。北齐时期的政治、经济、文化与佛教思想为响堂石窟石刻艺术的产生与发展提供了必要的社会物质基础与精神思想准备。响堂石窟北齐石刻艺术是北齐短短二十八年中留下的文化艺术的精华之所在，为中国雕塑史留下了重要的佛教石刻艺术风格——"响堂样式"。"响堂样式"将"胡化""汉化"与"鲜卑化"的风格融会贯通，经过印度笈多样式、凉州样式、北魏"平城样式"与"洛阳样式"的影响，和"邺城样式""青州样式"既有差异性又相互关联。"响堂样式"的范畴在本书中扩大了，成为一种北齐石刻具有代表性的整体艺术风格。这种风格反映在响堂石窟中分为以下五点。

　　第一点反映在石窟形制与龛形中。响堂石窟外部为包括覆钵塔形窟的单层与和双层塔形窟，内部为中心柱窟或三壁三龛（坛）式窟，包括莲座塔基、方形四面开圆拱龛塔身、叠涩塔檐、覆钵体、山花蕉叶、三塔刹与多层相轮组成的佛塔系统，结合了印度式覆钵塔、中式木塔以及石窟建筑的覆钵塔形窟，成为响堂石窟中最为独特的艺术创造。在"胡化"与"汉化"的共同作用下，响堂石窟的覆钵塔形窟、覆钵塔形龛以及覆钵塔石刻，从最初将印度式的窣堵坡造型直接套用在石窟上，后结合了云冈石窟与龙门石窟的覆钵塔雕刻形式，以及覆钵单层方塔和有覆钵塔的造像碑，响堂石窟中的覆钵塔其覆钵体逐渐在塔形窟中所占比例变小直至消失，其上的装饰也逐渐从简单到复杂进而完善。比起印度覆钵塔占据石窟中的中心位置，以及覆钵塔占浮雕构图的主要位置，到北朝时期，覆钵塔与中式木构建筑结合出现了本土化的特点，且流行的覆钵塔形雕刻中的塔已经退居石刻组合中的次要位置，仅占据单体造像背屏或是造像碑顶端的一小部分，或在石窟龛楣与门楣雕刻，尺寸远小于造像本身。此外，从中国传统木构建筑中汲取营养的还有盝形龛，从云冈石窟、龙门石窟以及巩县石窟一路从小型龛发展为大型龛，又从巩县石窟到响堂石窟中发展了洞窟中的观看中心，即大型主龛。

"响堂样式"最突出的特点为石窟形制从外部可分为单层覆钵塔形龛与双层覆钵塔形龛，从内部可分为中心柱窟与三壁三龛（坛）窟，这些窟形之间又彼此重叠，有作为石窟建筑的空间交错关系。得学者郑岩启发，可以将覆钵塔形窟的外立面视为一个扁平化的佛塔，内部中心柱窟视为一个立体的佛塔，似佛寺的中央木塔，北齐的工匠巧妙地把石窟与佛塔、内部与外部空间拆分并重组。在北齐的九原岗墓中也有类似的结构，在墓门上有门楼，门楼顶上画有三开间的房子，墓门内部为丧葬空间，平面的建筑与三维空间的建筑同时存在。南北朝时期墓葬艺术与石窟艺术并行发展，如果说墓葬安置着肉身，则石窟就是灵魂的居所，北齐时石窟也与墓葬艺术相关，都在探索着生与死的边界。响堂石窟的建筑为响堂石刻艺术的载体，打破了以往设置佛塔的规制，将覆钵塔、楼阁式塔的仿木构建筑相互融合，形成一种石窟形制，这种覆钵塔形窟与中心柱窟结合的形式具有佛塔的属性，将佛塔在石窟内外图像中进行多次强调，是作为可进入的石窟空间，这是响堂石窟中对于石窟形制所做出的创举。响堂石窟结合了中心柱窟的覆钵塔形窟代表佛塔与石窟的结合，进入洞窟就进入了佛教艺术中礼拜对象的内部空间中，石刻艺术经由九大题材在石窟空间中以佛教思想进行组合排布，真正在空间意义上做到了"入塔观像"。

第二点，从题材来看，响堂石窟的北齐石刻题材以佛、弟子、菩萨为主，有力士、神王、供养人、飞天、承柱兽与覆钵塔，辅以其他装饰性石刻纹样等。响堂石窟的北齐石刻题材变化代表着北齐佛教思想的转变，曾经一度在北魏流行的《法华经》思想到了北齐逐渐被《华严经》思想和净土思想所取代，流行于唐代的"西方净土变"题材已经以石刻的形式首次出现在了响堂石窟中。曾经一度在北魏时期流行的"交脚弥勒"，在响堂石窟不再出现，甚至连弥勒的题材到了唐代才在响堂石窟重新出现，但坐姿也从交脚改为了倚坐。此外释迦、多宝二佛并坐的佛像题材由北魏的流行，转为在响堂石窟中只剩下一处正壁主龛和两处明窗下的石刻像，石刻尺寸大大减小且居于越来越边缘的视觉位置。"响堂样式"中的石刻艺术题材一方面来自印度佛教艺术，一方面也有基于中国传统文化土壤生成和产生的变化。在北齐响堂石窟的承柱兽和神王题材不见于印度佛教中，是佛教传入中国后，与中国本土神话题材结合而产生出的新的佛教题材。神王像与力士题材的出现代表着末法思想的流行，并具有在末法时代护法的作用。

第三点，从组合形式来看，响堂石窟的石刻图像组合非常清晰，布局也有一定的规律性，以龛为单位区别了石刻形成的组合，布局简洁且疏密有序，为总体规划后完成的一整个佛教视觉体系，并不像以往云冈石窟或龙门石窟中将所有的墙壁空白处全部占满，形成非常复杂的视觉系统。响堂石窟在窟外前廊四柱开三间，为窟门与两侧的力士像所在龛。进入石窟后，主要的石刻雕刻在中心柱的三壁或者三壁三龛窟的正壁、左壁和右壁，以大型龛内雕刻佛像、弟子像和菩萨像为主。石刻组合以佛像为视觉中心，且佛的形象比其他属从高大，以示尊卑之序。这种对于对称感的追求也体现在菩萨像、弟子像上，以及石刻像的组合上，中间对称的雕刻布局体现出秩序感和庄严感。不同题材的石刻围绕在主视觉石刻的周围，营造疏密有度的佛国氛围。

第四点，从身姿来看，"响堂样式"具有北魏石窟艺术转向隋唐之间的一种过渡性和理想化的艺术风格。具体表现在：其一，以服饰遮盖大部分的身体，不表现写实性的身体结构。以起伏的团块和衣纹的线条来概括表现身躯的体量与肌肉起伏，隐藏在服饰下的身躯与四肢由衣物连接在一起，使得四肢与身躯之间无明显分离的空间关系。此时的佛像改北魏的平刀法为圆刀法，注意身体的造型为隆起的弧形，身躯肩膀宽圆、胸腔部分饱满宽阔，身体比例匀称，有的身材敦实雄健，手臂和脚部刻画得宽且厚，呈稳定的三角形结构，不显露腰身，强调胸膛和腹部的隆起，以增加石刻的体量感与厚重感，有"曹衣出水"之姿。其二，站姿的石刻像呈茧状，这种形状中部最为突出，逐渐向两头变平缓，上大下小，增强了视觉上的立体感，不再是秀骨清像中扁平化的造型，使得高浮雕接近于圆雕，表现出和中国传统俑塑一样突出的向上而起的气韵。相比于佛像与弟子像的简洁雄健，菩萨像在早期表现出了华丽与曼妙的曲线身姿，尤其是早期"响堂样式"中出现了 S 形的动势，可以看作是唐朝盛行的女性化且婀娜多姿的菩萨像的先兆。其三，"响堂样式"中接受了印度笈多秣菟罗风格的圆形华丽头光以及衣服贴体表现身体轮廓的方式。除"胡化"影响外，也传承了"平城样式"中高鼻深目、肩宽胸厚、宏伟矫健的"鲜卑化"特点，以及巩县石窟宽圆的面相。结合了印度笈多风格、鲜卑文化以及汉文化影响的响堂石窟石刻呈现出了圆融壮美、静穆雍容、简练华贵的风格面貌。

第五点，从服饰来看，"响堂样式"中一类为宗教服饰，包括受到佛教仪轨约束，融合了南朝士大夫常服的佛像袈裟、弟子像的袈裟或僧服，以及菩萨像的菩萨装。北齐响堂石窟石刻的袈裟一方面受到了犍陀罗样式的影响，在通肩式的袈裟上刻有细密稠叠的衣纹，也有曹仲达"曹家样"衣服紧窄贴体之风，中后期逐渐向平滑薄透的笈多秣菟罗与萨尔纳特风格过渡；另一方面受到了南朝经戴逵、陆探微、张僧繇等艺术家的影响，从"魏晋风度"的审美观下的"褒衣博带"汲取养分，经过四川南齐和南京栖霞寺石窟、云冈石窟二三期、太和改制后的龙门石窟，从南朝到"洛阳样式"再发展为"响堂样式"中的独特服饰特征，出现双领下垂式袈裟，或者更细分出的敷搭右肩式袈裟，去除了"褒衣博带"装的衣带，保留僧祇支上的勒痕和脚部垂下的部分系带，去除悬裳改为下摆平铺于宝座，衣服逐渐变得轻薄，衣纹逐渐减少并磨光。在汉式菩萨装的披帛于胸腹部呈 X 形交叉穿环的基础上，增加了 X 形交叉的双璎珞，璎珞与披帛相互交叠，相互交于宝珠，也体现着服饰中的"汉化"。

一类是世俗服饰，包括力士像与神王像所穿着的盔甲和男女供养人所穿着的胡服与汉裙，都来源于北齐时期真实的传统服饰。力士像所穿铠甲似筒袖铠与两当铠的结合。神王像穿着的铠甲为南北朝时期流行的明光铠，在前胸有两片圆护，下身穿束口长裤，足蹬长靴，在北朝墓葬中也有武士俑穿着明光铠的实例。供养人作为响堂石窟修筑塔寺和雕刻的施主，其形象依据现实中真实人物刻画而成。在供养人穿着的服饰中既有僧服改制后的袈裟，也有男供养人穿着的鲜卑族的服饰，又有女供养人穿着的传统汉族服饰，呈现出北齐时期民族融合的时代特点。这些列像雕刻的人物形象极其相似，以统一的模板雕刻而成，且呈现有序的排列分布，雕刻技法则显得有些粗糙，使得人物形象刻板生硬。一方面反映了当时的社会风俗与生活，一方面也反映出北齐社会上至王公贵族、下到平民百姓的崇佛之风。

北齐响堂石窟的石刻艺术以"响堂样式"为总体风格，九大题材石刻艺术由高浮雕、浅浮雕、线刻、平雕和减地平雕等按照一定的视觉秩序排列组合在石窟所在的同一空间中，相互共同构成了一整个具有"响堂样式"的佛教石刻艺术系统。在北齐时统治者以"响堂样式"的石刻艺术来服务于佛教教化之目的，通过图像来传达思想而对皇室的统治加以巩固。响堂石窟的石刻艺术是统治者高氏审美下诉求"胡化""汉化"与"鲜卑化"的产物。高氏虽在血统上属于汉人，但在文化属性上已经"鲜卑化"，并崇尚外来的"胡文化"，因此"响堂样式"下的石刻艺术自然带有上层意识形态的投射，在文化的融合之下诞生出了独特的艺术成就。

在研究响堂石窟中的石刻艺术时，从"艺术整体"出发来进行观看，提供了在美术史的美学范畴欣赏响堂石窟石刻艺术的新方式。通过采用艺术整体的观念，从"假想观者"出发，将包括自身经验在内的诸多元素纳入观看实践，从空间视角介入美术史，以"石窟空间分析"法，将单个洞窟看作是石窟艺术中的基本审美单位，借由"假想观者"之眼，可在一种理想的状态下，由石窟外到石窟内、由中心辐射向四周，以及顺时针"绕塔礼拜"三种行进路线，从移动的视角和空间的角度观看摒除了干扰因素的北齐石刻艺术，达到对其进行整体观看的目的。

以这样一种方式重新回到响堂石窟的石刻艺术审美的范畴中，欣赏的对象不再是考古学的范畴，而是美术史视角下石窟中的石刻图像本身。这些高低深浅的浮雕艺术在多样化的明暗对比、节奏韵律、组合布局中，以艺术形态感染着观者的情绪与情感，使观看者感受从现实世界进入佛国极乐世界再回到现实的过程，并体验建筑空间、美学空间、历史空间、现实空间等叠加在一起后的石窟空间。从宏观上来看，将石刻艺术特点、发展与变化放置在北齐的历史大背景和中国佛教石窟艺术承上启下的关键环节上去进行研究，可以确立响堂石窟石刻艺术的题材和风格来源，以及发展变化的脉络，有助于研究北齐的人文与社会生活、宗教与历史，进一步认识佛教艺术与文化。

综上所述，响堂石窟的石刻艺术是佛国盛事的缩影，是辉煌艺术成就的遗存，承载着北齐先民在纷争与战乱中的信仰与祈愿，也是雕塑艺术的宝库。且北齐石刻"响堂样式"呈现出的艺术特点反映出了这一地区作为民族聚居之地，鲜卑族、汉族、西域胡族等多民族文化在此相互碰撞、互相吸收、互相融合的时代特点。响堂石窟的石刻艺术与印度佛教艺术，北魏、东魏、西魏、北周、南朝与北齐石刻艺术密切联系；并与北齐时期的晋阳、邺城、青州、曲阳等不同地区的佛教石刻艺术联系深刻。在造型方面，响堂石窟石窟艺术将不同文化风格融合在一起，给予了接纳西方造型和复兴中国式传统，并迎来石刻艺术新风以启示。研究响堂石窟的石刻艺术有助于了解佛教艺术中国化的进程，对于研究民族文化融合，以及外来文化与本土文化的交流与发展有重要的借鉴意义，为当下国际文化合作提供了历史依据，也对弘扬民族传统，传承华夏文化，启发当下艺术家的创作，促进文化的发展与创新具有重要意义。总之，响堂石窟的研究前景可期，而研究之路任重而道远，值得有更多的学者去关注。本书抛砖引玉，希望有越来越多的学者从更多不同学科视角出发加入到研究响堂石窟的队伍中来。

参考文献

中文文献

1. 安·达勒瓦，李震译：《艺术史方法与理论》，南京：江苏美术出版社，2009 年。

2. 常盘大定、关野贞，复旦大学文史研究院译：《中国文化史迹》，上海：上海辞书出版社，2017 年。

3. 常盘大定著，廖伊庄译：《中国佛教史迹》，北京：中国画报出版社，2017 年。

4. 常青：《金石之躯寓慈悲——美国佛利尔美术馆藏中国佛教雕塑（著录篇）》，北京：文物出版社，2016 年。

5. 柴俊林：《试论响堂石窟的初创年代》，《考古》1996 年第 6 期。

6. 陈传席、赵立春、张建宇：《响堂山石窟（上下）》，天津：天津人民美术出版社，2014 年。

7. 陈明达、丁明夷：《中国美术全集·雕塑编 13·巩县天龙山响堂山安阳石窟雕刻》，北京：文物出版社，1989 年。

8. 陈悦新：《响堂山石窟的佛衣类型》，《华夏考古》2014 年第 1 期。

9. 陈悦新：《麦积山与响堂山石窟差异》，《北京理工大学学报（社会科学版）》2005 年第 4 期。

10. 陈韵祺：《以观者为中心的"艺术整体"的建构》，《南京艺术学院学报（美术与设计）》2021 年第 4 期。

11. 达微佳：《故宫博物院藏河北响堂山石窟北齐石畏考》，《故宫博物院院刊》2015 年第 3 期。

12. 道宣：《四朝高僧传·续高僧传（上下）》，北京：中国书店，2018 年。

13. 丁晓东：《北齐与北周胡化现象探析》，《丝绸之路》2013 年第 8 期。

14. 范寿铭、顾燮光：《河朔访古新录》，上海：上海天华印务馆，1930 年。

15. 费泳：《"青州样式"造像的源流》，《东南文化》2000 年第 3 期。

16. 峰峰矿区文物保管所、芝加哥大学东亚艺术中心编：《北响堂石窟刻经洞南区 1、2、3 号窟考古报告》，北京：文物出版社，2013 年。

17. 付开镜：《魏晋南北朝鲜卑民族性观念的儒家化》，《史林》2012 年第 3 期。

18. 甘肃炳灵寺文物保护研究所编：《中国石窟艺术——炳灵寺石窟》，南京：江苏凤凰美术出版社，2020 年。

19. 耿杉：《北齐艺术形象中的外来特征——曹家样的时代价值》，《时代文学（上）》2010 年第 5 期。

20. 工布查布译：《佛说造像量度经》，北京：文物出版社，2016 年。

21. 宫治昭：《犍陀罗美术寻踪》，北京：人民美术出版社，2007 年。

22. 故宫博物院编：《故宫雕塑图典》，北京：紫禁城出版社，2012 年。

23. 郭保平：《试论北齐时期石窟艺术特征》，《文物世界》2012 年第 6 期。

24. 郭若虚：《图画见闻志》，南京：凤凰出版社，2018 年。

25. 海因里希·沃尔夫林著，洪天富、范景中译：《美术史的基本概念——后期艺术风格发展的问题》，杭州：中国美术学院出版社，2015 年。

26. 韩海涛：《从娄睿墓看太原在北齐时期的民族融合》，《太原师范学院学报（社会科学版）》2017 年第 5 期。

27. 郝治：《从民族融合看北朝诸政权的兴衰》，《烟台大学学报（哲学社会科学版）》2013 年第 2 期。

28. 何利群：《邺城遗址出土北齐石塔及相关图像的探讨》，《考古》2021 年第 5 期。

29. 何利群：《从北吴庄佛像埋葬坑论邺城造像的发展阶段与"邺城样式"》，《考古》2014 年第 5 期。

30. 何士骥、刘厚滋：《南北响堂寺及其附近石刻目录》，北京：国立北平研究院史学研究会考古组，1936 年。

31. 贺西林：《极简中国古代雕塑史》，北京：人民美术出版社，2016 年。

32. 侯旭东：《佛陀相佑——造像记所见北朝民众信仰》，北京：社会科学文献出版社，2018 年。

33. 侯旭东：《五、六世纪北方民众佛教信仰》，北京：中国社会科学出版社，1998 年。

34. 胡戟：《中国政治通史 4·分裂与对峙的魏晋南北朝政治》，济南：泰山出版社，2003 年。

35. 黄春和：《青州佛像风格与印度笈多艺术》，《雕塑》2003 年第 1 期。

36. 黄寿成：《从中枢决策机构看北齐北周的汉化》，《文史哲》2010 年第 3 期。

37. 黄文智：《响堂山石窟东魏至北齐石刻佛像造型分析》，《艺术探索》2021年第 4 期。

38. 黄文智：《镌岩造像——中原北方东部北魏中期至东魏石刻佛像造型分析》，北京：文物出版社，2017 年。

39. 慧皎：《四朝高僧传》，北京：中国书店，2018 年。

40. 贾应逸、祁小山：《印度到中国新疆的佛教艺术》，兰州：甘肃教育出版社，2002 年。

41. 蒋仁和、王平先：《阿育王式塔所具有的多种意义》，《敦煌研究》2017 年第 2 期。

42. 吉村怜：《青州龙兴寺遗址出土的北齐印度风佛像的起源》，《中国美术研究》2015 年第 4 期。

43. 戒清、邓鑫：《犍陀罗造像艺术之美》，杭州：西泠印社，2016 年。

44. 金维诺：《简论青州出土造像的艺术风范》，《雕塑》1999 年第 4 期。

45. 井上尚实著，李贺敏译：《北齐禅与净土——南响堂山第 2 窟所见一行三昧的二种解释》，《佛学研究》2019 年第 1 期。

46. 鸠摩罗什译，黄宝生注：《梵汉对勘妙法莲华经》，北京：中国社会科学出版社，2018 年。

47. 科林·伦福儒、保罗·巴恩著，陈淳译：《考古学理论、方法与实践》，上海：上海古籍出版社，2015 年。

48. 李百药：《北齐书》，北京：中华书局，2023 年。

49. 李惠东：《佛陀的容颜》，桂林：漓江出版社，2020 年。

50. 李静杰：《北朝隋代佛教图像反映的经典思想》，《民族艺术》2008 年第 2 期。

51. 李静杰：《于阗系莲花化生像及其在中原北方的传播发展》，《丝绸之路与永昌圣容寺国际学术研讨会论文集》，兰州：兰州大学出版社，2019 年。

52. 李文生：《响堂山石窟造像的特征》，《中原文物》1984 年第 1 期。

53. 李裕群：《南响堂石窟新发现窟檐遗迹及龛像》，《文物》1992 年第 5 期。

54. 李裕群：《神王浮雕石佛座拓本考释》，《考古》2010 年第 7 期。

55. 李峥：《试析北齐石窟佛教造像由清瘦转变为丰满的原因》，《文物世界》2012 年第 6 期。

56. 梁思成：《佛像的历史》，北京：中国青年出版社，2010 年。

57. 梁思成：《手稿珍藏本中国古代雕塑史》，北京：中华书局，2014 年。

58. 刘东光：《邯郸鼓山水浴寺石窟调查报告》，《文物》1987 年第 4 期。

59. 刘东光：《响堂山石窟的凿建年代及分期》，《华夏考古》1994 年第 2 期。

60. 刘东光：《试论北响堂石窟的凿建年代及性质》，《世界宗教研究》1997 年第 4 期。

61. 刘东光：《响堂山石窟造像题材》，《文物春秋》1997 年第 2 期。

62. 刘金河：《浅析中印佛教造像的流传异同点与本土化趋势》，《美术大观》
    2017 年第 5 期。

63. 刘礼宾：《雕塑界继承传统的陈疴新疾》，《雕塑》2009 年第 3 期。

64. 刘礼宾：《不应仅是风格的写意》，《美术观察》2012 年第 3 期。

65. 鎌田茂雄著，郑彭年译：《简明中国佛教史》，北京：中国书店，2010 年。

66. 罗卡子：《北朝石窟艺术》，上海：上海出版公司，1955 年。

67. 罗世平：《青州北齐造像及其样式问题》，《美术研究》2000 年第 3 期。

68. 罗文华：《笈多艺术及其对中国佛造像的影响》，《紫禁城》2016 年第 10 期。

69. 罗炤：《从洪顶山到响堂山》，《石窟寺研究》（第四辑），北京：文物出版
    社，2013 年。

70. 吕思勉：《两晋南北朝史》，上海：上海古籍出版社，2005 年。

71. 马世长、丁明夷：《中国佛教石窟考古概要》，北京：文物出版社，2009 年。

72. 莫里斯·梅洛－庞蒂：《知觉的世界——论哲学、文学与艺术》，南京：江苏
    人民出版社，2019 年。

73. 任乃宏：《隋唐五代碑刻校释·邯郸卷》，北京：中国文史出版社，2014 年。

74. S.R. 戈耶尔著，黄宝生译：《印度佛教史》，北京：中国社会科学出版社，2020 年。

75. 释道世：《法苑珠林》，北京：中华书局，2003 年。

76. 斯维特兰娜·阿尔珀斯、迈克尔·巴克森德尔著，王玉冬译：《蒂耶波洛的图
    画智力》，南京：江苏美术出版社，2014 年。

77. 宿白：《凉州石窟遗迹和"凉州模式"》，《考古学报》1986 年第 4 期。

78. 宿白：《中国佛教石窟寺遗迹：3 至 8 世纪中国佛教考古学》，北京：文物出版社，
    2010 年。

79. 苏铉淑：《东魏北齐庄严纹样研究——以佛教石造像及墓葬壁画为中心》，北
    京：文物出版社，2008 年。

80. 孙英刚：《布发掩泥的北齐皇帝：中古燃灯佛授记的政治意涵》，《历史研究》
    2019 年第 6 期。

81. 孙振华：《中国古代雕塑史》，北京：中国青年出版社，2011 年。

82. 唐仲明：《东魏北齐响堂与青州造像比较研究》，《华夏考古》2013 年第 4 期。

83. 唐仲明：《响堂山石窟北朝晚期中心柱窟的西方因素》，《故宫博物院院刊》2014 年第 2 期。

84. 唐仲明：《论"响堂样式"的特征及形成》，《敦煌研究》2015 年第 5 期。

85. 唐仲明：《北齐时期的佛教研究——基于 3D 技术的海外收藏响堂造像研究以南响堂石窟第 2 窟为例》，《故宫博物院院刊》2018 年第 4 期。

86. 万绳楠整理：《陈寅恪魏晋南北朝史讲演录》，贵阳：贵州人民出版社，2007 年。

87. 王宏建、袁宝林主编：《美术概论北京》，北京：高等教育出版社，1994 年。

88. 王南：《塔窟东来》，北京：新星出版社，2018 年。

89. 王去非：《参观三处石窟笔记》，《文物参考资料》1956 年第 10 期。

90. 王嵘：《西域艺术史》，昆明：云南人民出版社，2006 年。

91. 王镛：《印度美术》，北京：中国人民大学出版社，2010 年。

92. 王云：《关于印度早期佛塔象征含义的思考（一）》，《世界美术》2021 年第 1 期。

93. 王振国：《试论响堂系石窟与地论系石窟的异同》，2005 年云冈国际学术研讨会论文集（研究卷），北京：文物出版社，2006 年。

94. 王子奇：《北朝隋唐时期鸱尾》，《北方文物》2019 年第 1 期。

95. 王子云：《中国雕塑艺术史》，长沙：岳麓书社，2007 年。

96. 王子云：《中国雕塑艺术史（上）》，北京：人民美术出版社，2012 年。

97. 魏道儒、李利安：《世界佛教通史第三卷中国汉传佛教（从佛教传入至公元 6 世纪）》，北京：中国社会科学出版社，2015 年。

98. 魏收：《魏书·释老志》，北京：中华书局，2003 年。

99. 韦正：《将毋同——魏晋南北朝图像与历史》，上海：上海古籍出版社，2019 年。

100. 魏徵：《隋书》，北京：中华书局，2019 年。

101. 温玉成：《中国石窟与文化艺术》，上海：上海人民美术出版社，1993 年。

102. 温玉成：《中国美术全集·雕塑编 11·龙门石窟雕刻》，上海：上海人民美术出版社，1998 年。

103. 巫鸿著，施杰译：《黄泉下的美术——宏观中国古代墓葬》，北京：生活·读书·新知三联书店，2010 年。

104. 巫鸿：《"石窟研究"美术史方法论提案——以敦煌莫高窟为例》，《文艺研究》2020 年第 12 期。

105. 巫鸿：《空间的敦煌——走近莫高窟》，北京：生活·读书·新知三联书店，2022 年。

106. 武晶：《冀南地区北朝单层覆钵式塔之研究》，《中国文化遗产》2014年第2期。

107. 吴为山：《中国古代雕塑风格论》，天津：百花文艺出版社，2017年。

108. 向以鲜：《中国石刻艺术编年史·理想卷》，上海：东方出版中心，2015年。

109. 向以鲜：《中国石刻艺术编年史·严峻卷》，上海：东方出版中心，2015年。

110. 新疆龟兹研究院编：《中国石窟艺术——克孜尔石窟》，南京：江苏凤凰美术出版社，2019年。

111. 胥建国：《雕塑艺术宏层说》，郑州：海燕出版社，2015年。

112. 胥建国：《中国彩塑艺术》，北京：清华大学出版社，2020年。

113. 严可均：《全上古三代秦汉三国六朝文》，北京：中华书局，1958年。

114. 颜娟英：《北朝佛教石刻拓片百品》，台北：台湾"中研院"历史语言研究所，2008年。

115. 杨超杰、严辉：《龙门石窟雕刻粹编——佛塔》，北京：中国大百科全书出版社，2002年。

116. 杨泓、郑岩：《中国美术考古学概论》，北京：中国社会科学出版社，2008年。

117. 杨仁恺编：《中国书画》，上海：上海古籍出版社，2001年。

118. 张惠明：《响堂山和驼山石窟造像风格的过渡特征》，《敦煌研究》1989年第2期。

119. 张林堂：《南响堂山石窟新发现——大齐河清二年造像铭文及龛像》，《敦煌研究》2014年第7期。

120. 张林堂、孙迪：《响堂山石窟——流失海外石刻造像研究》，北京：外文出版社，2004年。

121. 张林堂、许培兰：《响堂石窟碑刻题记总录（二）》，北京：外文出版社，2007年。

122. 张乃翥：《佛教石窟与丝绸之路》，兰州：甘肃教育出版社，2014年。

123. 张彦远：《历代名画记》，北京：人民美术出版社，2016年。

124. 张英群：《试论北齐佛教造像艺术》，《中原文物》1987年第2期。

125. 赵立春：《响堂山北齐"塔形窟龛"》，《中原文物》1991年第4期。

126. 赵立春：《响堂山北齐塔形窟述论》，《敦煌研究》1993年第2期。

127. 赵立春：《中国石窟雕塑精华·河北响堂山石窟》，重庆：重庆出版社，2000年。

128. 赵立春：《响堂山石窟的编号说明及内容简录》，《文物春秋》2000年第5期。

129. 赵立春：《从文献资料论响堂山石窟的开凿年代》，《文物春秋》2002年第2期。

130. 赵立春：《响堂山石窟北朝刻经试论》，《文物春秋》2003年第4期。

131. 赵俪生：《赵俪生文集第二册·中国土地制度史》，兰州：兰州大学出版社，2002 年。

132. 赵萌：《中国雕塑艺术》，北京：人民美术出版社，2013 年。

133. 赵青：《鸱尾小考》，《装饰》2007 年第 7 期。

134. 钟晓青：《响堂山石窟建筑略析》，《文物》1992 年第 5 期。

135. 周积寅编：《中国画论辑要》，南京：江苏美术出版社，2005 年。

外文文献

1. Katherine R. Tsiang , with contributions by Richard Born, Jinhua Chen, Albert E. Dien, Lec Maj, Nancy S. Steinhardt, Daisy Yiyou Wang, J. Keith Wilson, and Wu Hung. *Echoes of the Past: The Buddhist Cave Temples of Xiangtangshan*, Chicago: SMART MUSEUM OF ART, THE UNIVERSITY OF CHICAGO, Distributed by the University of Chicago Press, 2010.

2. Kate Lingley,"The Multivalent Donor: Zhang Yuanfei at Shuiyusi", *Archives of Asian Art*, V.56, 2006.

3. 水野清一，長廣敏雄：《河北磁縣·河南武安：響堂山石窟：河北河南省境における北齊時代の石窟寺院》，京都：日本东方文化学院京都研究所，1937 年。

图书在版编目（ＣＩＰ）数据

北齐新相：响堂石窟石刻艺术研究 / 孟媛著.
上海：上海书画出版社，2024. 12. --（中国雕塑博士
文丛）. -- ISBN 978-7-5479-3473-9
Ⅰ. K879.34
中国国家版本馆CIP数据核字第202464S6X9号

本丛书获中国文学艺术基金会资助

中国雕塑博士文丛

北齐新相：响堂石窟石刻艺术研究

孟 媛 著

统　　筹	徐　可
责任编辑	吴　蔚　张冬煜
审　　读	雍　琦
责任校对	黄　洁
装帧设计	邵玥姣
版式制作	李　挺
技术编辑	顾　杰

上海 世 纪 出 版 集 团
出版发行　　🌀 上海书画出版社

地址	上海市闵行区号景路159弄A座4楼　201101
网址	www.shshuhua.com
E-mail	shuhua@shshuhua.com
印刷	上海雅昌艺术印刷有限公司
经销	各地新华书店
开本	720×1000　1/16
印张	17.75
版次	2025年1月第1版　2025年1月第1次印刷

书号	**ISBN 978-7-5479-3473-9**
定价	**98.00元**

若有印刷、装订质量问题，请与承印厂联系